珍藏本
纪念版

汉译世界学术名著丛书

代议制政府

〔英〕J.S.密尔 著

汪瑄 译

商务印书馆
SINCE 1897 The Commercial Press

2017年·北京

John Stuart Mill
CONSIDERATIONS ON
REPRESENTATIVE GOVERNMENT
London J. M. Dent & Sons Ltd.
本书根据英国伦敦登特父子有限公司 1925 年版本译出

汉译世界学术名著丛书
（120年纪念版·珍藏本）
出 版 说 明

2017年2月11日，商务印书馆迎来120岁的生日。120年前，商务印书馆前贤怀揣文化救国的理想，抱持“昌明教育，开启民智”的使命，立足本土，放眼寰宇，以出版为津梁，沟通中西，为中国、为世界提供最富智慧的思想文化成果。无论世事白云苍狗，潮流左右激荡，甚至战火硝烟弥漫，始终践行学术报国之志，无改初心。

逐译世界各国学术名著，即其一端。早在20世纪初年便出版《原富》《天演论》等影响至今的代表性著作，1950年代后更致力于外国哲学和社会科学经典的译介，及至1980年代，辑为“汉译世界学术名著丛书”，汇涓为流，蔚为大观。丛书自1981年开始出版，历时三十余年，迄今已推出七百种，是我国现代出版史上规模最大、最为重要的学术翻译工程。

丛书所选之书，立场观点不囿于一派，学科领域不限于一门，皆为文明开启以来，各时代、各国家、各民族的思想与文化精粹，代表着人类已经到达过的精神境界。丛书系统译介世界学术经典，引领时代思想，为本土原创学术的发展提供丰富的文化滋养，为推动中国现代学术和现代化进程做出了突出的贡献。

为纪念商务印书馆成立120周年，我们整体推出“汉译世界学术名著丛书”120年纪念版的珍藏本，寄望既利于文化积累，又便于研读查考，同时向长期支持丛书出版的译者、编者和读者致以敬意。

两甲子后的今天，商务印书馆又站在了一个新的历史时间节点上。我们不仅要铭记先辈的身影和足迹，更须让我们的步伐充满新的时代精神。这是商务人代代相传的事业，更是与国家和民族的命运始终紧密相连的事业。我们责无旁贷，必须做好我们这代人的传承与创造，让我们的努力和成果不仅凝聚成民族文化的记忆，还能成为后来人可以接续的事业。唯此，才能不负前贤，无愧来者。

商务印书馆编辑部

2017年10月

译者前言

密尔(John Stuart Mill, 1806—1873)是十九世纪英国杰出的政治思想家,他的名著《代议制政府》(*Considerations on Representative Government*)发表于 1861 年,是西方学者公认为有关议会民主制的一部经典著作,对英国以及欧美各国的政治制度有较大影响。

密尔自幼受其父老密尔(James Mill)的严格教育,并受业于边沁和奥斯汀门下,继承了功利主义学说传统,继边沁和老密尔之后成为该学派的领袖。密尔在英国政府的印度部任职多年,1858 年退休。1865 年被选为威斯特敏斯特的议员,在英国下院任职两年。

密尔的著作较多,在政治著作方面,除本书外,主要有《论自由》(发表于 1859 年,此书在我国已有译本,商务印书馆出版)、《功利主义》(发表于 1861 年)和《妇女的从属地位》(发表于 1869 年)。其他方面的主要著作有《政治经济学》(两卷,发表于 1848 年)和《逻辑学体系》(发表于 1843 年,此书在解放前就早已有译本,名为《穆勒名学》,为我国知识界所熟悉)。此外,密尔还在老密尔主办的作为功利主义学派机关刊物的《威斯特敏斯特评论》和后来他自己主编的《伦敦评论》上发表过大量重要文章,成为当时最有影响的思想家之一。

密尔所处的时代正是英国资本主义蓬勃发展的时期。十九世纪上半期英国完成工业革命以后，工业生产迅速发展，占世界第一位，英国成了当时世界工业的中心。随着工业革命出现了工业资产阶级和工业无产阶级。工业资产阶级要求改革经济以利于资本主义的发展。但要实现经济改革，必须先进行议会改革，必须争取议会中的领导权。作为新兴工业资产阶级在政治上的代表的资产阶级激进派和辉格党(自由党的前身)，都极力主张扩大选举权，改革选举制度。议会改革成为当时政治的主要问题，其实质就是工业资本向土地贵族争夺权力。1832 年的议会改革标志着工业资产阶级开始在议会中同土地贵族和商业金融资产阶级分享统治权。

工业无产阶级经过从十九世纪三十年代到 1848 年的宪章运动，也开始成为一支独立的政治力量，为争取自身的权利而进行斗争。除进行经济斗争外，在政治方面的主要目标就是争取普选权。在宪章运动的初期，工业无产阶级是和资产阶级激进派联系在一起的，后来运动发展成为世界历史上第一次广泛的、真正群众性的无产阶级革命运动。宪章运动虽然归于失败，但无产阶级的利益和要求是新兴的工业资产阶级所不能完全忽视的。从十九世纪五十年代起代表工业资产阶级的自由党开始长期执政，为了缓和阶级矛盾，采取了一系列自由主义政策，1867 年议会改革法案就是一次体现自由主义政策的重大改革。自由主义政策本质上是为了巩固资产阶级统治，进一步发展资本主义，但扩大选举权、保证基本自由以及其他政治改革，对工人阶级也是有利的，也是工人阶级和广大劳动群众积极斗争的结果。

密尔在政治上属于资产阶级激进派，长期致力于议会改革，特别是对宪章运动抱有一定的同情，他在1866年至1868年任下院议员期间，以始终坚持照顾劳动阶级的利益、妇女参政权（英国直至1918年才开始承认妇女有选举权）和爱尔兰土地改革（当时爱尔兰处在英国暴力统治之下）著称，并对1867年的议会改革起了促进的作用。密尔的上述活动，在当时的历史条件下，无疑是具有一定的进步意义的。

《代议制政府》一书的特点不在于论述政治理论的抽象原则，而在于论证了有关代议制政府的各种问题，这给该书以重要意义。直到现在，西方国家把这本书看做研究议会制政府的必读书，对于我们研究资产阶级民主制度也是一种重要的参考书。这本书的根本观点当然是资产阶级的，其中许多论点不是我们所能接受的，但也有不少精辟的议论，对于我国当前健全社会主义民主和改革政治制度，不无参考甚至借鉴的价值。

1981年10月

目　录

前　言

承蒙读过我以前著作的人，也许从目前这本书中得不到任何强烈的新奇印象；因为其中所叙述的原则是在我大半生中逐渐形成的，而所提出的实际建议则大多经别人或我自己先前提到过。然而，新奇之处在于我把它们汇集一处，并在它们的彼此联系上将它们展示出来；而且，我相信，还在于为支持它们而提出的很多论据。若干意见，如果不是新的，无论如何也宛如新的意见那样目前不大像会得到普遍的承认。

然而，从种种迹象以及仅仅从近日关于议会改革的辩论看来，保守党人和自由党人（如果我可以继续按照他们仍然自称的那样来称呼他们的话）都似乎对他们名义上表白的政治信条丧失了信心，而另一方面任何一方看来都没有在为自己提供更好的政治信条方面取得任何进展。但是，这样一种更好的学说无疑是可能的；不是一种单纯的妥协，将双方的分歧加以折中，而是一种比双方的信条更为广泛的东西，这种学说，由于极为全面，无论是自由党人或是保守党人都可加以采用，而不致放弃他们自己的信条中真正认为有价值的东西。在很多人模模糊糊地感到需要这样一种学说，而甚至自以为已掌握这种学说的人又极少的时候，每个人都可以不揣冒昧地把能有助于形成这种学说的他自己的思想和他所了解的别人的最好的思想提供出来。

第一章　政府的形式在多大程度上是个选择问题

一切有关政府形式的理论，都带有有关政治制度的两种互相冲突学说或多或少互相排斥的特征，或者，更确切地说，带有关于什么是政治制度的互相冲突的概念的特征。

在有些人看来，政府严格地说是一种实际的艺术，除手段和目的问题外不发生其他问题。政府的形式和达到人类目的的其他手段一样，它被完全看做是一种发明创造的事情。既然是人制作成的，当然人就有权选择是否制作，以及怎样制作或按照什么模式去制作。按照这种看法，政府是一个问题，应和任何其他事务问题一样加以处理。第一步是明确政府所须促进的目的。第二步，是研究什么样的政府形式最适于实现这些目的。在作到了这两点并确定了将最大好处和最小害处结合起来的政府形式之后，剩下的就是争取国人或所由设立该制度的人们同意我们私下得出的意见。发现最好的政府形式，劝说别人相信它是最好的，然后鼓动他们坚持要这种制度，就是采取这种政治哲学观点的人们心中的一系列想法。他们就像看待一部汽犁或一部打谷机那样（可能程度上有所不同）来看待一个政体的。

和这些人相反，另一种政治理论家则远远不是把政府形式等同机器，而是把它看成一种自然产物，把政治科学看成（好比说）自然史的一个分支。照他们看来，政府的形式不是一个选择问题。大体上我们必须按照它们的现实情况加以接受。政府不能靠预先的设计来建立。它们“不是做成的，而是长成的”。我们对于它们，就和对于宇宙中的其他事实一样，所能做的就是熟悉它们的自然特性并使我们自己适应它们。在这学派看来，一国人民的根本的政治制度是从该国人民的特性和生活成长起来的一种有机的产物，是他们的习惯、本能和无意识的需要和愿望的产物，而绝不是故意的目的的产物。除了用权宜的设计应付一时的需要以外，他们的意志在这问题上不起作用。这种设计如果充分符合民族的感情和性格，通常是持久的，经过连续不断的凝聚，就构成适合该国人民的政体，但是一国人民的特性和情况未自发地产生这种设计，要企图将它强加于他们则是徒然的。

假如我们可以假定这两种学说是互相排斥的学说，要决定两者中哪一种是最不合理的就是困难的。但是人们在任何争论问题上所表白的原则通常是他们真正持有的意见的极不完全的代表。没有人会以为每一国人民能够实行每一种制度。不管我们愿意怎样运用机械装置的类比，人们连选择一个木和铁制的工具也不会仅仅因为它本身是最好的。他考虑到他是否具有为使这种工具的使用变得有利而必须同时具备的其他条件，特别是使用该工具的人是否具有管理工具所必要的知识和技能。另一方面，把制度说成好像是活的有机体的人们，也并不真正是他们自称的政治宿命论者。他们并不妄称人类对于他们将生活在它下面的政府绝无选择的余地，或者妄称对由不同政体形式产生的后果的考虑全然不是决定选择哪种形式的一个因素。然而尽管每一方为了反对另一方都大大夸大了自己的学说，而且没有人抱有不对两种学说都作些修正的意见，但是这两种学说是符合两种思想方法之间根深蒂固的分歧的。尽管两者中任何一个显然都不是完全正确，但两者中任何一个显然也不是完全错误，我们必须努力认真考虑两者的根本立足点，并利用两者中含有的全部真理。

我们首先要记住，政治制度（不管这个命题是怎样有时被忽视）是人的劳作；它们的根源和全部存在均有赖于人的意志。人们并不曾在一个夏天的清晨醒来发现它们已经长成了。它们也不像树木那样，一旦种下去就"永远成长"，而人们却"在睡大觉"。在它们存在的每一阶段，它们的存在都是人的意志力作用的结果。所以，它们像一切由人做成的东西那样，或者做得好，或者做得不好。在它们的制作过程中，可能运用了判断和技能，也可能情况相反。又，如果一国人民出于疏忽而未能，或者由于外来压力而无权，通过试验性方法——即当邪恶发生时，或当受害者有力量反抗时，对每一种邪恶进行矫正的方法——为他们自己发展出一种政体，这种政治进步方面的阻滞对他们说来无疑是巨大的不利，但不因此证明对别国人民是好的东西对他们就不会也是好的，以及当他们认为适于采用时仍然不是好的。

另一方面，还须记住政治机器并不自行运转。正如它最初是由人制成的，同样还须由人，甚至由普通的人去操作。它需要的不是人们单纯的默从，而是人们积极的参加；并须使之适应现有人们的能力和特点。这包含着三个条件。为人民而设的政府形式必须为人民所乐意接受，或至少不是不乐意到对其建立设置不可逾越的障碍；他们必须愿意并能够作为使它持续下去所必要的事情；以及他们必须愿意并能够作为使它能实现其目的而需要他们做的事情。“做”这个字应理解为既包括作为也包括不作为。他们必须能满足行为的条件和自我克制的条件，这些条件不论是对保持既定的政体存在，还是对使它能达到目的都是必要的。政体有助于这些目的就是这个政体的长处。

这些条件中任何一个条件不具备，就使政府的形式变得不适合于特定情况，不管它显得多么有希望。

第一个障碍，即人民不愿要特定的政府形式，不需作太多的说明，因为这在理论上是决不能被忽略掉的。这种情况是不断发生的。只有外来的暴力才能劝使一个北美印第安人部落服从正规的文明政府的限制。对蹂躏罗马帝国的野蛮人也可以这么说，尽管不那么绝对。要把他们训练得经常服从即使是他们自己的领袖（当他们不是实际服役于该领袖的旗帜下的时候），需要有几个世纪的时间和整个情况的变化。有些民族除服从某些家族的政府外不愿服从任何政府，这些家族从远古时候起就享有为他们提供头领的特权。有些民族，除了靠外国征服，不能使之容忍君主制；另外一些民族则同样不喜欢共和制。这种障碍常常达到一时无法克服的地步。

但是还有这样一些场合，一国人民虽不反对——甚至可能想望——一种政府形式，但不愿意或不能够满足该政府形式所须具备的条件。他们可能连保持政府名义上的存在所必要的条件也无力满足。比方说，一国人民可能情愿要自由政府，但是如果由于懒惰，或是不关心，或是怯懦，或是缺乏公共精神，他们和保持这种制度所必要的努力不相称；如果当该项制度遭到直接攻击时他们不为它而斗争；如果他们能被阴谋诡计所骗脱离这种制度；如果由于一时的沮丧，或是暂时的惊慌失措，或是对某个人的一时狂热，他们能被诱使将自己的自由奉献于即使是一个伟大人物的脚下，或者托付给他以足够破坏他们的制度的权力；在所有这些场合，他们多少是和自由不相适合的。即使在短期内有了这种制度也可能对他们是有好处的，但他们未必能长期享有这种制度。此外，一国人民可能不愿意或不能够履行特定的政府形式所要求于他们的义务。一个未开化的民族，尽管在某种程度上感觉到文明社会的好处，也许不能实行它所要求的克制：他们也许太容易动感情，或者他们的个人自尊心太强，而不能放弃私斗，把对事实上的或者所认为的不法行为的报复留给法律去解决。在这种场合，一个文明政府要对他们真正有利，将必须是在相当程度上专制的，即必须是一个他们自己无法实行控制，却对他们的行动加以大量强制的政府。又，一国人民如不愿积极地和法律及公共当局合作镇压作恶的人，就应被看做仅仅适于有限制的自由。更有意庇护罪犯而无意逮捕罪犯的人民；像印度人那样，他们宁愿用伪证来庇护曾抢劫过他们的人，而不愿不怕麻烦或挺身而出进行报复，提出犯罪人的罪证；像直到近日为止的某些欧洲民族那样，若有人在大街上捅死另一个人，他们袖手走过，因为这是警察的事情，事不关己以不干预为妙；对执行死刑有反感但对暗杀却不感到震惊的人民，需要公共当局握有比别的地方严厉得多的镇压权力，因为文明生活的首要条件除此以外别无可依靠。民心的这种可悲状态，在刚脱离野蛮生活的民族，无疑通常是以前的坏政府的恶果，教给他们把法律看做是为了其他的目的而不是为了他们的利益制定的，以及法律的执行者是比公然违反法律的人更坏的敌人。但是，尽管对养成这种心理习惯的人们不能多所责备，尽管这种习惯最终可以由较好的政府克服，然而当这些习惯存在时，一个有这种倾向的民族，就不能像对法律具有同情并愿积极协助其贯彻施行的民族那样，受到那么少的权力统治。此外，当大多数选民对选举自己的政府缺乏足够的关心，或虽去投票，却不把选举权用于公共的理由，而是为金钱而出卖选票，或者按照控制着自己的人或出于私人原因希望谋求其好感的人的意思投票时，代议制度就没有多大价值，并可能成为苛政或阴谋的单纯工具。这样实行的普选，不是防止苛政的保证，而是为虎添翼。除这些精神上的窒碍以外，技术上的困难也常常是政府形式不可克服的障碍。在古代世界，尽管可能有，也常常有过伟大的个人自主或地方自主，但不可能有超越单个城市社会界限的有秩序的平民政府之类的东西。因为除了在可以被召集到同一广场来讨论公共事务的人们之间，不存在形成和传播舆论的物质条件。一般认为经过采用了代议制度这一障碍就不复存在了。但是要完全克服这个障碍，就需要有出版物，甚至新闻报纸，这是和古雅典及古罗马集会的广场真正同等的东西，虽则不是在一切方面都适合的同等物。有过这样的社会情况：甚至一个具有较大领土的君主国也不能继续维持其存在，而不可避免地分裂为几个小公国，或是彼此独立，或是由一种像封建关系那样的松散的纽带维系在一起，因为权力机器尚未完善到足够把命令从统治者本人传递到很远的地方。甚至其军队的服从统治者也主要依靠自愿的效忠，同时也不存在向人民征收足够税款的手段以便维持在整个幅员广大的领土内强迫服从所必要的军队。在这些以及一切类似的场合，不用说障碍是有大有小的。障碍可以大到使政府形式运转得很坏，还不致达到完全排除其存在或使之还不如可能有的其他形式的地步。这最后的问题主要视我们尚未谈到的一种考虑——不同的政府形式促进进步的倾向——为转移。

我们刚才已经考察了政府形式适应于受它统治的人民的三个根本条件。如果可以称之为自然主义政治学说的支持者们的意思只是要坚持这三个条件的必要性，如果他们的意思只是说，凡不能满足第一和第二条件，以及在相当程度上满足第三个条件的政府，不能永久存在，则他们的学说，经这样限定以后，就是无可争辩的。超出这个范围，在我看来就是站不住脚的。一切关于制度必须有历史的基础，制度必须和民族惯例和性格和谐一致，以及如此等等的说法，要不就是指这一点说的，要不就是不得要领的。与这些类似语句相联系的超出它们所包含的合理含义的纯粹感情用事是大量存在的。但是，从实际上考虑，这些所谓的政治制度的必要条件，不过是实现上述三个条件的诸多便利罢了。当一项制度，或一套制度，具有民族的舆论、爱好和习惯为它铺平的道路时，人民就不仅更易于接受，而且更容易学会，并从一开始就更倾向于去做需要他们做的事情，以维护这种制度，和把它付诸实施，俾能产生最好的结果。任何一个立法者在考虑措施时不利用这种可供利用的现存的习惯和感情，将是一个重大的错误。另一方面，把这些单纯的帮助和便利上升为必要的条件则是一种夸大。人民更容易被诱导去做并且更容易做他们已经习惯的事情；但是人民也学会做对他们说来是新的事情。熟悉是一大帮助；但是一种观点，即使起初是陌生的，如果多想想，也会对它熟悉起来。全体人民热衷于未经试过的新事物的例子是很多的。一国人民做新事情和适应新情况的能力大小本身是这问题的重要因素。这种特质使不同的民族在不同的文明阶段彼此有很大差别。不能用一条总括的法则来判定特定民族满足特定政府形式的条件的能力。特定民族的知识水平，和一般的实际判断力和才智，无疑可以作为指导。还有不应忽略的另一种考虑。一国人民也许对好的制度缺乏思想准备，但为他们点燃一种希望就是这种准备的一个必要部分。推荐和拥护特定的制度或政府形式，并把它的优点突出出来，就是不仅为了使人民接受或要求这个制度，而且为了实行这个制度而对民族进行思想教育的方法之一，并往往是能够采取的唯一方法。在上一代和这一代中，意大利的爱国者们为了给意大利人民作自由统一的准备，除了煽起他们去要求自由统一外还有什么方法呢？然而，担负这样一种任务的人们，不仅要适当记住这制度或政体的好处，而且要记住为实行这制度所需要的道德上的、智力上的和积极行动的能力。还须记住要尽可能避免煽起超出这种能力的过高要求。

以上所论的结果是，在反复提到的三个条件所规定的界限内，制度和政府形式是个选择问题。抽象地（如人们所说的）研究最好的政府形式，不是空想，而是对科学智能的高度的实际运用；而把最好的制度引进一个国家，是实际努力所能专心致志的最合理的目标之一，只要在这个国家的现有状况下这种制度能够在相当程度上满足这些条件。凡可以作为贬低人的意志和目的在政府问题上的效能说的话，也可能在其应用的其他方面这样说。在一切事情上人的力量是有很严格的界限的。它只有靠掌握某个或更多的自然力量才能起作用。所以，可以应用于所希望的用途的力量无疑是存在的；这种力量将仅仅按照它本身的法则起作用。我们不能使河水倒流；但我们并不因此就说水车“不是做成的而是长成的”。在政治学上，和在机械学上一样，发动引擎的力量必须于机器以外求之；如果找不到，或是不足以克服可以合理地预期的障碍，则发明就告失败。这不是政治艺术的什么特殊之处；这只等于说政治艺术服从和其他一切技艺同样的限制和条件。

在这里我们碰到另一种异议，或者在不同形式上的同一种异议。他们争论说，大的政治现象所依赖的力量并不听从政治家或哲学家的指挥。他们断言，一国的政府，在一切实质性方面，是由这个国家关于社会力量成分的分布状况预先确定和决定的。社会中最强大的力量将取得统治的权力；并且，除非先有或伴随有在社会本身中的权力分配上的变化，政治结构中的变动是不能持久的。因此，一个国家不能选择它的政府形式。它可以选择的只不过是细节和实际的组织；但整体的实质，最高权力的中心，是由社会情况为它决定的。

这个学说中有部分的真理，这点我可以马上承认；但要使它变为有用，就必须使它成为一种明确的说法并给以适当的限度。当它说社会中的最强大力量将变成政府中的最强大力量时，力量指什么而言呢？不是指体力；否则纯粹的民主政治就会是唯一能够存在的政体形式了。在单纯的膂力以外加上两个其他因素即财产和智慧，我们就更接近真理，但还远未达到真理。不仅多数常常受到少数的压制，而且多数也许在财产上占优势，在个人的智慧方面也占优势，但仍然可以被在这两方面都不如它的少数用强迫的或其他的方法加以压服。要使这些不同的力量因素在政治上有影响，就必须把它们组织起来；而掌握政府的那些人必然在组织方面居于有利地位。当政府的权力被抛入天平盘时，在其他一切力量因素方面弱得多的一方可能大大占优势；并可能仅仅由于这一点而长期保持优势，尽管政府无疑是处在机械学上叫做不稳定的平衡状态中，像用较小的一头倒立着的东西那样，一旦被干扰，就失去平衡，越来越离开以前的状态，而不是恢复到以前的状态。

但是对于通常所说的这一政府学说还存在更强烈的异议。倾向于转变成政治力量的社会力量，不是静止的力量，不是纯粹消极的力量，而是积极的力量；换言之，是实际上发挥出来的力量；也就是说，所有现存力量的一个很小的部分。从政治上说，所有力量的一大部分在于意志。因此，如果我们在估计中忽略掉任何按照意志行动的东西，我们又怎样可能估计政治力量的因素呢？认为由于在社会中掌握权力的人到头来也掌握政府的权力，因此企图靠影响社会舆论来影响政府的构成方式是徒然的这种看法，就是忘记了舆论本身就是一种最大的积极社会力量。一个有信仰的人和九十九个仅仅有利益的人是同等的社会力量。凡能成功地形成这样一种普遍信念即认为某种政府形式，或任何一种社会事实，值得选择的人，就朝着纠集社会力量到它一边迈出了可能采取的几乎是最重要的一步。当第一个殉教者[①]在耶路撒冷被人用石头打

① 指基督教的最初的殉教者斯蒂芬。——译者

死，而后来成为基督的使徒的那个人[①]却站在"同意他的死"一方的那一天，有谁会认为被打死的那个人的一派彼时彼地是社会中最强大的力量呢？后来的事件不是已经证明他们是那样吗？因为他们的信仰是当时存在的最强有力的信仰。同样的因素使威顿伯格（Wittenberg）的一名僧人[②]在沃尔姆斯会议（the Diet of Worms）的议席上变成比查理五世皇帝（Emperor Charles the Fifth），以及在那里集会的所有君主更为强大的社会力量。但这些，也许可以说，是涉及宗教的事例，而宗教信仰在其力量方面是有些特殊的。那么让我们举一个纯粹政治的例子，在这例子中，就宗教说它主要处于不利的一方。如果还有人不相信纯理论的思想是社会力量的主要因素之一的话，让他回想一下那个时代吧，那时欧洲几乎高居宝座上的不是自由主义的和主张改革的国王，就是自由主义的和主张改革的皇帝，更奇怪的是，还有自由主义的和主张改革的教皇；弗雷德里克大帝（Frederic the Great）年代，凯瑟琳二世（Catherine the Second）年代，约瑟夫二世（Joseph the Second）年代，彼得·利奥波德（Peter Leopold）年代，本尼迪克特十四世（Benedict XIV）年代，甘加内里（Ganganelli）、庞巴尔（Pombal）、阿兰达（Aranda）年代；当时那不勒斯的波旁（Bourbons of Naples）王室本身是自由派和改革者，而法国贵族中的所有积极活动的人士都充满着后来不久就要使他们付出极高昂代价的观

① 指基督的使徒保罗，当时他是犹太教徒，并参与迫害耶稣最初的追随者，目睹斯蒂芬被用石头打死，但后来不久改宗基督教成为基督的使徒。——译者

② 指德国宗教改革家马丁·路德（Martin Luther，1483—1546），他在1521年沃尔姆斯会议上被判定为持异端者。——译者

点。这的确是关于单纯体力和经济力量远远不是社会力量的全部的一个带结论性的例子。黑人奴隶制在英帝国和其他地方的宣告结束，靠的不是物质利益分配上的任何变化，而是道德信念的传播。俄国农奴的获得解放，如果不是有赖于一种责任感，至少也得感谢逐渐形成的有关国家真正利益的更为开明的舆论。这就是人们认为决定他们怎样行动的东西。尽管普通人的信仰和信念在很大程度上决定于他们的个人地位而不是决定于理性，但具有不同的个人地位的人们的信仰和信念，以及受有教育的人们联合起来的权威，对普通人施加的影响是不小的。所以，当受有教育的人们能一般地被导致承认一种社会安排，或者一种政治制度或其他的制度是好的，而另一种是坏的，前者是值得想望的，后者则是应受谴责的时候，那就已经朝着把足以使之存在下去的社会力量的优势给予前者，或者不给予后者方面做了不少工作了。一国政府决定于现存社会力量的这个原理只有在下述意义上是正确的：它有利于而不是不利于试图对现存社会条件下一切可行的政府形式进行合理的选择。

第二章　好的政府形式的标准

既然适于特定国家的政府形式是(在一定条件下)服从选择的,现在需要考虑的是根据什么标准来指导这种选择;什么是最适于促进特定社会利益的政府形式的突出特点。

在开始研究这个问题以前,似乎有必要确定什么是政府的固有职能。因为政府整个说来只是一个手段,手段的适当性必须依赖于它的合目的性。但是对问题的这种说法对研究问题的帮助不如可能设想的那么大,甚至看不到问题的全部。因为,首先,政府的固有职能不是一成不变的东西,在不同的社会状态而有所不同,在落后的社会状态比在先进的社会状态要广泛得多。其次,当我们把注意力限定在政府职能的合法范围的时候,我们就不能对一个政府或一套政治制度的性质作出充分的估计。因为尽管一个政府的好处必然局限在那个范围以内,但它的坏处却不幸地并不是。人类能受到的任何种类和任何程度的害恶都可能被他们的政府加在他们身上;而社会存在所能有的好处,则不能超出政府的构成与这种好处的获得相一致或留有余地的范围而得到进一步的实现。间接的影响不用说,公共当局的直接干预除人类的生存以外无任何必然的限界;而政府对社会福利的影响简直可以按照整个人类利益来考虑或估价。

既然我们因此不得不把社会利益的总和这样一个复杂的对象作为检验政府好坏的标准，我们就乐于试图对这些利益作某种的分类。这种分类既然使我们想起它们的类别，就可能表明政府形式适于分别促进各种利益的性质。如果我们能说社会的利益是由如此这般的因素组成，那将会是很方便的；这些因素之一要求这样的条件，另一因素要求另外的条件，那么，在最大程度上把所有这些条件结合在一起的政府就必定是最好的政府了。这样就会从构成一个好的社会状态的各种因素的个别原理上建立起政府的学说。

不幸的是，将社会福利的组成部分加以列举和分类，以便形成这种原理，却不是轻而易举的事。在上一世代或本世代中比较全面地从事研究政治哲学的人，大多都感到这样一种分类的重要性，但是朝着这方面的尝试，据我所知，还只是走出了仅有的一步。分类从开始到终了只是将社会的急需按“秩序”和“进步”（用法国思想家的说法）两个项目加以区分，用科尔里奇[①]的话来说就是永久性和进步性。从两个项目之间的显然明确的对立来说，以及从两者所投合的感情的显著不同来说，这个划分好像是有道理的和吸引人的。但是根据我的理解（不管在普通谈话中怎样可以允许），用“秩序”或永久性和进步性之间的区别来说明政府必须具备的性质是不科学的和不正确的。

因为，首先，什么是“秩序”和“进步”呢？就“进步”来说不存在

① 科尔里奇（Samuel Taylor Coleridge，1772—1834）英国形而上学者和诗人。——译者

什么困难，或者不存在乍看起来明显的困难。当“进步”被说成是人类社会的一种需要时，可以认为它意味着改进。那是相当不同的概念。但什么是“秩序”呢？它的含义时宽时窄，但从不曾意味着人类社会除改进以外的全部需要。

就其最狭的意义说，“秩序”意味着服从。如果一个政府成功地使它自己得到人民的服从，就说它保有“秩序”。但是有各种不同程度的服从，而且不是每一种程度的服从都是值得赞美的。只有绝对专制的政府要求每个公民无条件服从当权者的每一道命令。我们至少必须将这种命令的含义限定为一般的、以慎重的法律形式公布的命令。这样理解的“秩序”无疑表示着政府的一种不可缺少的属性。凡是不能使人民遵守他的法令的人，就不能说是在统治着人民。但是这虽然是一个必要的条件，却不是政府的目的。政府应得到人民的服从，这是必要的条件，以便能完成某个其他的目的。我们仍然必须寻求这个其他的目的，即抽象地从改进的观念出发政府应当完成的目的，也就是在每一个社会，不论是停滞的或进步的社会，必须完成的目的。

在稍微扩大一些的意义上，“秩序”意味着通过停止私人暴力来保持和平。一国人民通常不以私人强力解决他们之间的争吵，并且养成了将对他们的争议和损害赔偿的决定提交给公共当局的习惯，在这种地方，就说是有“秩序”。但是在这个较广的意义上，和在前面的狭义上一样，“秩序”所表示的毋宁是政府的条件而不是它的目的或政府好坏的标准。因为服从政府并将一切争议事项提交政府当局的习惯可能已经确立起来，但政府处理争议事项以及其他有关事项的方式，还可能由于区分开最好和最坏政府之间的整个间隔而有不同。

如果我们想把社会要求于它的政府而又不包含在“进步”概念中的一切都包括在“秩序”概念之内，我们就必须把“秩序”界说为保持已经存在的一切种类和数量的好处，并把“进步”界说为增进这些好处。这一区别的确把能够要求政府加以促进的一切东西都包括在这个或那个部分之内。但是，这样理解以后，它就不给政府的哲学提供任何基础了。我们不能说，在构成一个政体时，某些规定应当有利于“秩序”，而另外一些规定应当有利于“进步”，因为“秩序”的条件，在现在表明的意义上，和“进步”的条件，不是对立的而是同一的。倾向于保持已有的社会优点的力量，就是有助于增进这种优点的同一力量，反之亦然。唯一的不同点是，为了后一目的较之前一目的需要程度较大的力量。

例如，什么是各个公民最有助于保持住社会已有的全部良好行为、良好的经营管理、成功和繁荣的品质呢？大家将会同意，那就是勤勉、正直、公正和谨慎。但是所有这些品质不是最有助于改进吗？社会本身的美德的任何发展不是最大的改进吗？如果是这样的话，凡是政府中增进勤勉、正直、公正和谨慎的特性，就同样有助于永久性和进步性，只是较之仅仅保持永久将更需要这些特性来使社会变得显然是进步的罢了。

又，什么是和“进步”特别有关而又不直接联系到“秩序”和“保存”观念的人类的特殊属性呢？它们主要是智力活动、进取心和勇气等特性。但所有这些特性，对保存我们已有的幸福来说，不是和增进幸福同样十分需要吗？人类事务中有一点是确定无疑的，那就是：凡是已经得到的有价值的东西只有继续用取得它的同样的精力才能加以保持。事物如任其自流就不可避免地会衰退。凡是因成功而松懈其小心谨慎和思虑周到的习惯和不愿遇见不如意事的人，很少能使他的好运长期保持在顶峰。似乎专属于“进步”并且是导致“进步”的各种倾向的集中表现的智力属性是“创造力”或“发明才能”。但是这对永久性是同样必要的。因为，在不可免的人事变迁中，新的不便和危险不断产生，必须临之以新的智谋和办法，以便使事情继续下去，哪怕仅仅像过去那样好也罢。因此，凡是政府中倾向于鼓励活动力、能力、勇气、创造性的性质，和对“进步”一样，对“永久性”也是必需的。只是对后一目的来说，较之对前一目的，这些性质的程度只要稍微低一些一般也就够了。

现在从社会的精神条件转到社会的外部条件和客观条件。要指出任何仅仅有助于“秩序”或仅仅有助于“进步”的政治上的设计或社会事务的安排是不可能的。对两者之一有帮助的都同时促进两者。试举普通的警察制度作为例子来说吧。“秩序”似乎是和这部分社会组织的效能最直接有关的目的。但是，如果它对促进“秩序”是有效的，就是说，如果它镇压犯罪，并使每个人能感到人身和财产的安全，能有任何事态比这更有助于“进步”吗？财产的更大安全是促进更大生产的主要条件和原因之一，而更大的生产就是“进步”的最平常和通俗的方面。镇压犯罪搞得较好，就压制犯罪的倾向，而这就是在多少较高意义上的进步。使个人从不完善的保护状态下的焦虑和不安中解放出来，就解放了他的能力以便用来为改善自己和他人的状况作出新的努力。另一方面，同一奋斗目标使他热爱社会存在，不再在自己的同胞中看到当前的或未来的敌人，从而培育起对待他人的亲切感和友谊，以及对社会普遍福利的关心,所有这些都是社会进步十分重要的部分。

再举人们所熟悉的好的税收和财政制度的事例来说吧。人们一般地把它归入属于“秩序”领域的一类。但是什么能比它更有助于“进步”呢?一个促进前者的财政制度,由于恰恰同样的优点,也就有助于后者。比方说,经济既保存现有的国家财富也有利于创造更多的财富。负担的公平分配给每一个公民展示出具体运用于困难的调整工作上的道德和良心的范例,以及最高当局高度评价这种工作的证明。这样的负担分配,无论就定额来说或就区别对待来说,都大大地培养了社会的道德感情。这样一种不妨害公民的勤勉也非不必要地干涉其自由的征税方法,不仅有助于保存国家财富,而且有助于增加国家财富,并鼓励个人能力更积极地发挥出来。反过来说,一切有碍于增进人民财富和道德的财政和税收上的错误,如果达到足够严重的程度,肯定也可能使人民贫困化和道德败坏。总而言之,普遍有效的是,当我们在最广的意义上理解“秩序”和“永久性”时,为了巩固现存的利益,“进步”所要求的不过是“秩序”在较大程度上的要求,“永久性”所要求的不过是“进步”在较小程度上的要求。

在支持那种认为“秩序”本质上不同于“进步”,以及现有美好事物的保存和另外的美好事物的取得在提供根本分类的基础方面有区别的立场时,我们也许应该记住“进步”可能以“秩序”为牺牲;当我们正在取得或力求取得某种美好事物时,我们可能在别的方面正在退步。例如,我们可能在财富上有所增长,另一方面在美德上则有所退化。在承认这一点的情况下,它所证明的不是“进步”在种属上与“永久性”有何不同,而是财富与美德有所不同。“进步”就是“永久性”再加上点东西；而且，说在一件事情上的“进步”不意味着一切事情上的“永久性”，并不是对这一点的回答。同样，在一件事情上的“进步”也不意味着在一切事情上的“进步”。任何一种“进步”包含同一种事情上的“永久性”；每当“永久性”为某种特定“进步”作牺牲时，其他“进步”为之作更大的牺牲；而如果它不值得那种牺牲，那就不仅仅是“永久性”的利益被忽视了，而且普遍的“进步”利益也被弄错了。

如果在给好政府观念以具有科学准确性的最初开端的尝试中竟必须使用这些不适当地加以对比的概念的话，在好政府的定义中略去“秩序”一语而说好政府就是最有助于“进步”的政府，从哲学上说就更正确些。因为“进步”包括“秩序”，但“秩序”不包括“进步”。“进步”是一件事情的较大程度，“秩序”则是其较小程度。在任何其他意义上，“秩序”仅仅代表好政府的必要条件的一部分，而不代表好政府的概念和本质。“秩序”会在“进步”的条件当中找到更为适合的位置，因为，如果我们要增加美好事物总和的话，最要紧的莫过于照看好我们已有的东西。如果我们竭力要获得更多的财富，首先第一条应该是不要无益地浪费掉我们现有的财富。如此看来，“秩序”不是应和“进步”调和一致的另外的目的，而是“进步”本身的一部分和手段。如果在一个方面的所得是用同一方面或其他方面的超过等价的损失换来的，就不存在“进步”。这样理解的“进步”的增进包括政府的全部优越性。

但是，这一关于好政府标准的定义虽然抽象地是言之有理的，却是不恰切的，因为尽管它包含着全部真理，但它让人想起的只是一部分。“进步”一语所暗示的是前进的意思，而它在这里的意思却差不多同样是防止倒退。同样的社会原因——同样的信仰、感情、制度和实践——和对产生进一步的发展一样,对防止社会倒退是同样必要的。假使没有什么改进可以指望,生活会同样是为反对倒退而作无休止的斗争,像甚至现在这样。古代人所想的政治就完全是这样。人们和他们的工作的自然倾向是退化。然而,得到良好管理的好制度可能在不确定的长时间内阻止这种倾向。尽管我们已经不再抱有这种意见,尽管现时代的多数人表白相反的信条,他们相信事物的倾向整个说来是朝向进步的,但是我们不应当忘记存在着人类事务趋向更加恶化的一股长流不息的潮流,构成这股潮流的是人类的一切愚蠢、一切邪恶、一切疏忽、懒惰和苟安。这种倾向,仅仅由于某些人经常地,以及其他的人凭一时高兴地,向着美好而有价值的目标作出的努力,才被控制住,不致泛滥成灾。认为他们的主要价值在于用他们的手段实现的实际上的进步,这种努力一旦停止,其后果将仅仅是使我们保持现状,乃是对为改进和提高人类本性和人类生活所作努力的重要性的严重估计不足。稍许减少这种努力,就不仅会停止进步,而且会使事物的总的趋势转向倒退。这种倒退一旦开始,就会加速度地进行下去,变得越来越难以阻止,一直达到历史上可以常常看到的那种状态,在这种状态中甚至今天还有很大部分的人类匍匐于其中。这时,除了超人的力量就很难扭转这种趋势和重新开始向上的运动。

这些理由使得"进步"这个词和"秩序"及"永久性"等词一样不适于当作对政府形式必要条件的分类的基础。这些词所表达的根本对立,并不像存在于符合这些词的人的性格类型中那样存在于事物本身之中。我们知道,有些人以谨慎小心为主,而另一些人则勇敢大胆占优势。有些人，避免危及既得利益的愿望比改进已有的并取得新的利益的愿望更为强烈。另一方面也有其他一些人则倾向相反，比留意当前利益更热衷于未来利益。走向这两种人的目的的道路是一样的，但他们容易在相反的方向上离开这条道路。这种考虑对组织任何政治团体的班子是具有重要性的：两种典型的人都应当被包括进去，以便在每一种人的倾向趋于极端时可以由适当比例的其他倾向的人加以调节。不需要有明文规定来保证这一目的，只要注意不要有不符合该目的之处就行。一般地，老年人和青年人，已经有了地位和声望的人和尚无地位和声望的人自然地和自发地混合在一起，就足可达到这个目的，只要这自然的平衡不被人为的规定所干扰。

既然最通常地用来作社会事务分类的区别并不具有所需要的性质，我们就必须寻求更适于该项目的的某个其他的主要区别。这样一种区别将由我现在要进行的考虑加以表明。

如果我们试行自问，好政府在其所有的意义——从最低微的到最高尚的意义——上究竟依靠什么原因和条件，我们就发现其中主要的、超越其他一切的是组成作为统治对象的社会的那些人的品质。

我们可以举司法作为第一个例子来说。这样做是更恰当的，因为没有哪一部分公共事务其单纯的机构、规则和工作细节的设计是具有如此重大后果的。但甚至这些，较之所雇用人员的品质，在重要性上也大有逊色。如果人民的道德情况坏到证人普遍说谎、法官和其下属受贿的地步，程序规则在保证审判目的上又有什么效用呢？又，如果人民对市行政漠不关心，不能诱使忠实而有才能的人出来管理，把职务交给那些为谋取私利的人去担任，制度又怎能提供一个好的市行政呢？如果选民不关心选择最好的议会成员，而是选择为了当选而愿花最多的钱的人，最广泛普及的代议制度又有什么用处呢？如果一个议会的成员可以被收买，或者如果他们性情暴躁，得不到公共纪律的矫正或个人的自我克制，使他们不能作冷静的考虑，并且在下院议席上动手打人或互相开枪射击，这样的代议制议会又怎能为人民的利益而工作呢？还有，如果人民是那样爱嫉妒，只要有个人可能获得成功，那些本应当和他合作的人却形成默契，联合起来使他归于失败，这样的人民怎样能以相当健康的方式进行政府管理或任何共同的事业呢？每当人民普遍倾向于只注意个人的私利而不考虑或关心他在总的利益中的一份时，在这样的事态下好的政府是不可能的。知识的缺乏对好政府所有要素方面的不利影响是不需要作任何说明的。政府管理是由人们的行为组成的，如果行为者，或选择行为者的人们，或行为者须对之负责的人们，或其意见应当影响和制约所有这些人的旁观者们，都只是无知的、愚蠢的和具有可悲的偏见的群众，则任何政府管理都将搞不好。反过来，按照人们高出于这个水平的比例，政府的性质也将有所改进——直达到卓越的程度（这是可能达到的但没有一个地方已经达到），那里的政府官员，其本身就是具有卓越的美德和智慧的人，而围绕着他们的是有道德的和开明的公众舆论的气氛。

好政府的第一要素既然是组成社会的人们的美德和智慧，所以任何政府形式所能具有的最重要的优点就是促进人民本身的美德和智慧。对任何政治制度来说,首要问题就是在任何程度上它们有助于培养社会成员的各种可想望的品质——道德的和智力的,或者可以说(按照边沁(Bentham)更完善的分类),道德的、智力的和积极的品质。在这方面做得最好的政府,就很可能在其他一切方面是最好的,因为政府的实际工作中一切可能的优点正是有赖于这些品质(就它们存在于人民中来说)。

因此,我们可以把政府在增加被统治者(集体地和各个地)的好品质的总和方面所能达到的程度,看做区别政府好坏的一个标准。因为,除了被统治者的福利是政府的唯一目的以外,被统治者的好品质为开动政府机器提供动力。这样,政府机器本身的性质就成了政府优点的另一构成要素了。政府机器本身的性质就是它适于利用每个时候存在的全部好性质来帮助实现正当目的的程度。让我们再举司法这个题目作为例子来说明吧。司法制度一旦确定,执法上的优点就和组成法庭的人员的价值以及影响或控制他们的舆论的价值成比例。但是好的司法制度和坏的司法制度之间的全部差别,在于为了使存在于社会中的全部道德的和智力的价值对执法施加影响,并使它对执法的结果充分起作用而采用的各种办法。为使法官的挑选能得到最高水平的美德和智慧而作的安排,有益的诉讼程序的程式,允许对任何差错进行公开的评论和批评,通过报刊进行讨论和指责的自由,按照是否适于引出真相的采证方式,接近法庭的便利(不管有多少),侦查犯罪和逮捕罪犯的办法,——所有这些都不是动力,不过是使动力排除障碍的手段。手段自己不能活动,但没有它,不管动力有多大,也将被浪费掉而无效果。在政府的行政部门的构成中存在同样的特点。行政部门所拥有的手段是好的：规定了对官员资格的适当考查，对官员升级的适当规则；事务被适当地分配给办理事务的人，为事务的处理建立起便利的和有条不紊的秩序，在事务处理之后保留正确而明了的记录；每个人都知道自己所负的责任，并让别人知道他的责任所在；对行政部门中的疏忽、徇私或假公济私行为规定精心设计出来的控制办法。但是政治控制不能自己活动，正如徒有马笼头而无驭马者不能指挥马一样。如果进行控制的官员和他们所要控制的官员一样腐败或玩忽职守，如果作为整个控制机器的大发条的公众太无知，太消极，或太不经心和不注意尽自己的本分，那么即使有最好的行政机构也不会得到多大好处。虽然这样，好的机构总是比坏的机构更为可取的。它能使现有的不充分的动力或控制力量发挥尽致；没有它，不管多大的动力或控制力量都会是不充分的。例如，如果公众对所做的事漠不关心的话，公开的办法，就既不阻止坏事也不是鼓励好事。但是，如果不公开，公众又怎能对不允许他们看到的事情加以制止或鼓励呢？公共机关的最理想的完善构成，就是其中官员的利益和他的职务完全一致。单靠制度是做不到这样的，但若没有为这一目的适当设计出来的制度就更做不到这样。

我们就具体的政府管理的各项安排所说的话，对政府的一般构成来说显然更是适用的。一切旨在成为好政府的政府，都是由存在于社会各个成员中的一部分好的品质为管理集体事务而组成的。代议制政体就是这样一种手段，它使社会中现有的一般水平的智力和诚实，以及社会中最有智慧的成员的个人的才智和美德，更直接地对政府施加影响，并赋予他们以在政府中较之在任何其他组织形式下一般具有的更大的影响。虽然在任何组织形式下，他们所具有的影响都是政府中一切好事物的根源和阻止一切坏事物的条件。一个国家的制度所能组织的这种好品质越多，组织形式越好，政府也就越好。

这样，我们现在已经得到对任何一套政治制度所能具有的优点的双重区分的基础。这种基础一部分由政治制度促进社会普遍的精神上的进步的程度所构成，包括在才智、美德，以及实际活动和效率方面的进步；一部分由它将现有道德的、智力的和积极的价值组织起来，以便对公共事务发挥最大效果所达到的完善程度构成。评价一个政府的好坏，应该根据它对人们的行动，根据它对事情所采取的行动，根据它怎样训练公民，以及如何对待公民，根据它倾向于促使人民进步或是使人民堕落，以及它为人民和依靠人民所做工作的好坏。政府既是对人类精神起作用的巨大力量，又是为了公共事务的一套有组织的安排。在前一种职能上，它的有益的行动主要是间接的，但并不因此是较不重要的，而它的有害的行动则可以是直接的。

政府这两种职能之间的不同，不是像“秩序”与“进步”之间的区别那样仅仅是程度上的不同，而是性质上的不同。然而，我们不应认为它们之间没有密切的联系。保证在现有的文化状态下实际可行的最好的公共事务管理的制度，单凭这一点就可能进一步改进那种状态。一国人民具有和他们在道德和智力的进步上已达到的阶段相一致的最好的法律，最纯洁和最有效率的司法，最开明的行政管理，最公平和最不繁重的财政制度，就有希望迅速地进入到更高的阶段。政治机构除恪尽厥职而外也无其他方式能更有效地促进人民的进步。相反地，如果政府机器构造得不好，以致不能恪尽厥职，就会处处感到它降低人民的道德和压抑人民的才智和能动性的后果。但是这种差别是真实存在的，因为这只是政治制度用来改善或是败坏人类精神的手段之一，至于那种有益的或是有害的影响的原因和方式则仍然是有待研究的另外的和广泛得多的课题。

就一种政府形式或一套政治制度影响社会福利的两种工作方式——它作为国民教育机关的工作和它在现有教育情况下管理社会公共事务的安排——而论，因国家和文明状态的不同而发生的变化，后者显然比前者要少得多。它和政府的根本构成的联系也少得多。在自由政体下最好的管理政府实际事务的方式，在君主专制政体下一般地也是最好的，只是君主专制政体不大像会实行它罢了。比方说，财产法规，证据原则和审判程序，税收和财政制度，在不同的政府形式都不必一定不同。这些事项中的每一项都有它自己的原理和规则，都是个别研究的科目。一般法学，民事和刑事立法，财政和商业政策，本身都是科学，或者可以说，广泛的科学或管理艺术的个别部分。有关所有这些科目的最开明的原则，尽管不是在一切政府形式下都能同样地被理解或照着做，但是如果被理解了和照着做的话，在所有的政府形式下一般地都会是同样有益的。诚然，这些原则不能毫不加修改地适用于一切社会状态和人类精神状态，但是大多数原则只需要作细节上的修改，以适应任何充分发展到拥有能理解它们的统治者的社会状态。它们完全不适合的那种政府，一定是那种本身很坏，或不合舆情，以致不能靠诚实手段维持其本身的存在的政府。

否则它就是和涉及人民本身的较好或较坏训练的那部分社会利益有关。考虑到制度有助于人民本身的训练，按照已经达到的发展阶段，所需要的制度必须显著不同。对这一真理的承认，尽管多半是经验上的而不是哲学上的承认，可以被看做是当代政治学说超乎过去时代政治学说的主要优越之点。在过去时代，通常主张在英国或法国实行代议民主制所依据的论点将同样会证明这制度是对阿拉伯人或马来人唯一适合的政府形式。就文化和发展来说，不同的社会状态的下限可达到仅仅稍高于高等动物的那种状况。上限也是相当大的，而将来的可能扩展则更大得多。一个社会只能根据各种影响的汇合从这些状态之一发展到更高的状态，在这些影响中，主要的就是它们所从属的政府。在一切迄今已经达到的人类进步的状态中，对个人行使的权威的性质和程度，权力的分配，以及命令和服从情况，是除宗教信仰外最强有力的影响，这些影响使他们变成现在这样，并使他们能成为什么样就成为什么样。由于他们的政府和特定发展阶段不相适应，他们的进步可以随时停止下来。政府的一个必不可少的优点（为了这个优点可以原谅几乎任何程度的其他不与进步相矛盾的缺点）就是，它对人民的影响有利于，或者不是不利于，他们为了把自己提高到更高的水平所必须采取的下一个步骤。

因此（重复前举的一个例子来说），处在蒙昧未开化的独立状态的人民，每个人为他自己活着，除偶尔一时高兴外不受任何外部的控制，这样的人民在学会服从以前实际上是不可能取得任何文明方面的进步的。因此，在这样一种人民之上确立起来的政府的必不可少的美德，就是它使它本身得到服从。为了做到这点，政府的体制必须是近乎或完全专制的。有赖于社会各种成员自愿放弃他们个人的行动自由的任何程度的平民政体，将不能贯彻实行位于这种发展阶段上的初学文明的人民所需要的第一课。因而，这种部落的文明，如果不是由于和其他已经开化的部落杂处一起的结果，就几乎总是一个专制统治者的业绩，他的权力或者来自宗教，或者来自军事上的勇武；但常常是来自外国的武力。

又，未开化的种族（最勇敢、最富有精力的种族尤其如此）不喜好继续不断的毫不令人兴奋的劳动。然而一切真正的文明就是以此为代价的；没有这种劳动，人既养不成文明社会所需要的习惯，物质世界也不准备接受他。这里需要有一种罕见的各种情况的巧合，为此常常要经过很长的时间，才能使这种人民和勤勉协调起来，除非他们在一段时间内被迫这样做。所以甚至人身的奴隶制，由于它给勤勉生活一个开端并把这种生活强制规定为社会中人数最多的那部分人的专属职业，较之好斗和掠夺生活更可能加速向更好的自由的过渡。不用说，奴隶制的这一辩解只是在很早期的社会状态下才是有效的。文明民族有很多其他方法将文明给予在它影响下的人们，而且奴隶制在其一切细节上都和法治抵触，而法治却是一切现代生活的基础，并且对奴隶主阶级来说，当它一旦受到文明的影响时，奴隶主又是富有腐化作用的，所以现代社会中在任何情况下采用奴隶制，就是回到比野蛮更坏的状态。

然而在某个历史时期，几乎每一个现在是文明的民族，都是多数由奴隶构成的。处在那种状况的民族为了摆脱那种状况要求一种和野蛮民族极不相同的政体。如果他们生来精力旺盛，特别是如果在同一社会内有一个既非奴隶又非奴隶主的勤劳的阶级和他们联合在一起(如希腊的情况),他们大概只要使自己自由就能保证他们的情况的改善。当获得自由以后,他们往往像古罗马的自由民那样适于立即取得完全的公民权。然而这不是奴隶制的正常情况,一般地这是奴隶制即将过时的征兆。本来所谓的奴隶是一个尚未学会自助的人。他比野蛮人无疑是前进了一步。他没有上过他尚待取得的政治社会的第一课。他学会了服从。但他所服从的只是直接的命令。生来的奴隶的特点就是不能使自己的行为符合规则或法律。他们只能做被命令去做的事情,而且只是当他们被命令去做那事情的时候。如果有个他们畏惧的人监视并用刑罚威胁着他们,他们就服从;但是当这个人背过脸去的时候,工作依然未做。决定着他们的动机不应求之于他们的利益,而应求之于他们的本能、直接的希望或直接的恐怖。专制政治可能驯服野蛮人,但是就专制政治来说,就只能使得奴隶更加无能力。然而在他们自己控制下的政府将是完全难以由他们管理的。他们的进步不能来自他们自己,而必须从外部引起。他们必须采取的步骤,以及改进的唯一途径,就是从意志的统治提高到法律的统治。必须教会他们自治,而在最初阶段这意味着按照一般的指示行动的能力。他们所需要的不是强力的统治而是指导性的管理。然而,由于他们处在很低级的状态以致除了他们尊为掌握强力的人以外不服从任何人的指导,所以最适于他们的那种政府就是握有强力但很少加以使用的政府,也就是类似圣·西蒙式社会主义(St. Simonian form of socialism)的父亲式专制政治或贵族政治。这样的政府对社会的全部活动保持着一般的监督,俾使每个人感觉到现时存在一种足以强迫他服从既定规则的强力，但是这个政府由于不可能着手规定有关勤勉和生活的一切细节，必然听任并诱导人们自行去做许多事情。这个可称之为引带[①]政府的政府，看来是为使这样的民族最迅速地通过社会进步方面必要的下一步所需要的。秘鲁英卡斯(Incas)政府的想法似乎就是这样；巴拉圭耶稣会教士的想法就是这样。不用说，仅仅作为逐步训练人民独自走路的一种手段，引带才是可允许的。

再作进一步的说明将是不适当的。试图研究哪种政府适合于每一种已知的社会状态，将不是写一篇有关代议制政府的论文，而是有关一般政治学的论文。为了我们较有限的目的我们仅借用政治哲学的一般原理。要确定最适合于某个特定民族的政府形式，我们就必须能够在属于该民族的缺点和短处中辨别出成为他们进步的直接障碍的东西，发现(比方说)拦路虎是什么。对他们说来最好的政府就是最能给与他们那种如缺少了他们就不能前进或只能跛行地和歪歪斜斜地前进的东西的政府。但是我们不可忘记一切以改进或进步作为其目的的事物中必然含有的保留；那就是，在寻求所需要的好处时，不损害或尽可能少损害已经有的好处。应该教会野蛮民族服从，但不是用把他们转变为奴隶的方式。而且(为了给立论以更高的概括)对于使人民度过进步的下一阶段说来最有效的政府形式，如果它这样做所用的方式妨碍或者肯定地使他们不适于往前更进一步，将仍然是对他们极不适当的。这样的事例是常有的，而且是属于

① 指用来教幼儿走路的牵引绳带。——译者

历史上最可悲的事件。埃及的等级制度，中国的父亲式专制政治，对于把这些民族提高到它们已达到的文明程度来说都是很合适的工具。但是一经达到那种程度以后，由于缺乏精神自由和个性，它们就永远停止下来了。把它们带到目前状况的制度使它们完全无能力取得进步所需的这些条件；并由于该项制度并未崩溃和让位于别的制度，进一步的改进就停止了。和这些民族相比，让我们来考虑由另一个比较不重要的东方民族——犹太人提供的性质相反的例子。他们也有过绝对君主制和等级制度，并且他们所创立的制度具有和印度人一样明显的祭司制渊源。这些制度为他们做了其他东方民族的制度为各自民族所做的事情——使他们变得勤勉和服从秩序，并给他们以民族的生活。但是无论是他们的君主或是祭司教士，都不曾像在其他那些国家那样，独占对他们性格的塑造。他们的宗教使具有天才和高度宗教虔诚的人们能被看做，也使他们能把自己看做是受到天启，这种宗教产生了一种无可估量地宝贵的并非由人建立的制度——先知教团（如果可以这样称呼它的话）。在他们神圣地位的一般虽非经常有效的保护下，先知们是民族中的一种力量，往往不只是君主和祭司的对手，并在地球的那个小角落里保持着势力的对抗，而这种势力的对抗是不断进步的唯一真正的保证。在那里宗教因而就不像在其他许多地方那样，将一切已经确立的事物神圣化和成为反对进一步改进的障碍。著名犹太人 M. 萨尔瓦多（M. Salvador）所说先知们在教会和国家具有和近代的出版自由同等的价值这番话，为犹太生活中这一伟大因素在民族以及全人类的历史中所发挥的作用提出了一个正当的虽然不是足够的概念。因此之故，天启的教义从来不是完全的，在才智和道德感情方面最杰出的人们不仅能够以上帝的直接权威对任何他们认为值得如此对待的事情进行公然抨击和表示异议，而且能够提出对民族宗教的更好的和更高的解释，这些解释以后就成为宗教的一部分。因而，凡是能放弃把圣经当做唯一无二的一本书那样读的习惯的人——这种习惯直到最近在基督徒中和不信仰基督教的人中同样是根深蒂固的——看到在摩西五书或甚至历史著作（无疑是犹太祭司阶层保守分子的作品）中的道德和宗教同预言书中的道德和宗教之间的巨大差异而不胜惊叹。这种差距和预言书同福音书之间的差距一样大。比这更有利于"进步"的情况是难得有的，因此犹太人不是像其他亚洲人那样静止不动，而是仅次于希腊人的古代最进取的民族，并和希腊人一道，是现代文化的出发点和主要推动力。

因此，不仅要考虑到下一步骤，而且要考虑到社会有待采取的所有步骤，否则不可能理解政府形式适合社会状态的问题。既要考虑到能够预见到的，也要考虑到目前还看不到的远为广泛的不确定范围。由此可以得出结论说，要判断各种政府形式的优点，就必须建立一种实质上最合格的理想的政府形式，就是说，如果存在实现其有益倾向的必要条件，它将比任何其他形式更有利于促进不仅是某项改进，而是一切形式和程度的改进。做到这一点之后，我们必须考虑为使这个政府能实现其倾向所必要的各种精神条件是什么，而使一个民族不能受益的各项缺点又是什么。这样，我们就可能建立起一条关于在什么情况下可以明智地采用该政府形式的原理，同时，在最好不采用该政府形式的场合，也可能判断哪种较次的政府形式将最有助于那些社会在其变得适于最好的政府形式以前度过它们必须通过的中间阶段。

上述第二点与本书所讨论的无关;但第一点则是我们论题的主要部分。我们可以毫不轻率地立即宣布一项命题,即这一理想上最好的政府形式可以在这种或那种代议制中看到。有关这一命题的证明和解说将出现在以下各页中。

第三章　理想上最好的政府形式是代议制政府

长期以来(也许在英国人争取自由的整个期间)有句谚语说，假使能保证有一个好的专制君主，君主专制政体就会是最好的政府形式。我看这是关于什么是好政府的一种极端的也是最有害的误解。这种误解如不加以清除，就将严重地损害我们关于政府的一切推理。

这个谚语的假设是，在杰出人物手中的绝对权力将保证完善而明智地执行政府的一切义务。好的法律将被创设并施行，坏的法律将得到改革；最优秀的人将被放在一切负责的位置上；在这个国家的情况和它的知识和道德教化程度允许的条件下，司法将得到很好的实施，公共负担将规定得很轻而且很适宜，每个行政部门将得到廉洁而明智的管理。为了辩论起见，我愿意承认这一切；但是我必须指出这种让步是多么大；甚至要产生和这一切相接近的结果也要求有比好的专制君主这个简单词汇所具有的意义多得多的东西。实现这些结果事实上将意味着不仅仅一个好的君主，而且一个洞察一切的君主。他必须在任何时候都相当详细地正确了解国家每个地区每个行政部门的行为和工作，必须能够在给予他的全部时间即和给予一个最低微的劳动者一样的一天二十四小时里有效地注意和监督这广阔领域的一切部分；或者他必须至少能从他的臣民群众中不仅辨别和选出一大批适于在监督和控制下管理每个公共行政部门的忠实而有能力的人，而且辨别和选出少数具有杰出美德和才能的人，这些人不仅可以被信任在没有监督的情况下工作，而且对别人实行监督。差强人意地完成这项任务就需要有非凡的才能和精力，因此我们所假设的好的专制君主很难想象会同意承担这项任务，除非为了逃避不可忍受的祸患和对未来的事情作过渡的准备。但即使没有上面开列的大项目，论点也能成立。假设困难消失了，那时情形怎样呢？一个具有超人的精神活力的人管理着精神上消极被动的人民的全部事务。他们的消极被动暗含在绝对权力这个观念本身中。整个民族，以及组成民族的每个人，对他们自己的命运没有任何潜在的发言权。关于他们的集体利益他们不运用自己的意志。一切都由并非他们自己意志的意志为他们作决定，违反这种意志对他们说来是法律上的犯罪。在这种制度下能造成什么样的人呢？他们的思想或活动能力在这种制度下能得到什么发展呢？他们或许能被允许考虑纯理论的问题，只要他们的考虑或者不涉及政治，或者同实践毫无联系。在实际事务上，他们最多只能被容许提建议；而即使在最温和的专制君主的情况，也只有被认为优秀或以优秀出名的人才能指望他们的建议能被负责管理事务的人们知道，至于重视就更说不上了。一个人当他的思想不会有什么实际效果而仍要不怕麻烦地去思想，或者使自己适合于他并无指望被允许去担任的职务，这个人对智力活动本身一定具有极不平常的爱好。对智力活动的唯一充分的诱因（这在一个世代中不过是少数几个人的情况),是智力活动的结果有被实际采用的希望。并不由此得出结论说这个民族整个地缺乏智力。通常生活上的事务,这是必然要由每个人或每个家庭自己处理的,将唤起某种程度的才智和实际能力(在这些概念的一定的狭窄范围内)。可能有第一流的大科学家,他们为了科学的实际利用或是为了研究上的乐趣而钻研科学。将会有一群官僚,以及被训练做官僚的人,他们将被教会至少某些政府管理和公共行政的经验原则。可能有也常常有过由国家的最好的智力在某个特殊方面(通常是军事方面)组成的系统,俾增进专制君主的威严。但一般公众依然无知无识并对一切较大的实际问题不感兴趣;或者,如果他们对这些问题有任何了解的话,那也不过是一知半解,就像从未拿起过工具的人所具有的机械知识那样。他们受到妨害的不仅是在知识方面;他们的道德能力也同样受到妨碍。凡是人们的行动范围受到人为的限制的地方,他们的感情也就相应地变得狭隘和不健全。感情的食粮是行动;甚至家庭的感情也有赖于自愿的照顾。使一个人不能为他的国家做任何事情,他也就不关心他的国家。古来有一句谚语说,在专制国家最多只有一个爱国者,就是专制君主自己。这个谚语是以正确理解绝对服从——哪怕是对善良而贤明的统治者的服从——的后果为依据的。还有宗教;也许可以认为,宗教至少是一种可以依靠来提高人们的眼光和思想的力量。但是即使假定宗教不为了专制政治的目的而受到歪曲,它在这些情况下也不再是一种社会关心的事,而缩小为个人和上帝之间的个人私事,涉及的只是他个人的拯救问题。这种形式的宗教和最自私最狭隘的利己主义是完全适合的,和肉欲本身一样不能使信仰者在感情上和其同类一致起来。

好的专制政治意味着这样一个政府：在这个政府里，就依靠专制君主来说，不存在国家官吏的实际压迫，但人民的一切集体利益由政府代他们进行管理，有关集体利益的一切考虑由政府替他们去做，他们的思想形成于并同意于这种对他们自己的能力的放弃。一切事听任政府，就像听任上帝一样，意味着对一切事毫不关心，并把它们的结果，如不合自己的意思，当作上天的惩罚加以接受。所以，除对思维本身有智力上的兴趣的少数好学的人以外，整个人民的才智和感情让位给物质的利益，并且当有了物质利益时让位给私生活的娱乐和装饰。但这样说的意思是，如果全部历史的见证还有价值的话，民族衰落的时代已经到来，就是说，如果这个民族曾经达到某种文明的话。如果它未超出东方民族的状况，在那种情况下，它就继续停滞。但如果像希腊或罗马那样，由于活动力、爱国主义和心胸宽广——这些民族性格完全是自由的结果——它曾达到较高的文明，它就在几个世代内退到东方的状态。而那种状态并不意味着呆滞不动，保证不再变坏；它往往意味着遭到更强大的专制君主或是保持着粗野和自由活力的邻近野蛮民族的侵略、征服，并被降为国内的奴隶。

这不仅是专制政府的自然倾向，而且是它的内在的必然性。这是无法逃避的，除非专制政府同意不成其为专制政府，被设想为好的专制君主的人不行使他的权力，并且，尽管保留着该项权力，允许政府的一般事务进行得就像是人民真正自己管理自己那样。不管这是怎样很少可能，我们可以想象一个遵守着立宪政府的很多规则和限制的专制君主。他可能允许使舆论得以形成并对国家事务表示意见的出版和言论自由。他可能容许地方的利益在不受政府干涉的情况下由人民自己管理。他甚至可能在自己周围设置一个或数个由全体或部分人民自由选出的政府委员会，而在自己手中保留着征税权和最高的立法以及行政权力。假使他这样做，并一直放弃作为专制君主的权力，他将除掉专制政府特有的一大部分害处。对公共事务的政治能动性和能力将不再受到阻碍地在人民内部发展起来，而一种不单纯是政府应声虫的舆论将形成起来。然而这样的改进将是新的困难的开始。这个不受君主支配的舆论必定是要不支持他的，要不就是反对他的；非此即彼。一切的政府必定会使许多人不高兴，而这些人现在有了正规的机关，并能够表达他们的感情，因此反对政府措施的意见也会常常表达出来。当这些不利意见碰巧是多数意见时，君主该怎么办呢？他将改变他的方针吗？他将听从人民吗？如果是这样，他就不再是专制君主而是立宪君主了。后者作为人民的机关或第一公仆不同的只是不能罢免罢了。如果不是这样，他就必须或者用他的专制权力将反对意见压制下去，或者就将产生人民和独夫之间的持久的对抗，其结局只能有一个。即使是消极服从的宗教原则和"神权"也不会长期防止这种局面的自然后果。君主将不得不屈服并遵从立宪君主的条件，或者让位给愿意这样做的人。这样一来君主专制就主要是名义上的，它将不具有被认为属于绝对君主制的很多优点。另一方面，它将在极不完全的程度上实现一个自由政府的优点。因为不管公民实际享有的自由可能有多大，他们决不会忘记他们是勉强被容许保有这种自由的，并且是靠了一种在国家的现有政体下随时可能被收回的让步保有这种自由的。不能忘记他们在法律上是奴隶，尽管是一个明智的或者是宽容的君主的奴隶。

如果由于人民的无知、冷漠、倔强、刚愎自用，以及由于用自由制度所提供的强有力的武器武装起来的自私的个人利益的腐败结合对最有益的公共进步设置了种种障碍，而呻吟于这些障碍下的失去耐心的或感到失望的改革家们，有时竟渴望一个铁腕人物来摧毁所有这些障碍并迫使难以驾驭的人民接受较好的管理，是毫不足怪的。但是(除开这一事实不说：有一个时常改革弊政的专制君主，就有九十九个只知制造弊政的专制君主)朝着这方向寻求实现他们的希望的人们，从好政府的观念中漏掉了其主要的成分，即人民本身的改进。自由制度的好处之一，就是在这制度下统治者不能放过人民的意愿不管，为他们改善事务而不改善他们。如果不管人民怎样也能将他们管理好的话，他们的好政府就不会比一个未经自己提供合作由外国武力解放的人民的自由维持得更长久。诚然，专制君主可能教育其人民；而真正这样做，将是对他的专制的最好的辩解。但是任何旨在造就人而不是制造机器的教育，到头来都会使他们提出支配他们自己的行动的要求。十八世纪法国哲学的先驱们就是耶稣会会员教育出来的。甚至耶稣会的教育看来也足够真正唤起对自由的渴望。凡是增强人的能力的，不管是在多么小的程度上，都会创造对无阻碍地运用这种能力的更大愿望；普及教育如果不是为了肯定将诱导人民去想望，并很可能会提出要求的那种状态而教育人民，就是一种失败。

我绝非谴责在极端危急的情况下以暂时的独裁形式掌握绝对的权力。自由的民族在古时候曾经根据他们自己的选择赋予这种权力，作为对国家用较温和手段所无法消除的弊病的一剂必要的猛药。但是对这种权力的接受，即使是在严格限制的时间内，也只有当独裁者，像梭伦或毕达古斯[①]那样，用他所掌握的全部权力来消除妨害民族享有自由的障碍时才是可以原谅的。好的专制政治完全是一种虚假的理想，它实际上（除了作为某种暂时目的的手段）是最无意义和最危险的奇异想法。以毒攻毒，在一个文明有所发展的国度，好的专制政治比坏的专制政治更为有害，因为它更加松懈和消磨人民的思想、感情和精力。奥古斯都[②]的专制政治使罗马人为提比略[③]作好准备。假使罗马人性格的整个风格最初没有遭到近两个世代的温和奴隶制的磨损，他们可能会留下足够勇气反抗更可恶的奴隶制吧。

不难表明，理想上最好的政府形式就是主权或作为最后手段的最高支配权力属于社会整个集体的那种政府；每个公民不仅对该最终的主权的行使有发言权，而且，至少是有时，被要求实际上参加政府，亲自担任某种地方的或一般的公共职务。

为检验这个命题，就必须联系到上一章所指出的为便于对政府长处的研究而划分出的两个部分加以考察，即：政府通过社会各种成员现有道德的、智力的和积极的能力促进社会事务的良好管理到何种程度，以及它在改善或败坏这些能力方面的效果如何。

不用说，理想上最好的政府形式，并不是指在一切文明状态都

① 梭伦（Solon，约公元前 639—前 559）、毕达古斯（Pittacus，约公元前 651—前 569）均为古希腊政治家。——译者

② 奥古斯都（Augustus，公元前 63—公元 14）是古罗马帝国第一代皇帝（公元前 27—公元 14）。——译者

③ 提比略（Tiberius，公元前 42—公元 37）是古罗马帝国第二代皇帝（公元 14—37）。——译者

是实际可行的或适当的政府形式说的，而是指这样一种政府形式，在它是实际可行和适当的情况下，它伴随有最大数量有益后果，直接的和将来的。完全的平民政府是能够主张具有这种性质的唯一政体。它在政体表现其优越性的两个部分都是卓越的。它比任何其他政体既更有利于提供良好的管理，又促进较好的和较高形式的民族性格的发展。

它有关当前福利的优越性建立在两个原则之上，这两个原则具有和关于人类事务所能规定的任何一般命题同样普遍的真理性和适用性。第一个原则是，每个人或任何一个人的权利和利益，只有当有关的人本人能够并习惯于捍卫它们时，才可免于被忽视。第二个原则是，从事于促进普遍繁荣的个人能力愈大，愈是富于多样性，普遍繁荣就愈达到高度，愈是广泛普及。

试将这两个命题具体化到当前场合。人们愈具有自保的力量并进行自保，他们就愈能免遭他人的祸害；只有他们愈是自助，依靠他们自己个别的或共同的行动而不仰赖他人，才愈能在同自然的斗争中取得高度的成功。

前一命题——每个人是他自己的权利和利益的唯一可靠保卫者——是深谋远虑的基本准则之一，每个能够处理自己事务的人在涉及他自己时总是暗含地按照它行动的。的确，许多人对它作为政治学说感到极大厌恶，并且爱把它公然诬蔑为普遍自私的学说。对此我们可以回答说，人通常总是爱自己胜于爱别人，爱和自己接近的人胜于爱较疏远的人，当这一点不复是真理的时候，从那时起，共产主义就一定不仅是实际可行的，而且是唯一可以辩护的社会形式了。而且，到那时候，共产主义将肯定会得到实行。就我自己来说，既不相信普遍的自私，我不难承认甚至现在共产主义在人类的精华中就会是可行的，在其他人中也可能变成可行的。但是由于这一意见就是不受那些不满于私利占有普遍优势的学说的现制度的维护者们欢迎，我倒以为他们实际上确是相信大多数人考虑自己先于别人的。然而，为了支持一切人参加行使主权的主张，甚至不必要作这种断言。我们不需要假设说，当权力存在于一个排他的阶级手中时，该阶级将明知和有意地为自己而牺牲其他阶级的利益。这样说就够了：在没有天然的保卫者的情况下，被排除的阶级的利益总是处在被忽视的危险中。而且，即使看到了，也是用和直接有关的人们不同的眼光去看的。举例来说，在我们国家，被叫做工人阶级的那个阶级可以认为就是被排除在对政府的一切直接参加之外的。我不以为参加政府的各阶级一般地有为自己而牺牲工人阶级的任何意图。他们曾经有过那种意图；看看那些长期以来用法律压低工资的坚持不懈的尝试吧。但是今天他们通常的意向恰恰相反，他们愿意为了工人阶级的利益作出相当大的牺牲，特别是金钱上的牺牲，而且可以说失之过分慷慨和不分青红皂白的慈善。我也不认为在历史上任何统治者曾有过如此真诚的对自己的贫苦同胞尽义务的愿望。然而议会，或者组成议会的几乎所有成员，曾有过一瞬间用工人的眼光去看问题吗？当涉及工人本身利益的问题发生时，不是仅仅从雇主的观点去加以考虑吗？我并不是说工人对这种问题的看法一般地比其他人的看法更接近真理；但它有时是完全同样接近真理的。无论如何应当恭敬地听取他们的意见，而不应当像现在这样不仅不予尊重而且加以忽视。比方说，在罢工问题上，我怀疑在上院或下院的主要成员中是否有哪怕是一个人不坚决相信事情的理由无条件地在雇主这边，而受雇人的意见简直是荒唐可笑的。研究过这个问题的人都清楚地知道情形远远不是这样；如果举行罢工的阶级能够让议会听到自己的意见，问题将会以完全不同的、远远不是那么肤浅的方式进行讨论的。

和人类事态密切相连的一种情况是，任何保护他人利益的意图，不管多么真诚，都不能使束缚他们双手的事变得安全或有益。更加显然正确的是，只有靠他们自己的双手才能作出对他们的生活情况的任何积极的和持久的改善。通过这两个原则的连带影响，一切自由社会，比之任何其他社会，或者比自由社会在丧失自由以后，既更能免除社会的不公正和犯罪，又可达到更辉煌的繁荣。试将世界上的自由国家(在继续保持其自由的期间)和同时代的君主专制或寡头专制国家的人民作一对比：将古希腊城市同古波斯帝国的州对比；将意大利的共和国和佛兰德[①]及德意志的自由城市同欧洲的封建君主国对比；将瑞士、荷兰和英国同奥地利或革命前的法国对比一下吧。自由国家的较高的繁荣明显得无法否认。这种繁荣证明它们在良好的政府和社会关系方面的优越性，此外在历史的每一页中也是明显的。如果我们不是将一个时代同另一时代作比较，而是将存在于同一时代的不同政府作比较，则任何夸大其词硬说存在于自由国家的开诚布公中的混乱也一刻不能同渗透在君主制国家整个生活中的对人民群众的轻蔑的践踏相

① 佛兰德(Flanders)是中世纪欧洲国家，包括现今比利时的东佛兰德省和西佛兰德省以及法国北部部分地区。——译者

比，不能同在他们称之为财政安排的掠夺制度下，以及在他们的可怕的法院秘密中，每日每时发生的令人憎恶的个人暴政相比。

必须承认，自由的好处，就它迄今被享有的情况而论，是通过将自由的特权扩及于社会仅仅一部分人而取得的；而将这种特权公平地扩及于全体人民的政府则仍然是有待实现的迫切要求。但是尽管向这一点接近每一步都具有独立的价值，并且在普遍进步的现有状态下比接近更进一步的事情在许多场合也无法做到，然而全体人民共同享有自由的好处则是理想上完善的自由政府概念。不管是谁只要有人被排除在自由以外，被排除者的利益也就得不到其余的人所得到的保证，并且他们在为他们自己以及社会的福祉发挥能力方面所具有的活动余地和所得到的鼓励就比未排除在外要少了，而国家的普遍繁荣总是和这种能力的发挥情况相适应的。

有关当前福利即有关当代事务的良好管理的情形就是这样。如果我们现在转到政府形式对人的性格的影响问题，我们将看到平民政府之优越于其他政府形式，就更是确定无疑的了。

这个问题其实是以另一个更根本的问题为转移的，这个问题就是：为了人类的普遍利益，在两种普通的性格类型中以哪一种占优势为好——积极的性格类型还是消极的性格类型；是同邪恶作斗争的性格类型还是忍受邪恶的性格类型；是适应环境的性格类型还是努力使环境适应自己的性格类型。

从道学家的观点和人类的一般好恶说来，是赞成消极的性格类型的。富有活力的性格也许值得赞美，但是默从的和恭顺的性格则是多数人个人所喜欢的。我们邻人的消极无为增加我们的安全感,有利于我们的任性的举动。消极性格的人,如果不是碰巧需要他们活动的话,似乎是我们自己道路上的较小障碍。一个满足的人不是一个危险的对手。但是可以肯定地说,人类事务的一切改进都是不满足的人努力的结果;况且,积极的人学会忍耐比消极的人变得充满活力要容易得多。

在三种精神上的优点即智力上的、实践上的和道德上的优点中,就前两者来说哪一种性格更有利是毋庸置疑的。一切智力上的优越都是积极努力的结果。事业心,为我们自己或他人的利益不断前进和不断地尝试和完成新事物的愿望,甚至是思辨的才能,尤其是实践的才能之母。适合于另一性格类型的智力修养则是属于只凭一时高兴或只作简单思维的人那种软弱无力和模糊不清的东西。检验真正而有力的思维即探究真理而不是徒事空想的思维的标准,就是思维能成功地应用于实践。假如不存在这种目的,给思想以确实性、准确性和可以理解的意义,思想就不会产生比毕达哥拉斯学派(Pythagoreans)神秘的形而上学或是古代印度的吠陀经更好的东西。涉及实际的改进,事情就更加明显。改进人类生活的性格是同自然力和自然倾向作斗争的性格,而不是屈服于自然力和自然倾向的性格。一切为自己谋利益的性格也都属于积极的和有力的性格,因为促进社会每个成员的利益的习惯和行为无疑至少是到头来最有助于整个社会进步的习惯和行为的一部分。

但是就道德上是否更可取这点来说,乍看起来似乎是有怀疑的余地。我所说的不是普遍存在的赞成消极性格的宗教感情,它把这种性格看成更符合对神意的顺从。基督教和其他宗教一样培养了这种感情;但是能够抛弃这一反常情况以及其他许多反常情况的唯有基督教。抽象地从宗教上的考虑说,消极的性格屈服于障碍而不是力求克服障碍,的确不论对自己或他人可能都不是很有益处的,但至少可以指望它是无害的。知足总是被算做道德上的一种美德。但是,认为知足必然地或自然地附随于消极性格则是完全的错误;而且这种看法是没有好处的,其道德上的后果是有害的。当人们希望得到自己所没有的利益时,凡不能靠自己的力量取得该项利益的人就容易对能这样做的人投以怨恨和恶意的眼光。而满怀希望为改善自己的情况而奋发努力的人,对从事同一工作或在该工作中取得成功的人却抱着善意。在多数人都这样从事工作时,那些达不到目的的人有了国家的一般习惯给他们的感情所定下的调子,于是把他们的失败归之于缺乏努力或机会,或者归之于他们个人的坏运气。但那些显然希望得到别人有的东西,却并不努力去争取的人,不是不停地抱怨命运未替他们做他们自己不试图做的事情,就是对那些拥有他们想要有的东西的人充满嫉妒和恶意。

生活中的成功愈被看做或相信是命运或偶然事件的结果而不是努力的结果,嫉妒就愈发展成为民族性格的一种特征。全人类中最嫉妒的是东方人。在东方的道学家中,在东方的故事中,嫉妒的人是异常突出的。在现实生活中,他对一切拥有任何可以想望的东西的人来说是一种恐怖,不管是一座宫殿也好,一个长得漂亮的孩子也好,或甚至好的健康和精神也好,他只要看一眼就有充满迷信的邪恶眼光的效果。在嫉妒上,和在活动上一样,仅次于东方人的是某些南欧人。西班牙人用嫉妒纠缠着他们的所有伟大人物，使他们的生活变得难堪，并一般地做到使他们的成功过早地结束[①]。至于法国人，他们本质上是南方民族，尽管性情容易冲动，但专制政治和罗马天主教教义的双重教育使顺从和忍耐变成这民族的共同性格，变成他们一致接受的智慧和优秀的概念。如果说法国人彼此之间的嫉妒，以及对一切卓越事物的嫉妒，不比现实情况更厉害，这种情形应该归功于法国人性格中的许多可贵的起抵消作用的因素，特别是法国人的优异的个人能力。这种个人能力虽然不如自助的和奋斗的盎格鲁—撒克逊人那样百折不挠和较少间歇，但是仍然在他们制度的实施上有利于这种能力的差不多每一个方面显示了出来。

毫无疑问，在一切国家都存在真正知足的人，他们不仅不寻求，而且不想望他们所没有的东西，这些人自然对显然有较好运气的人不怀恶意。但是大部分表面上的知足则是和懒惰或放纵结合一起的真正的不满足。这种不满足的人不采取提高自己的合法手段，却喜欢把别人降低到他自己的水平。如果我们仔细考虑一下甚至是无害的知足的情况，我们就会看到，只有当他们的漠不关心仅仅是对改善外部环境而言，而且努力在求取精神价值上的永久进步，或至少有裨益他人的无私热情时，知足的情况才赢得我们的赞许。一个毫无抱负，不想使任何别人幸福，不想促进自己国家或邻人的福利，或是改进自己精神上的美德的知足的人，或是知足的

① 我将我的表述限于过去时期，因为我不愿说任何有损一个伟大的、现在终于是自由的民族的话，这个民族正以有希望迅速挽回失去的信誉的那种旺盛精力投入普遍的欧洲进步运动。无人能怀疑西班牙人的智慧和能力所能做到的事；而他们作为一个民族的缺点主要是那些需要用自由和工业上的热心这剂真正的特效药来克服的。

家庭，既不会引起我们的赞美，也不会得到我们的赞同。我们理所当然地把这种知足归于单纯的懦弱和无志气。我们所赞同的满足，是在没有不可能得到的东西的情况下愉快地工作的能力，是对不同的想望对象的相对价值作出的正确评价，以及当二者不可得兼时舍小取大的意愿。然而这些对积极从事改进自己或他人命运的人说来是自然具有的优点。不断地对照着困难衡量自己能力的人，懂得什么困难是他所不能克服的，懂得什么困难他虽然可能克服但是得不偿失。其全部思想和活动为实际可行而且有益的事业所需要并习惯地将它们运用于这种事业的人，就是比所有其他的人最少可能让自己的思想在不值得得到或是对他来说不值得得到的东西上滋长不满情绪的人。因此，积极的、自助的性格不仅是本质上最好的，而且是最有可能得到相反的性格中一切真正好的或可想望的东西。

英国人和美国人的奋斗的、进取的性格，只是由于它通常把精力消耗在极为次要的对象上而受到批评指责。本质上它是人类普遍进步的最好希望的基础。人们敏锐地观察到，每当事情发生差错时，法国人的习惯冲动是说“不要着急”，英国人则说“多么丢脸”。当事情出错而认为是丢脸——急忙作出结论说坏事本来能够并应当避免的人，归根到底是为了使世界变得更好尽最大努力的人。如果愿望摆得较低，不超出物质享受和夸示财富，则精力发挥的直接结果将不外是把人力不断用于物质对象。但即使是这种情况，也为智力上和社会上的最大成就创造机会和准备好机械设备。有了旺盛的精力，有人将应用它，并越来越多地用来不仅仅完善外部环境，而且也用来完善人的内在本性。不活动、无志向、无愿望,对改进说来是比用错精力更为致命的障碍。当这种情况存在于群众中时,少数强有力的人的极可怕的错误领导才成为可能。使人类大多数人停留在野蛮或半野蛮状态的主要就是这种情况。

原来,不容怀疑的是,消极被动的性格类型是独夫的统治或少数几个人的统治所喜爱的,而积极自助的性格类型则是多数人的统治所喜爱的。不负责任的统治者们需要的是被统治者的默从而不是除了他们所能强迫去做的以外的任何活动。服从命令是一切政府对完全不参加政府的人们当做自然法则谆谆教诲的。上级的意志,以及作为上级意志的法律,是必须服从的。但在其余行动中具有意志或气魄或内心活动的动力的人们,决不是统治者手中单纯工具或材料。在他们显示这些特质时,不是得到专制君主的鼓励,而是必须为之求得专制君主的宽恕。即使当不负责任的统治者尚未足够意识到来自臣民的精神活动的危险想要加以压制时,统治者的地位本身就是一种压制。人们的努力因它本身的显然软弱无力而受到限制比任何积极的阻碍对它的限制更大。在服从他人意志和自助及自治的美德之间,存在着自然的对立。对立的程度视束缚大小而定。统治者们控制其臣民的自由机构的程度,或代之以替臣民管理其事务的程度各有不同。但这种不同只是程度上的不同,不是原则上的不同;最好的专制君主往往趋于将其臣民的自由机构束缚起来的极端。坏的专制君主,当他的个人纵欲得到满足的时候,有时可能愿意让人民自行其是;不过好的专制君主坚持为臣民做好事,使臣民按照比他们自己所知道的更好的方式各尽其职。将法国制造业一切主要部门限制在固定工序的规则就是伟大的科贝尔[①]作出的。

如果个人感到他自己除自然法则或他参与规定的社会授权外不受任何其他的外部限制，而且如果他认为这种授权是错误的，他可以公开表示异议，并积极努力谋取将它改变，在这种地方人的能力的状态是很不同的。当然，在一个多少是得人心的政府下，即使是不享有充分公民权的人也可行使这种自由。但是当任何一个人都立足于平等的基础上，不须感到他的成功有赖于他在自己并非其中之一的一群人的感情和气质上所能造成的印象时，这对他的自助和自己依靠自己来说，就是一种巨大的格外鼓励。被排除在政体之外，不得不从门外向自己命运的主宰者恳求，而不是到里面去进行商谈，对个人来说是很令人沮丧的，对一个阶级来说是尤其会感到沮丧的。自由对性格的最大鼓舞效果，只有当受到影响的人成为，或者指望着成为和别人一样享有充分权利的公民时才能得到。甚至比这个感情问题更为重要的是从有时要求公民在一段时间内轮流行使某种社会职务所能得到的性格上的实际锻炼。人们未充分考虑到，在多数人的日常生活中，无论是对他们的想法或是对他们的感情所给予的伟大感是多么少啊。他们做的是日常工作；他们的劳动不是出于热爱，而是出于最基本的个人利益即满足每天的需要；无论是所做的事，或是做这事的方法，都不会把他们的精神引导到超出个人以外的思想或感情；若是能得到有教益的书，也没有促使他去读的因素；并且在多数情形下个人接触不到在

① 科贝尔(Jean Baptiste Colbert, 1619—1683)是法国政治家和财政家。——译者

教养上超过自己的人。给他们一些有益公众的事情做，就多少可以弥补所有这些缺陷。如果情况允许分派给他相当多的公共义务，就会使他成为有教养的人。尽管古代的社会制度和道德观念存在着缺点，但是古雅典的陪审员和公民会议的实践将普通雅典公民的智力水平提高到远远超过古代或现代任何其他群众曾有过的事例。这一点的证据在我们伟大的希腊历史家的记载中是显而易见的；但我们只要看看他们的伟大演说家们认为最适于有效地影响他们的理解力和意志的那些杰出的演说就够了。中等阶级较低阶层的英国人，由于他们负有担任陪审员和教区职务的责任，于是产生了性质与此相同的好处，尽管在程度上远逊于古雅典人。这种好处虽然不能和每个雅典公民从雅典的民主制度得到的公共教育相比，享受这种好处的人不那么多，也不是那样连续不断，也不引导他们达到那么多样性的高尚想法，但仍然使他们在思想的广度和能力的发展上变成同那些一生中只是拿笔杆子或站柜台售货的人们完全不同的人。更为有益的是普通公民参加公共职务（即使这种情况不多）所得到的道德方面的教育。当从事这种工作时，要求他衡量的不是他自己的利益；遇有相冲突的权利要求，应以和他个人偏爱不同的原则为指导；到处适用以共同福利为其存在理由的原则和准则；并且他常看到在同一工作中和他共事的人们比他更熟悉这些观念和实际运用，他们的研究将帮助他明白道理，并鼓舞他对普遍利益的感情。使他感到自己是公众的一分子，凡是为公众的利益的事情也是为了他的利益。没有这种培养公共精神的学校，几乎就不会感到，不处在显赫社会地位的普通人，除了遵守法律和服从政府以外，还对社会负有义务。不会有和公众同一化的无私的感情。每种思想或感情，无论是关于利益还是关于责任，都被吸收到个人和家庭之中。个人从不想到任何集体的利益，不想到和别人共同寻求的任何目的，而只是和别人竞争，并在某种程度上以邻为壑。邻人既不是同盟者或同事，因为他从来没有为共同利益从事任何共同事业，所以只是一个敌手。因此甚至私人道德也受损害，而公共道德实际上已不存在。假若这就是普遍和唯一可能的事态的话，立法者或道德家的最大愿望也就只能是使社会中大多数人成为一群无害地并排在一起啃着青草的羊罢了。

经过上述各种考虑，显然能够充分满足社会所有要求的唯一政府是全体人民参加的政府；任何参加，即使是参加最小的公共职务也是有益的；这种参加的范围大小应到处和社会一般进步程度所允许的范围一样；只有容许所有的人在国家主权中都有一份才是终究可以想望的。但是既然在面积和人口超过一个小市镇的社会里除公共事务的某些极次要的部分外所有的人亲自参加公共事务是不可能的，从而就可得出结论说，一个完善政府的理想类型一定是代议制政府了。

第四章　在何种社会条件下不能采用代议制政府

我们已经在代议制政府中看到最完善政体的理想类型，因此就人类的任何一部分来说，其一般进步程度愈高，就愈适于采用这种类型。他们的发展程度越低，一般说来，这种政府形式对他们就越不适合。尽管这一点并不是普遍地正确的，因为一国人民对代议制政府的适应性，与其说决定于他们在人类的一般尺度上所占的位置，不如说决定于他们具备某些特殊的必要的条件的程度。然而，这些必要的条件和他们一般进步程度如此密切相关，两者之间的任何不一致是例外而不是法则。让我们考察一下在下降的系列中到达哪一点上代议制政府就完全是不可容许的，或者由于它本身不适合，或者由于某种另外的制度特别适合。

首先，代议制政府和任何其他政府一样，在它不能持久存在的场合，即它完不成第一章中列举的三个基本条件的场合，都一定是不适合的。这些条件是：(1)人民必须愿意接受它；(2)他们必须愿意并能够作为保存它所必要的事情；(3)他们必须愿意并能够履行它加给他们的义务和职能。

人民接受代议制政府的意愿，只有当一个开明的统治者，或是取得了统治这个国家权力的一个或数个外国，打算作为恩赐提供这种制度时，才成为一个实际的问题。对各个改革家们来说这个问题几乎是不相干的，因为，如果除了说这个国家的舆论还不在他们一边以外对他们的事业提不出其他的反对意见的话，他们就可以立即和恰当地回答说把舆论拉到他们一边正是他们所要达到的目的。当舆论真正与之相反时，舆论所反对的通常是变化，而不是代议制政府本身。相反的例子的确不是不曾有过的。宗教上对限制特定家族的统治者的权力表示反感的事是有过的。但是，一般说来，消极服从的原则仅仅意味着服从现有权力的意志，不管是君主的还是人民的。在毕竟可能作出引进代议制政府的尝试的情况下，对之漠不关心，不能理解它的方法和要求，而不是断然的反对，则是可以料想到的障碍。然而这些障碍和实际的反对是同样严重的，并且可能是同样不容易消除的。在多数情况下，改变积极的感情的方向，较之在原来消极的状态中形成积极的感情更容易些。当一国人民对代议制政体缺乏足够的估价和爱慕时，他们就几乎没有希望保持住这种政体。在每一个国家，行政是政府行使直接权力的部门，并且是直接和公众打交道的；个人的希望和恐惧主要地是指向它的，政府的好处，以及政府的恐怖和威信，也都是主要通过它表现在公众眼里的。所以，除非负责制约行政的各政府机关得到这个国家的有效的舆论和感情的支持，行政总是有办法把它们撇在一边，或者迫使它们屈服，并且有把握可以获得对它的这种行为的支持。代议制度的永久性必然有赖于人民在它遭到危险时随时准备为它而斗争。如果过低估计这一点，代议制就根本难于站住脚，即使能站住，一旦政府首脑或任何能集合力量搞一次突然袭击的政党领袖愿意为取得绝对权力冒些微风险的话，也几乎肯定会被推翻。

以上这些考虑是有关代议制政府遭到失败的头两个原因的。第三个原因是，人民缺乏履行代议制政体中属于他们的职责的意志或能力。当没有人或只有一小部分人对国家一般事务感到为形成公共舆论所必要的那种程度的兴趣时，选民将很少不把选举权用来为他们的个人利益，或他们所在地区的利益，或是某个和他们有关系的人——他们所依附或依赖的人——的利益服务。在这样一种公共感情的状态下，控制着代议团体的一群人多半就会完全用它作为为自己谋出路的手段。如果行政的力量弱，国家就会因单纯的争夺职位而趋于混乱；如果行政的力量强，它就用分赃来安抚代表或其中能制造麻烦的人的便宜代价使自己变成专制政府；而全国代表制所产生的唯一结果就是，除真正进行统治的那些人以外，多了一个由公众供养的议会，而且凡牵涉到议会一部分人的弊端就根本得不到消除。然而如果弊病到此为止，为了作为代表制，即使是名义上的代表制的自然的、虽则不是确定不变的伴随物的公开和自由讨论，这种代价是值得付出的。例如[①]，在近代希腊王国，无可怀疑，构成代议制议会主要部分的猎取官职的人们，尽管他们对好的政府很少或没有直接贡献，甚至也没有怎么缓和行政的专横权力，但是却保持住民权观念，并大大有助于存在于那个

① 写于富有裨益的1862年革命之前，这次革命由人民对腐败统治制度的憎恶和政客的普遍道德败坏所引起，为迅速进步的人民创造了真正立宪政府的新的富有希望的机会。

国家的真正的出版自由。不过，这种好处完全有赖于和这个人民团体同时存在的一个世袭君主。如果不是竞相博得主要统治者的欢心，而是由这些自私而贪鄙的派系去角逐那个主要职位，它们就肯定会像西班牙属美洲那样使国家处于长期的革命和内战状态之中。一个接一个的政治冒险家将交替着实行甚至不是合法的而是属于非法暴力的专制政治，而代表制的名称和形式除阻止专制政治取得稳定和安全外没有其他效果。然而这种稳定和安全是惟独能减轻代表制的弊病或是实现它的不多的好处的。

以上是代议制政府不能长久存在的一些情况。另外还有一些情况：代议制政府也许能存在，但某种其他的政府形式却是更可取。这种情况主要是，人民为了取得文明上的进步，有些事情须要学会，有些习惯尚未养成，而对于这些习惯的养成代议制政府可能是一种障碍。

这些情况中最明显的一种情况就是前面已经提到的，即人民还须要学会文明的第一课，即服从的一课。一个在同自然和邻近种族的斗争中一直受到膂力和勇气方面的锻炼，但还没有安定下来永久服从一个共同首领的种族，很少可能在他们自己的团体的集体管理下养成服从的习惯。从他们之中产生出来的代表制议会将仅仅反映着他们自身的好乱不驯。这个议会将拒绝授权给对他们的野蛮的独立性加以旨在改进的限制的一切做法。这样的部族逐渐变得服从文明社会的首要条件的方式通常是通过战争的需要以及军事指挥所不可缺少的专断权力。军事领袖是他们愿意服从的唯一上级，除了有时还有某个被认为上通神意的先知，或被认为具有不可思议的力量的魔法师以外。后述的两种人可能握有暂时的权势，但由于那只是属于个人的，所以很少引起人民一般习惯上的变化，除非先知，像穆罕默德[①]那样，同时也是军事首脑，并被宣布为新宗教的武装传道者；或者除非军事首脑们同他的势力联合在一起，并把后者变成他们自己统治的支柱。

具有和上述缺点相反的缺点即极端的消极被动和随时准备屈服于暴虐的人民，同样不适合于代议制政府。假如这样屈从于人物和环境的人民能够得到代议制度，他们将不可避免地选择暴虐者作为他们的代表，他们身上的枷锁将会因为这个表面上可能指望将它减轻的新办法而变得更为沉重。相反地，许多民族借助于中央权力已经逐渐摆脱这种状况。中央权力所处的地位使它成为地方专制主的敌手，并以成为地方专制主的征服者而告终，而最重要的是这种中央权力仅仅是一个人。法国的历史，从休·卡佩特[②]到黎塞留[③]和路易十四[④]是这一进程的连续的例子。甚至当国王还没有他的许多主要诸侯那样强大时，他从只有一个人这一事实得到的大好处是法国历史家所公认的。一切在地方上受压迫的人们的眼光都朝向他；他是整个王国希望和信赖的对象；而每个地方上的统治者只是在多少是有限的区域内具有力量。全国各地反对一个接着一个直接压迫者的人们都在他手下寻求避难和保护。他之进而占上风是缓慢的，但那是相继利用仅仅提供给他的机会的结果。所以，那是可靠的；并且，随着这一过程的完成，社会中受

① 穆罕默德(Mahomet, 570? —632)，伊斯兰教创始人。——译者
② 休·卡佩特(Hugh Capet, 940—996)，法国国王(987—996)。——译者
③ 黎塞留(Richelieu, 1585—1642)，法国红衣主教和政治家。——译者
④ 路易十四(Louis XIV, 1638—1715)，法国国王(1643—1715)。——译者

压迫的那部分人屈服于压迫的习惯也就消除了。国王的利益在于鼓励各地农奴从领主控制下解放出来的一切分散的努力，并把他们置于直接从属于他本人的地位。在他保护下形成了为数众多的只服从国王的社会。同邻近的城堡中的领主的统治比较起来，服从远处的君主，本身就是自由，因为君主长期以来出于其所处地位的需要不得不作为他曾帮助实现其解放的那些阶级的同盟者，而不是统治者，运用他的权威。就这样，一个原则上专制的但在实践上一般是很有限的中央权力，成了帮助人民通过必要的进步阶段的主要手段，而真正的代议制政府就很可能妨碍他们进入这个阶段。俄罗斯帝国农奴的解放只有不折不扣的专制统治或是一场全国范围的屠杀才能实现得了。

历史的同一篇章有力地说明无限制的君主制克服文明进步上的障碍的另一种方式，而代议制政府肯定会使这些障碍严重化。对直到相当高级阶段的进步说来最大的障碍之一是根深蒂固的地方观念。有些部分的人类在其他许多方面有能力享有自由并为自由作好准备，但可能不适于合并成甚至最小的国家。不仅嫉妒和嫌恶可能使他们互相排斥，并妨碍一切可能的自愿联合，而且他们可能还没有培养起使联合成为名副其实的感情或习惯，即使假定在名义上已经具有这种联合。他们可能像古代社会或亚洲村社的公民那样，在村或镇的利益范围内运用他们的能力方面已具有相当的实践经验，并在那限定的规模上甚至已实现了相当有效的平民政府，仍然可能对任何更进一步的事情很少同情，并且不具有处理许多这样的社会所共通的利益的习惯或能力。我不知道在历史上有过任何事例，其中许多这种政治原子或粒子结合成一个团体，并学会感到自己是一个民族，除非是以前曾从属于所有的人所共同的中央权力[①]。正是通过服从那种权力的习惯，参与其计划并为其目的服务，我们所设想的民族才能在他们的思想上接受在相当大的地理范围内共同的大的利益的概念。与此相反，在中央统治者的思想中，这种利益必然是主要的考虑；而通过他同地方逐渐建立起来的多少是密切的联系，这种利益就成为一般人所熟悉的了。能作出在进步方面的这一步骤的各种情况的最有利的凑合就是在没有代议制政府的情况下建立起代议制度；从地方产生的一个或数个代表团体成为中央权力的辅助和工具，但很少企图推翻或控制中央权力。人民既这样，比方说，参加议事，尽管并不分享最高权力，中央权力所实施的政治教育就比用其他方法更有效地贯彻到地方领袖和一般地贯彻到居民；而与此同时坚持着基于共同同意的政府这一传统，或至少是对没有共同同意的政府不给予传统的认可。当这种共同同意被习惯神圣化时，它往往给好的开端以坏的结局，并且是招致多数国家在很早阶段停止进步的那种可悲命运的最常有的原因之一，因为在某个时期的工作完成得阻碍了以后许多时代所需要的工作。另一方面，可以把这一点定为一条政治上的真理：与其说是通过代议制政府不如说是通过不负责任的君主制政体，许多无足轻重的政治单位能够结合成一个民族，具有共同的凝聚感，有足够保护自己反对征服或外国侵略的力

① 意大利是唯一可举作例外的例子，但也只是有关它的转变的最后阶段是如此。其以前更为困难的进步——从佛罗伦萨、比萨或米兰的城市孤立到塔斯加尼或伦巴第省的统一，则是照通常的方式发生的。

量，并有值得从事及适合居民社会政治智慧的发展的多种多样的和大量的事务。

由于这些缘故，不受代表制度的控制（虽然也许因得到它的支持而加强）的王权政府，是任何社会的早期阶段最适合的政体形式，包括像古希腊城市那样的城市社会。正是因为这样，在古代希腊，国王的政府在公众的舆论的某种真正的而不是表面的或宪法的控制下，在历史上的确先于一切自由制度很长一段期间，并经过相当长的时间后最后让位于少数几个家族的寡头政治。

也许可能指出一个民族的一百个其他的弱点或缺点，并因此使这个民族不能很好地利用代议制政府；但是关于这些缺点，一人的统治或几个人的统治将会矫正或减轻弊病则非同样明显的。各种强烈的偏见，墨守旧习，民族性格上的实际缺陷，或单纯的愚昧无知，以及精神修养的欠缺，如果盛行于一个民族，一般说来将如实地反映在他们的代议制议会中。假如碰巧行政管理，公共事务的直接管理，掌握在相对说来没有这些缺点的人们手中，他们常常会做出更多好事，如果不因为必须取得议会的自愿同意而受到妨碍的话。但是在这些场合，不像我们已经考察过的其他场合那样，单纯统治者的地位并不自然而然地使他倾向于向有益方向发展。一人的统治者和他的顾问们，或者少数几个人的统治者，不像会常常避免该民族或该文明状态的一般弱点，除非他们是属于高级民族或更先进的社会状态的外国人。在那种情况下，统治者的确可以在几乎任何程度上免除上述弱点；他们比他们所统治的人们更文明；而服从这样一种外国政府，尽管有它不可避免的害处，对一个民族说来常常是极为有利的，使他们迅速通过若干进步阶段，并扫清进步上的障碍，这些障碍可能无限期地继续存在下去，如果从属的居民得不到帮助地任凭其原有的倾向和机会发展的话。在不受外国人统治的国度里，能够产生同样好处的唯一原因，是具有非凡天才的君主这种少有的偶然事件。在历史上有过少数几个这样的例子，可为人类庆幸的是，他们统治得足够长久，从而能通过将他们的一些改革交到在他们影响下成长起来的一代人手中而把这些改革永久保持下去。查理曼大帝①可以举作一个例子；彼得大帝②是另一个例子。然而这种例子是那么不常有，所以只能算是一种巧事，这类巧事常常在危急关头决定某个主要民族是应该做一次突然起跑，还是退回到野蛮状态中去。波斯人入侵时恰好有特米斯托克里③，或是威廉一世或威廉三世④的偶然存在都属于这类巧事。仅仅为了利用这种可能性而建立制度将会是荒唐可笑的；特别是像具有如此才能的人，在任何显要地位上都不需要借助专制权力来发挥巨大影响，如最后提到的三个人所证明的。关于制度所最需要考虑的是并非太不寻常的情况，这种情况是，一小部分但却是主要部分的居民，由于种族的不同，更文明的身世，或其他的特殊情况，在文明和一般性格上显然优于其他居民。在这种

① 查理曼大帝（Charlemagne，742—814），即查理一世，法兰克王（768—814）和西罗马帝国皇帝（800—814）。——译者

② 彼得大帝（Peter the Great，1672—1725），即彼得一世，俄国沙皇（1682—1725）。——译者

③ 特米斯托克里（Themistocles，公元前527？—前460？），古雅典的将军和政治家。——译者

④ 威廉一世（William Ⅰ，1027—1087），英国国王（1066—1087）；威廉三世（William Ⅲ，1650—1702），英国国王（1689—1702）。——译者

情况下，由群众的代表进行统治就有可能使他们失去从优秀阶层的更高文明得来的很多好处；另一方面，由那些优秀阶层的代表进行统治大概会进一步降低群众的地位，并使他们毫无希望得到适当的待遇，除非去掉未来进步的一种最有价值的因素。对这样组成的民族说来，进步的最大希望在于，统治阶级的主要统治者有一种在宪法上无限制的，或至少在实际上压倒一切的权力。由于他所处的地位，只有他关心和改进他不会对之感到嫉妒的群众的处境，作为对他会对之感到嫉妒的他的同事的一种平衡。如果幸好在他身边有一个不是作为支配者而是作为部属的代表着优秀等级的团体，这个团体通过提出反对和质询以及偶尔的发怒，将集体反抗的习惯保持下来，并且有可能迟早逐渐扩大为真正的全国代表制（这实质上就是英国议会的历史），那么这个民族就有处在这种情况下和这样构成起来的社会所能有的最有利的发展前途。

在那些不绝对地使一国人民不适于代议制政体，却严重地使他们不能得到这种政体的充分好处的倾向中，有一个倾向值得特别注意。存在有两种性格，它们本质上很不相同，但它们有某种共同点，由于这种共同点，它们在影响个人和民族的努力方面常常一致。其一是希望对别人行使权力；另一是不喜欢别人对自己行使权力。人类的不同部分之间在这两种性格的相对强度上的差别，是它们的历史的最重要的因素之一。有的民族，统治别人的热望比个人独立的愿望强烈得多；以致为了前者的仅仅一点朦胧希望，他们就准备牺牲整个后者。他们中的每一个人，像军队中的士兵那样，愿意把他个人的行动自由让给他的将军，只要这个军队打胜仗和取得胜利，他能自夸是征服者之一就行，尽管他自认为在对被征服者实行的统治中有自己一份的想法是一个幻想。一个政府在其权力和职权上受严格限制，被要求不作过多的干涉，让大多数的事情在没有它担任监护人或指导者角色的情况下进行，这种政府是不合这样一个民族的口味的。在他们眼里，掌权者承担责任是不会过多的，只要权力本身允许普遍的竞争就行。他们中的普通人，宁愿选择对同胞行使一份权力的偶然机会，不管这种机会是多么遥远和不大可能，而不要无人对他们行使不必要的权力这种对自己和别人来说都是确实可靠的事情。这些人就是职位猎取者民族的成员；政治的进程在他们主要决定于职位的猎取；在那里关心的只是平等而不是自由；在那里政党之间的角逐不过是决定干涉一切事务的权力应属于这个阶级还是另一个阶级，或许仅仅是属于这一群社会活动家或另一群社会活动家的斗争；在那里民主观念仅仅是把职位向一切人而不是少数人的竞争开放；在那里制度越带有民主性，所设置的职位就越多，而一切人对每个人，以及行政部门对一切人所实行的过分干涉就越可怕。把这种情况或与此相接近的情况当作法国人民的不夸大的图景，是既不宽厚也不公正的。但是他们具有这种性格的程度使得由一个有限的阶级掌握的代议制政府因过度腐败而崩溃，并且使得建立全部男性居民的代议制政府的尝试以授权一人将其余不管多少人不经审判送往兰贝沙(Lambessa)或卡宴(Cayenne)而告结束，只要他让所有的人认为他们自己有可能分享他的恩惠就行。使我们国家的人民最适合于代议制政府的性格问题就是他们几乎普遍地具有相反的特征。他们对于未经长期习惯和他们自己的正当观念的认可而企图对他们行使权力，是非常敏感的；但他们一般说来很少想对别人行使权力。他们对热望统治的人很少同情，所以尽管他们对追求职位的个人利益动机甚为熟悉，但他们宁愿由那种由于社会地位的结果未经追求而得到那职位的人去履行职务。如果外国人了解了这一点，他们就会理解英国人的政治感情上的某些表面上的矛盾；他们毫不犹豫地愿意让较高的阶级统治自己，同时却很少个人的卑躬屈节，没有一个民族那么喜欢反抗权威，如果它越出某种规定的限界，或者那么坚决地使他们的统治者永远记住他们将只接受按照他们自己最喜爱的方式的统治。因此，追求职位是野心的一种形式，英国人，从整个民族来说，对它几乎是陌生的。如果我们将直接处于容易得到官方雇用的少数家族或社会关系除外，英国人对发迹采取完全不同的看法，即指在事业上或在职业上的成功。他们对政党或个人单纯角逐职位抱有最强烈的厌恶，很少有什么事情比公职人员的成倍增加更使他们反感的。与这相反，这件事在大陆上官僚政治泛滥的国家总是得人心的，他们宁可缴纳较高的租税，也不愿减少一点他们自己或他们亲属谋取职位的机会，而他们之中要求节约的呼声决不意味着裁撤职位，而只是减少普通公民没有机会得到任命的那些高职位的薪金。

第五章　代议团体的应有职能

在讨论代议制政体时，首先必须看到它的概念或本质和特定形式之间的区别，在该项形式中偶然的历史发展或某个特定时期流行的观念将概念掩盖着。

代议制政体就是，全体人民或一大部分人民通过由他们定期选出的代表行使最后的控制权，这种权力在每一种政体都必定存在于某个地方。他们必须完全握有这个最后的权力。无论什么时候只要他们高兴，他们就是支配政府一切行动的主人。不需要由宪法本身给他们以这种控制权。英国宪法没有这么做。但它实际上所给予的等于这样。在一个混合的和平衡的政府这种最后控制权实质上也是单一的，和在纯粹的君主制或民主制政府一样。这是由我们时代的伟大权威重新恢复了的古代人思想中的那部分真理，即平衡的政体是不可能的。平衡几乎总是有的，但天平的两端决不保持绝对平衡。哪一个占优势在政治制度的表面上并不总是明显的。在英国宪法中，主权的三个地位同等的构成部分都有停止整个政府机器的权力，如果充分行使各该权力的话。所以，名义上每一构成部分都有挫败和阻挠其他各部分的同等权力，并且如果三者中之一能指望通过行使该项权力来改善它的地位，则按照人类事务的常理就肯定会行使该项权力。毫无问题，每个构成部分如感到自己受到其他一个或两个部分的攻击就会运用其全部权力进行防御。那么又怎能防止这同一权力被用来进行攻击呢？我们必须依靠不成文的宪法准则，即这个国家的实际的政治道德，如果我们要知道宪法中真正的最高权力属于哪一部分的话。

依照宪法，英国国王对议会的任何决议能够拒绝同意，并能够不顾议会的反对任命和继续任用内阁阁员。但是这个国家的宪政道德使这些权力归于无效，使它们从未得到行使；此外，由于行政首脑永远应实际上由下院任命，就使下院成为国家的真正主权者。然而，这些限制行使合法权力的不成文规则，只有在和真正政治力量的实际分配相一致的条件下，才是有效的，并维持它们的存在。在每一个政体中都有一个最强大的力量，这就是说，假如宪法赖以习惯地进行工作的妥协办法一旦停止，而出现了力量的考验时，那个力量将取得胜利。宪法的准则将得到遵守，并且实际上也起作用，只要它们把宪法上的优势给予在宪法外具有现实力量优势的那个力量。这在英国就是民众的力量。因此，如果英国宪法的法律规定，连同事实上调整着各个政治权威的行为的不成文准则，未给予宪法中民众的因素以符合于它在国家中的真正力量的、高于各个政府部门的实质上的最高地位，宪法将不具有作为其特点的稳定性；不是法律就是不成文准则将很快不得不改变。英国政府因此是在该用语的正确意义上的代议制政府：它留在不直接对人民负责的人手中的权力只能被认为是统治权力愿意对它自己的错误采取的预防办法。这种预防办法在一切完好的民主制都是有过的。雅典宪法有过许多这种规定；美国宪法亦然。

但是尽管国家中的实际最高权应归于人民的代表这一点对代议制政府是根本必要的，但是代议团体应直接并亲自承担何种实际职能，在政府机器中起何种明确作用，则是个未解决的问题。在这方面的多种多样性是和代议制政体的本质不矛盾的，只要该项职能为代议团体保证对一切事情的最后的控制。

对政府事务的控制和实际去做这些事务，其间有根本的区别。同一个人或同一团体可能控制一切事情，但不可能做一切事情；而且在很多情况下它企图亲自去做的事情愈少，它对一切事情的控制就愈完全。军队指挥官如果亲自在行伍中参加战斗或率领队伍去袭击，就不能有效地指挥军队的行动。就人组成的团体来说情形也是一样。有些事情只能由团体去做；另外一些事情团体则做不好。所以，人民议会应该控制什么是一回事，而它应该自己做什么则是另一回事。我们已经说过，它应该控制政府的一切行动。但为了确定通过什么渠道最便于实行这种一般的控制，以及哪部分政府事务代议制议会应该掌握在自己手中，就有必要考虑哪种工作是一个人数众多的团体能够适当地完成的。只有它能做好的工作它才应当自己承担起来。至于其他的工作，它的正当职责不是去做该项工作，而是设法让别人把该项工作做好。

例如，被认为特别应该属于代表人民的议会的职务是表决税收。然而，在任何国家代议团体都不自行提出或由它委派的官员提出预算书。尽管国库支出只能由下院表决，尽管公共费用的各个项目的支出预算也须有下院的认可，但宪法的准则和一贯的惯例是，只有根据国王建议才能拨款。人们无疑觉得，只有当行政部门（支出须经过它的手）对作为支出的根据的计划和计算负责的时候，才能期望数量上适当和对经费使用的细节有必要的关心和作出正确的判断。因此，不期望甚至不允许议会直接发起税收或支出，要求于它的只是表示同意，它所具有的唯一权力就是拒绝同意。

这一宪政理论中所包含和承认的各个原则，就其目前情形说，如果得到遵循，就是限制和界说代表制议会职能的指导。首先，承认在代议制实际上被视为当然的一切国家里，人数众多的代议团体不应当管理国家事务。这项原理不仅是以好政府的最根本原则为基础，而且是以有关各种事务的良好管理的原则为基础。任何一个团体，除非组织起来并有人统率，是不适于严格意义上的行动的。甚至由少数成员组成的特别委员会，并且这些人是特别熟悉所从事的业务的，也总是赶不上在一个人统率下那样好，如果可能从他们之中找出一个人，使他成为首脑，其他的人从属于他，这个委员会的性质将会有所改进。一个团体能比任何个人做得好的是对问题的考虑。当听取或考虑许多相冲突的意见成为必要的或重要的事情时，一个进行审议的团体就是不可缺少的。因此，即使对行政事务说来这种团体也常常是有用的，不过一般说来只是作为咨询机构；通常这种事务最好由一个人负责进行。甚至一个股份公司也总是在实际上——如果不是在理论上的话——有一个总经理；管理的好坏主要有赖于某个人的各方面的条件，至于其余的理事，如果有用的话，是由于他们对他提出建议，或者由于他们具有对他监督、限制或在他犯错误时予以免职的权力。至于他们表面上和他同等分担事务的管理则不是什么优点，而是在相当程度上抵消了他们能发挥的长处，因为这极大地削弱了在他自己和其他人的心目中那种他应挺身而出负起完全责任的个人责任感。

但是人民议会更不适于管理行政，或者事无巨细对负责行政管理的人发号施令。即使是好心好意的，干涉几乎总是有害的。每一个公共行政部门都是一种技术性业务，它有它自己的特殊原则和传统的规则，其中许多东西除了在某个时候参与过该业务的人以外甚至实际上无人知道，而且实际上不熟悉该部门的人对它们是不大可能予以适当重视的。我并不是说公共事务的处理是什么行家的秘传，只有经过传授才能理解。它的原则全都是任何具有良知的人所能理解的，只要他心中对所要处理的情况和条件有个真实的图景；但要做到这点他必须知道那些情况和条件，而这种知识不能凭直觉得到。在每一个公共事务部门（像在每一个私人职业一样）都有许多极为重要的规则，初接触到这个问题的人既不知道其原因，或者甚至怀疑其存在，因为这些规则是用来应付他从未想到过的危险或不便的。我知道一些超过通常禀赋的官员（部长们），当他们初进到一个他们所不熟悉的业务部门，把初接触到这业务的人大致会有的、过一些时候也就会明白过来予以放弃的最初想法，当作迄今被忽视并由他们自己揭示出来的真理予以宣布时的那种神气，使他们的下属感到发笑。的确，伟大的政治家是这样一个人，他既知道什么时候遵从传统，也知道什么时候越出传统。但是以为他因为对这些传统无知就能更好地越出传统，则是很大的错误。凡是不彻底了解通常经验所认可的行动方式的人，就不能对需要越出那些通常行动方式的情况作出判断。要对依靠公共部门采取行动的利益和管理这个部门的特定方式可能引起的后果作出衡量和估价，就需要一种知识和特别经过训练的判断，而这些在未受过有关的教育的人中,正如改革法律的能力在未专门研习过法律的人中一样,是很少看到的。所有这些困难肯定会被企图对行政的专业性行动作出决定的议会所忽视。最好也不过是由无经验裁判有经验,由无知裁判有知。无知从不怀疑它所不知道的事情的存在,既漫不经心又傲慢自大,轻视(如果不是憎恶的话)一切说有比它的见解更值得听取的见解的主张。当不牵涉到利害动机时情形就是如此。但是当牵涉到利害动机时,其结果就是徇私舞弊,比在公开的政府下的一个政府机关所能发生的最坏的贪污腐化还要更无耻和大胆。这种出于个人利害的偏私不必一定扩及到议会的多数人。在任何具体场合它涉及两三个成员往往就够了。这两三个人在使该团体犯错误方面将比任何其他成员在纠正错误方面的兴趣更大。议会的大多数人可能手脚是干净的,但他们不能保持警惕或在他们一无所知的问题上辨明是非。一个懒惰的多数,和一个懒惰的人一样,总是属于那个为争取它而煞费苦心的人。部长的不适当的措施或不适当的任命,可以由议会加以制约;部长们关心的是辩护,反对党的人关心的是攻击,这就保证了相当平等的讨论:但是谁来看这看守人呢?谁将制约议会呢?一个部长,一个机关的首脑,感到自己负有某种责任。议会在这种场合根本不感到负有任何责任,因为任何议会成员何时曾因为他在行政管理的细节上的投票而失去他的议席呢?对一个部长或一个机关首脑说来,他所采取的行动在若干时期以后人们将怎样看待,比之当时人们怎样看待,尤为重要。但是议会则只要当时的舆论是支持它的,不管这种舆论是怎样仓促形成的或是人为地煽起的,它自己会以为,每个人也会认为,不管后果怎样严重,它是完全可以辩解的。而且，议会决不会亲自体验到它的不适当措施的不便，直到这种不便达到全国性祸害的程度。部长和行政官员看到即将发生不便，就必须不厌其烦地力求避免。

议会关于行政事项的本来职责，不是要用它自己的表决来做出决定，而是要注意使那些必须做出决定的人是能胜任的人。甚至这一点它也不能通过个人的提名而方便地做到。没有任何行为比任命的提名更迫切需要具有强烈的个人责任感的。所有精通公共事务的人的经验都证明，几乎没有一种行为普通人的良心对之是这样不敏感的；几乎没有一种场合对条件考虑得这样少的，部分地是由于人们对被提名的人的情况一无所知，部分地是由于他们不关心这一个人和另一个人之间条件的不同。当一个部长要做一项正直的任命时，也就是说当他实际上不是为他个人的亲友或他的政党营私舞弊时，一个不知底细的人可能以为他会任命最有资格的人。没有这么回事。通常的部长如果任用一个有长处的人，或是任用在公众中有不论什么样的声誉的人，他就认为自己是好得不得了，尽管这种声誉或长处也许和所要具备的正好相反。一位舞蹈家需要的是一台计拍器，这只不过是费加罗[①]时代的讽刺话；至于部长，只要他所任命的人要得还可以，他就一定会认为自己不仅无可指摘，而且是知人善任。此外，适合于专门业务的专门人员的条件只能得到了解这些人的人的承认，或者只能得到其职务就是从他们的行动，或从处于作判断的地位的人提供的证据，对

① 费加罗(Figaro)是十八世纪法国著名歌剧《费加罗的婚礼》中的主人公。——译者

他们进行考察和判断的人的承认。当这些出发于良心的责任极少得到应对任命负责的大官们重视的时候，不能负责的议会又应该怎样呢？甚至目前，最坏的任命就是为了在议会中得到支持或消除反对而作出的。如果这种任命是议会本身作出的，我们又能指望什么呢？包含许多人的团体根本不重视专门资格。除非一个人该上绞架，否则他就被认为和别人一样适于做一切他能申请为候选人的事情。当公共团体作出的任命不是像几乎经常情况那样由党派关系或个人的假公济私行为所决定的时候，一个人的被任用或者是因为他享有一般能力方面的声誉（这往往是很不相称的），或者常常只是因为他个人有名气。

由议会本身提名内阁成员的事从来被认为是不可取的。它实际上决定内阁总理或者决定应从中挑选内阁总理的那两三个人就够了。在这样做的时候，它不过是承认某个人是议会支持其一般政策的那个政党的候选人。实际上，议会所决定的仅仅是两个或至多三个政党中哪一个应组成政府。至于该政党的成员中谁最适于担任政府首脑则由该政党自行决定。按照英国宪法的目前做法，这些事似乎是有很好的依据的。议会并不提名任何阁员，而是由国王按照议会所表明的一般愿望和意向任命内阁首脑，其他阁员由内阁首脑推荐任命。另一方面，每个阁员有连带的道义责任任命适当人员担任非常任的政府机关职务。在共和国的情形下可能须作某种其他的安排，但是它愈是在实际做法上接近英国长期以来的做法，就愈能进行得顺利。或者，像在美利坚共和国那样，行政首脑必须由某个完全独立于代议团体的机构选出；或者，代议团体必须满足于提名内阁总理，并使他负责挑选他的同僚和部属。

就所有这些考虑来说，至少在理论上，我完全可以预料会得到普遍同意的；尽管在实际上，由于谁掌握最强大力量谁就越来越想滥用权力这一普遍法则，议会越来越干涉行政的具体事务的倾向是很强烈的。这就是代议制政府将来要面临的实际危险之一。

但是同样真实的是（虽则直到最近才慢慢得到承认），人数众多的议会既不适于直接的行政事务，也不适于直接的立法事务。几乎没有任何脑力工作像立法工作那样，需要不仅是有经验和受过训练，而且通过长期而辛勤的研究训练有素的人去做。这就是为什么立法工作只有由极少数人组成的委员会才能做得好的充分理由，即使没有其他理由的话。一个具有同样决定意义的理由是，法律的每个条款，必须在准确而富有远见地洞察到它对所有其他条款的效果的情况下制定，凡制定的法律必须能和以前存在的法律构成首尾一贯的整体。当法律在五方杂处的议会里逐条逐项交付表决时，要在任何程度上满足这些要求是不可能的。这种立法方式中存在的不一致情形将给所有的人以深刻印象，假如不是因为我们的法律已经在形式和结构上是如此紊乱，以致再增加一些混乱似乎也不能使混乱和矛盾变得更大的话。但即使在目前，我们的立法机器完全不适合于它的目的的情况，实际上年复一年越来越被人们所感觉到。单是使法案获得通过所需要的时间，就使得议会除一些孤立而狭窄的条款外越来越不能通过任何法律。如果准备好一个法案，试图处理一整个问题（不考虑到整体而对局部进行适当立法是不可能的），就将仅仅由于找不到时间去处理而被一次会议又一次会议地挂起来。尽管该项法案可能是由最有资格而且具有各种设备和手段的权威审慎起草的，或者由精通该问题的人们组成的、多年从事于考虑和钻研特定措施的特别委员会起草的，也都毫不相干。法案不能得到通过，因为下院不愿意放弃用他们的笨拙的手加以修修补补的宝贵特权。近来在某种程度上采用了这样一个惯例，即当法案的原则经二读确认后，将法案交付一特别委员会做详细审议，但并未看出这一做法在往后法案通过整个下院的委员会时能少花多少时间，因为被知识所驳斥了的那些意见或个人奇想总是坚持要得到在无知的法庭上的第二次机会。其实，这一做法本身主要是上院采用的，上院议员比之下院议员不那么喜欢插一手，也不那么珍视他们个人的发言权。然而当具有许多条款的法案当真经过详细讨论通过委员会时又是一种什么样的情景啊！有些条款，对其余条款的实施是不可少的，被省略掉了；为了安抚某种私人利益，或某个威胁着要延搁法案的想入非非的议员，有些不一贯的条款被插进去了；在某个单纯假充内行的一知半解的人的动议下一些条款被插进去了，导致提出该法案的议员或支持该法案的议员当时未预见到的后果，而不得不在下次会议作出修正案以纠正其坏影响。目前处理这些事情的方式存在一项弊病，即对法案以及对它的各种条款的说明和辩护，几乎从来不是由最初设想出该法案的人来进行的，他大概在议会中没有席位。法案和条款全靠并未参与制定它们的某个阁员或议会议员来为之辩护，他对所有论点除极端明显的以外都是靠临时抱佛脚地死记硬背下来的，他不知道他所持立场的全部分量，也不知道用以支持其立场的最好理由，从而完全不能应付未预见到的反对意见。这项弊病，就政府法案而言，是可以补救的，并且在某些代议制政体中已经作了补救，办法是允许政府派所信任的人代表出席两院，有权发言但无权表决。

如果下院中从来不愿意作修正案动议或发言的多数人(至今还是相当大的多数)不再把整个的事务调整委交那些愿提动议或发言的人,如果他们想到,对立法说来还有比流利的口才和得到选民选举的能力更好的条件,并且如果去找就能找到的话,那么他们很快就会认识到和行政事务一样,在立法事务上代议制议会所能胜任的唯一任务不是做工作而是使人把工作做好,决定应委派谁或什么样的人去做,以及当工作完成时是否给予国民的认可。任何适于高级文明状态的政府,将会有一个作为政府重要成分的小团体,在人数上不超过内阁成员,作为立法委员会负责制定法律。如果我国的法律能得到修改并纳入连贯的形式(肯定不久将会这样),实现这一任务的法典编纂委员会应继续作为一项永久制度来监督这项工作,防止其退化,随时作进一步的改进。谁也不会希望这个团体有权自行制定法律,因为委员会将仅仅体现创设法律方面的智慧因素,议会将代表意志因素。任何法案在未经议会明白认可以前不成为法律,而议会,或两院之一将不仅具有否决法案的权力,而且有将法案送回委员会重新考虑或加以改进的权力。两院都可以采取主动,把问题提交委员会,指示它准备一项法律。当然,委员会无权拒绝发挥它作为国家所需立法的手段的作用。起草一项实现特定目的的法案的指令,经两院一致同意后,对委员会的委员有强制力,除非他们宁愿辞职。然而,法案一旦作成,议会无权加以改变,只能通过或加以否决;或者,如果部分地不同意,将它发回委员会重新考虑。委员会的委员由国王任命,但应任职一定期间,比方说五年,除非经议会两院提议免职,其理由或者是个人的失职(像法官的情形那样),或者是拒不按照议会的要求起草法案。五年届满,其成员即不再任职,除非经再次任命,以便提供一种方便的方法以摆脱那些和职务不相称的人,并给该团体注入新鲜而年轻的血液。

甚至在雅典民主制中也感到有与这相当的某种规定的必要性,在那里,在民主制的全盛时期,公民会议(Ecclesia)能通过法令(Psephisms)(大多是有关单个的政策事项的法令),但所谓法律(Laws)则只能由另外一个人数较少的、称为立法团(Nomothetæ)的逐年更新的团体制定或变更,这个团体也负责修改全部法律,使之保持彼此一贯。在英国宪法上,采用任何在形式和实质上的新安排有很大困难,但对于使现有形式和传统适于达到新的目的则比较上不感到多大反感。在我看来,可能想出办法通过上院的机构用这一巨大改进来丰富宪法。一个准备法案的委员会在宪法上比起恤贫法管理局或圈地委员会来本质上不是更大的创新。如果考虑到这种委托的极大重要性和尊严,规定每个被任命为立法委员会成员的人,除非经议会提议免职,照例应为上院终身贵族议员的话,那么把司法职能完全委之于上院执掌司法的议员的那种良知和经验就很可能会把立法事务(除涉及政治原则和利益的问题外)委交给职业的立法者了。由上院发起的法案就会总是由他们起草了。政府就会委托他们制订它的所有法案了。而且下院中非阁员的议员如果不把法案直接提交下院,而是被允许向下院提出来并由下院把它交给立法委员会,他们就会逐渐感到方便,并可能有利于使他们的法案在两院获得通过。因为不用说下院不仅可以把问题交该团体考虑,而且可以把特别建议甚至法案全文的草案

（如果任何议员认为自己能够准备这样一个该当会通过的法案的话）交该团体考虑。下院无疑会把每个这样的草案交该委员会，即使仅仅作为材料或为了其中可能包含的建议也好，正如下院同样会把议员在一次议案离开委员会之手以后可能提出的书面的修正案或反对意见提交委员会。这样一来，由整个议会的委员会修改法案的做法虽非正式废止但会废而不用。该项权力不是被放弃了，而是同国王否决权、扣发国库开支权以及其他的政治斗争的古老手段一起放在武库中闲置起来。没有人希望看到它们被使用，但也没有人愿意跟它们分手，担心有朝一日在非常紧急时刻会感到仍然需要它们。经过这样一些安排，立法就会取得作为技术性劳动和需要特殊研究和经验的工作的恰当地位；另一方面，国民最重要的自由，即只受他们选出的代表所同意的法律统治的自由，将会完全保持着，并由于摆脱了目前在无知和欠考虑的立法形式上带有的严重但决非不可避免的缺点而变得更有价值。

代议制议会的适当职能不是管理——这是它完全不适合的——而是监督和控制政府：把政府的行为公开出来，迫使其对人们认为有问题的一切行为作出充分的说明和辩解，谴责那些该受责备的行为，并且，如果组成政府的人员滥用职权，或者履行责任的方式同国民的明显舆论相冲突，就将他们撤职，并明白地或事实上任命其后继人。这的确是广泛的权力，是对国民自由的足够保证。此外，议会还有一项职能，其重要性不亚于上述职能：既是国民的诉苦委员会，又是他们表达意见的大会。它是这样一个舞台，在这舞台上不仅国民的一般意见，而且每一部分国民的意见，以及尽可能做到国民中每个杰出个人的意见，都能充分表达出来并要求讨论。在那里，这个国家的每个人都可以指望有某个人把他想要说的话说出来，和他自己说得一样好或者比他自己说得更好——不是专对朋友和同党的人说，而是当着反对者的面经受相反争论的考验。在那里，自己意见被别人压倒的那些人会感到满足，因为把意见说出来了，其被撇在一旁不是由于单纯任意的行为，而是由于被认为是更好的意见得到大多数国民代表同意。在那里，每个政党或每种意见都能检阅自己的力量，也都能矫正有关它的追随者的人数或力量的任何错觉。在那里，国民中占优势的意见明白显示它的优势，并在政府面前集合队伍，从而就使政府能够并被迫在它仅仅显示力量而不必实际运用力量的情况下向它让步。在那里，政治家可以远比依据任何其他信号更可靠地弄明白何种意见和力量成分正在发展，何者正在衰退，从而能够在制定措施时不仅注意当前急务而且注意发展中的倾向。代议制议会常常被它的敌人讥笑为纯粹清谈和*空谈*的场所。很少有比这更大的误会。当谈论的问题关系到国家巨大公共利益的时候，我不知道代议制议会怎样能比在谈论中工作得更好，而谈论中的每一句话，不是代表着某个重要团体的意见，就是代表着某个重要团体所信赖的个人的意见。在这个场所，这个国家的每一种利益和每一种意见都能在政府面前以及其他一切利益和意见面前对自身的理由进行甚至热烈的辩护，能强迫它们听取，或者同意，或者明白说明不同意的理由，这样一个场所本质上就是——如果它不符合其他目的的话——任何地方所能有的最重要的一种政治制度和自由政府的头等好处之一。这种“谈论”，如不致妨碍“行动”，就决不应该予以轻视。谈论决不会妨碍行动，如果议会了解到并承认谈论和讨论是它的本分，而作为讨论结果的行动则不是一个五方杂处的团体的任务，而是特别经过所需训练的人们的任务；了解并承认议会的适当职能是设法使那些人被诚实地和明智地选出来，并不再干涉他们，除了通过广泛范围的建议和批评，以及给予或不给予国民同意的最后批准以外。正是因为缺乏这种可贵的保留，以致人民议会试图做它不可能做好的事情——行政管理和立法——并除了它自己的机构外不为之规定其他机构，这时当然在谈论中花费的时间就是不做实际工作的时间了。但正是使这种团体最不适合作为立法会议的这一事实，却使它们更适于它们的另一种职能——即，它们不是这个国家最伟大的政治人物的拔萃（关于国民的意见很少能从这种人物的意见中可靠地推论出来），而是（当适当地组成时）毕竟有资格在公共事务上发言的、人民中各种程度的智力的一个相当好的标本。它们的作用就是表明各种需要，成为反映人民要求的机关和有关大小公共事务的所有意见进行争论的场所。还有就是通过批评，最终是通过不给予支持，对真正管理公共事务的高级官员或任命他们的高级官员进行制约。只有把代议团体的职能限制在这些合理的界限内，人民实行控制的好处才能同等重要（随着人类事务在规模和复杂性上的增大而越来越重要）的对熟练的立法和行政的要求一同得到。要把这些好处结合起来，除了把保证前者的职能从要求后者的职能分开别无其他办法。通过把控制和批评的职能从事务的实际管理分开，并把前者交给多数人的代表，同时为后者保证在对国民的严格责任下得到经特别训练又有经验的少数人所具有的知识和老练的智慧。

以上关于应当赋予国家有主权的代议制议会的职能所作的讨

论，将要求紧接着对适当地赋予较次要的代议制团体的职能作一番研究，这些团体应当仅仅为有关地方的目的而存在。这种研究构成这本论著的一个不可缺少的部分；但是由于许多原因必须把这种研究推迟到我们研究了作为主权者对立法和国家行政进行控制的大代议制团体的最适当的组成以后。

第六章　代议制政府容易有的弊病和危险

政府形式的缺陷可以是消极的也可以是积极的。如果它不把执行必要的政府职务的足够权力集中于政府当局的手中，或者如果它不依靠发挥每个公民的积极能力和社会感情以求得充分发展，它的缺陷就是消极的。对这两点，在目前研究的这个阶段上都不必要作很多阐述。

政府中缺乏适于维持秩序和容许人民进步的一定权力，往往是粗野的和未开化的社会状态一般地容易有的现象，而不是特定的政治联合的形式容易有的现象。当人民太迷恋于野蛮时代的独立自主而不能容忍为了他们的利益他们所必须服从的一定权力时，那种社会状态（如前所述）对实行代议制政府来说是尚未成熟的。当实行那种政府的时刻到来时，为了达到所有必要目的的充分权力肯定会归于最高权力的议会；如果议会没有把足够的权力交给行政，这只能是由于议会对行政的嫉妒心，这种情形除了在议会罢免行政官员的宪法权力尚未确立起来的地方外，是不大会有的。在该项宪法权利原则上得到承认并在实际上得到充分实行的地方，不用担心议会不愿意授予它自己的部长们的真正值得想望的权力。相反地,危险倒是在于议会的授权不免过于慷慨,范围太不确定,因为部长的权力就是使他具有并保持那种权力的那个团体的权力。然而,很可能有这种情况,而这是进行控制的议会的危险之一,就是它在授予权力上是慷慨的,但后来又干涉这些权力的行使;它整批地给予权力,但又通过对行政事务的很多单个干涉行为逐一将它收回。这种实行实际的管理以代替批评和制约管理人员的做法所引起的害处,已经在前一章中作了充分的论述。要防止这种不适当的干涉,除对其有害性有强烈而普遍的信念外,在道理上是不可能有任何妥善办法的。

存在于政府中的另一消极的缺陷,即不能使人民的个人能力——道德的、智力的和积极的能力——得到充分发挥的缺陷,在说明专制制度的显著弊端时一般地已经揭示过了。就一种人民政府的形式和另一种形式作比较来说,这方面的优点属于将公共职能的行使加以最广泛地分散的政府;它一方面把最少的人排除于选举权以外;另一方面,在符合其他同等重要的目的的范围内,允许所有各阶级的人最广泛地参加具体的司法和行政事务;如通过陪审制,允许人民参加市行政职务,尤其是通过最大可能的公开自由讨论,借以不仅使少数个人相继参加政府,而是使整个公众都在某种程度上参加政府管理,并分享从政府管理中得到的教育和锻炼。对这些好处,以及指望得到这些好处所受的限制,最好等到我们说到行政的细节时再作进一步说明。

和其他政府形式一样,代议制政府的积极的缺陷和危险可以概括为两条:第一,议会中的普遍无知和无能,或者说得温和一点,智力条件不充分;第二,有受到和社会普遍福利不同的利益影响的危险。

前一种缺陷，即高级智力条件的不足，一般认为是平民政府比任何其他政府更容易有的缺陷。君主的旺盛精力，贵族政体的果断和审慎，被认为是远远胜过甚至合格的民主政体的优柔寡断和眼光短浅的最大优点。然而这些提法决不像他们在初看之下显得那样有根据。

和简单的君主制相比，代议制政府在这些方面并非处于不利地位。除在未开化时代外，真正的而不是伪装的贵族制的世袭君主制，在被认为是民主制特点的无能方面远远超过民主制。我说除未开化时代外，因为在真正未开化的社会状态里，君主的智力的和积极的能力是有相当保证的。他的个人意志经常遭到其臣民和臣民中强有力人物的蓄意阻碍。社会状况并不为单纯豪奢的纵欲提供多大诱惑；心身的活动，特别是政治和军事活动，是他的主要兴奋剂；他在强横的头头们和无法无天的追从者当中权威不高，并且甚至很少能长期保住他的王位，除非他具有相当高度的个人勇敢、敏捷和精力。我们历史上各个亨利（Henry）和爱德华（Edward）的平均才能之所以那么高，其原因可以在爱德华二世和理查德（Richard）二世的悲惨命运，以及约翰（John）及其无能的继承人统治时期的内战和动乱中找到。宗教改革的动乱时期也产生了几个杰出的世袭君主——伊丽莎白（Elizabeth）、亨利·夸特（Henri Quatre）、古斯塔夫斯·阿道弗斯（Gustavus Adolphus）；但是他们大多长成于患难之中，由于较近继承人的意外失败而继承王位的，或者不得不同他们的统治开始时的巨大困难作斗争。因为欧洲生活取得了安定的局面，所以世袭国王的任何超出常人之处都变得极为罕见，而其一般平均水平甚至低于常人，无论是在才能方面或是在魄力方面。宪法上绝对的君主制现在只能靠常设的官僚机构的智力条件维持其本身的存在(除有时掌握在某个有积极精神的篡夺者手中以外)。俄国和奥国政府,以及甚至在正常情况下的法国政府,都是官吏的寡头政治,国家元首只不过是选择官吏的头儿们。我说的是这些政府行政的例行行动;因为掌权者的意志当然决定政府的很多特殊行动。

历史上凡是在管理事务中以持续的智力和魄力著称的政府一般都是贵族制。但是它们毫无例外地都是官吏的贵族政治。统治集团是那样狭小,以致集团的每个成员,或至少是每个有影响的成员,能够也确已把公共事务变成一项积极的专门业务和一生中的主要职业。通过许多世代显示出高度统治才能,并按照确定的政策原则行动的贵族政体,只有罗马和威尼斯的贵族政体。但是在威尼斯,尽管特权等级是为数众多的,但实际的事务管理严格地集中于一个小小的寡头政体中的寡头政体,这些人终生献身于国家事务的研究和管理。罗马政府更带有我们自己的开放的贵族政体的特点。但是真正的统治团体——元老院,一般说来专由这样的一些人组成,他们曾服过公务,或者已经担任,或者等待着担任国家的更高的职务,冒着万一无能或失败时承担严重责任的危险。一旦成为元老院成员,他们的一生就矢志于公共事务的领导;甚至不准他们离开意大利,除非是为执行某项公务;除非因为不名誉的品质或行为被监察官逐出元老院,他们保持其权力和责任直到生命的终了。在如此构成的贵族政体中,每个成员感到他个人的重要性完全和他所管理的国家的尊严和威望,以及和他在国家的各种会议中所能起的作用密切相关。国家的尊严和威望是和一般公民团体的繁荣或幸福完全不同的事情，并往往是和它完全不相容的。但是它们和国家对外的成功和扩张密切地联系在一起。因此，在几乎专为追求该项目的的情况下，不论是罗马贵族政体还是威尼斯贵族政体，都显示了一贯明智的集体政策和对政府管理的巨大的个人才能，为此历史给了它们以应得的荣誉。

因此看来情形是这样，凡是并非例外地具有高度政治技巧和能力但又不是代议制的政府，不论是在君主制形式下还是在贵族制形式下，主要是官僚政治。管理工作掌握在职业官员的手中，这就是官僚政治的本质和意义。究竟是因为他们受了那种训练才让他们做那工作，还是因为该让他们做那工作他们才受那种训练，虽然在许多方面有很大不同，但是就这规律的根本性质来说则毫无不同。另一方面，像英国这样的贵族政体，掌权阶级的权力单纯来自他们的社会地位，既非经特别训练，也非专门献身于那种工作（所以在这种政体里权力不是直接行使的，而是通过按寡头政治的原则组成的代表机关行使的），这样的贵族政体在有关智力禀赋方面和民主政体大体相同。那就是说，它们只是在伟大而深孚众望的才能和显著地位结合在一起，使某个人处于暂时的支配地位的时候，才在较大程度上显示出上述这种性质。特米斯托克里和伯利克里[①]，华盛顿（Washington）和杰斐逊（Jefferson），在他们各自的民主政体中，不是比英国代议制贵族政体的查塔姆[②]和皮尔[③]一

① 伯利克里（Pericles，公元前495？—前429），古雅典政治家。——译者

② 查塔姆（Chathams）即查塔姆伯爵，指威廉·皮特（William Pitt，1708—1778），英国政治家。——译者

③ 罗伯特·皮尔（Robert Peel，1788—1850），英国政治家。——译者

类的人，或甚至法国贵族制君主政体的萨利[1]和科贝尔（Colberts）一类的人更十足的例外，却无疑是更为杰出得多的例外。在现代欧洲的贵族制政府中，一个伟大的大臣几乎是和一个伟大的国王一样罕有的现象。

因此，就政府的智力属性而论，必须在代议制民主政体和官僚政治之间作比较；所有其他政体可以不加考虑。必须承认的是，官僚政治的政府在某些重要方面处于大大有利的地位。它积累经验，经过反复试验和充分考虑而获得传统准则，以及为实际管理事务的人们准备适当的实际知识。但对个人的精神活力来说则并非同样有利。官僚政治的政府深受其苦的弊病，以及通常招致其衰亡的弊病是例行公事。它们因它们准则的不可改变性而致衰亡；尤其因这样一个普遍法则而致衰亡：凡是变成例行公事的东西都丧失生命力，不再具有在其内部起作用的精神，只是继续机械地运转，而要做的工作却依然未做。官僚政治总是倾向于变成腐儒政治。当官僚政治是真正的政府时，集团的精神（像耶稣会的情形那样）压倒集团中较卓越成员的个性。在行政管理这项职业中，和在其他职业中一样，多数人的唯一想法就是别人教他怎么做他就怎么做；所以需要平民政府使具有独创天才的人的意见能战胜受过训练的庸人的阻力。只有在平民政府（撇开高度明智的专制君主这种偶然事件不说），罗兰·希尔爵士[2]才能战胜邮政局。平民政

---

① 萨利（de Sully，1560—1641），法国政治家。——译者

② 罗兰·希尔爵士（Sir Rowland Hill，1795—1879），英国邮政改革家。——译者

府使他在邮政局任职，并使该机构不由自主地遵从这个将专门知识同个人的魄力和创造性结合于一身的人所给予它的推动。罗马贵族政治避免了官僚政治特有的这一弊病显然是由于它的人民的因素。一切特殊职位——给予元老院席位的职位和元老们谋求的职位——都经过普选授予。俄国政府，无论就官僚政治好的方面或是坏的方面说，都是一个特有的例子：以罗马人的不屈不挠的精神指向世世代代坚持追求的同样目的的那些确定的原则；一般地追求那些目的所用的惊人手腕；可怕的内部贪污腐化，以及对来自外部的改良措施的组织起来的永恒的敌意，这是连一个有魄力的皇帝的专制权力也很少或决不足以克服的；官僚集团的不变的阻力终归胜过一个人的无常的精力。中国政府——满清的官僚政治，就我们所知，是具有同样性质和缺点的另一个明显例子。

在一切人类事务中，互相冲突的影响甚至为了保持其本身的适当效用而必须互相保持其存在和有效；专追求一个好目的，不管应伴随它的某些其他目的，结果不是前者过多和后者不足，而是连所追求的目的也达不到。由受过训练的官员治理的政府不能为国家做到自由政府所能做的事情；但它可能被认为能做到自由政府所不能自行做到的某些事情。然而我们看到，要使自由能有效地和持久地发挥作用，自由的某种外部因素是完全必要的。同样地，除非能找到把自由同训练有素的和熟练的行政结合起来的手段，自由就不能产生它的最好效果，并且往往完全失败。在代议制政府（在时机已经成熟到实行这种制度的人民当中）和可以想象得到的最完善的官僚政治之间进行选择的话，是会毫不踌躇地选择前者的。但与此同时，获致后者尽可能多的符合前者的好形质，却是政治制度的最重要的目的之一；只要能做到不矛盾，在属于代表全体人民的团体并由它认真实行的一般监督的好处之外，取得由受过专业训练的熟练的人员管理事务的巨大好处。承认在前一章中讨论过的划分界线，即区别只有在经过特别训练后才能做好的本来意义上的管理工作和选择、监督以及必要时控制官员的工作之间的界线，就很有利于达到这一目的。后一种工作，和在其他场合一样，在这种场合不是由做管理工作的人负责，而是由享受工作利益的人负责。除非民主制愿意让需要技术的工作由有技术的人去做，要迈向熟练的民主制是办不到的。民主制在为其本身提供做它本分工作——监督和制约——所必要的智力条件方面有足够的事情要做。

如何得到和保证这种智力条件，是在评价代议制团体的特有构成时必须考虑到的问题之一。它的构成愈不能保证这种智力条件，它就愈将用特别决议侵犯行政的职权范围；它将撵走一个好阁员或提升和支持一个坏阁员；它将对他们的滥用职权加以纵容或姑息，将被他们的虚伪借口所蒙骗，或对那些忠心耿耿地努力尽其职责的人不予支持；它将赞助或者强加一种自私的、任性的和感情冲动的、眼光短浅的、无知的和有偏见的对内对外的一般政策；它将废除好的法律，或制订坏的法律，导入新的弊端，或固执地墨守旧的弊端；也许，在发自它本身或其选民的一时的或持久的使人误解的冲动下，当公平审判不会得到公众感情的同意时，它甚至将容忍或纵容将法律完全撇开不管的做法。如此种种就是从代表的构成不保证议会中适当的才智和知识而产生的代议制政府的危险。

其次我们进而讨论从代议制团体中由有害的利益(用边沁的有裨益的话来说),也就是同社会的普遍福利多少冲突的利益,所决定的行动方式的流行而引起的弊端。

人们普遍承认,君主制和贵族制易有的弊端中很大一部分是从这个原因产生的。君主的利益,或贵族政体的利益,不论是集体的或其各个成员的利益,因和社会普遍利益所要求的行动相反而得到增进,或者他们自己认为将得到增进。例如,政府的利益是加重征税,而社会的利益则是征收良好管理的必要费用所允许的尽可能少的税。国王以及进行统治的贵族政体的利益,是掌握并行使对人民的无限制的权力;强制人民完全服从统治者的意志和爱好。人民的利益是政府在任何方面对他们实行的支配以符合于达到政府的合法目的为限。君主或贵族政体的利益,或其表面上和想象上的利益,是不允许对他们进行任何谴责,至少是不得进行他们认为威胁他们的权力或严重干涉他们的自由行动的任何谴责。人民的利益则是应该有谴责任何官员以及任何公共行为或措施的充分自由。统治阶级的利益,不论是贵族制或是贵族制的君主制,是为了他们自己取得无数的各种不正当特权,有时损害人民利益以饱私囊,有时单纯抬高自己,或者说,贬低别人。如果人民对政府不满——在这种政府下他们很可能会是这样——君主或贵族政体的利益就是把他们保持在智力和教育的低水平上,煽起他们之间的不和,甚至不让他们的日子过得太好,以免他们“盛而骄”;蛮合乎黎塞留红衣主教在他有名的《政治遗书》中的准则。所有这些事情都是适合于君主或贵族政体在纯粹自私观点上的利益的,除非由于害怕激起人民的反抗因而形成一种足够强大的相反的利益。在他们的权力足以把他们提到高于社会其余人的意见的地方，国王和贵族政体的有害的利益就产生所有这些弊端，其中有许多现在仍然在产生着。由于这样一种地位，要期望任何其他的行为也是不合理的。

这些事情在君主制或贵族制的场合是太明显了；但人们有时宁愿毫无理由地设想，同样的有害影响在民主制中并不起作用。按照通常看法看一看民主制吧，作为多数人的统治，统治的权力受到地方或阶级利益的支配，不按照对全体人民利益的无私关怀所要求的原则行事，是完全可能的。假定多数是白人，少数是黑人，或者反过来也是一样：多数可能会让少数得到公平审判吗？假定多数是天主教徒，少数是新教徒，或者反过来：不会有同样危险吗？或者假定多数是英格兰人，少数是爱尔兰人，或者相反：没有同样弊病的很大可能吗？在一切国家，穷人都是多数，相比之下可以称为富人的则是少数。在这两个阶级之间，在许多问题上，显而易见的利益是完全相反的。我们假定这个多数足够明智地知道削弱财产的安全对他们不利，也知道任何任意的掠夺行为都会削弱这种安全。但是他们把租税负担的不公平份额或甚至其全部强加在所谓既得财产所有人和较大收入之上；并在这样做以后毫无顾忌地增加数额，以认为有利于劳动阶级的方式花费这些款项没有相当大的危险吗？再假定熟练工人的少数和不熟练工人的多数：许多工会的经验证明（除非它们受到极大诬蔑），担心平等的收入可能成为强加的义务，计件、计时工资以及一切使高度勤勉或具有较高能力的人能得到较高报酬的办法可能被禁止，是完全有道理的。在提高工资，限制劳动力市场的竞争，对机器课税或加限制，以及可能节约现有劳力的一切改进——或许甚至保护本国制造者以抵制外国工业——等方面的立法尝试，是进行统治的体力劳动者多数的阶级利益感所产生的极为自然的(我不敢说是否是可能的)结果。

有人会说，所有这些事情都不符合人数最多的阶级的*真正*利益。对此我回答说，如果人类行为仅仅根据他们的“真正”利益的考虑来决定的话，则无论君主制也好，或是寡头政治也好，都不会是现在那样的坏政府。因为毫无疑问，强有力的论据可以被用来，事实上也常常被用来表明，无论是国王或是进行统治的议会，当他们对积极、富裕、开明和高尚的人民进行着公正而时刻警惕的统治时，他们所处的地位就是最值得羡慕的。但是国王只是时而采取，而寡头制政府则从未采取过对他们的私利的这种高尚的看法，我们为什么应该期待劳动阶级有一种更高尚的思想方法呢？作为对他们的行为的重要考虑的，不是什么是他们的利益，而是他们认为什么是他们的利益。假定人数上的多数会习以为常地做任何其他掌权者从未做过，除在极例外的情况下也未被期待去做的事情——即和他们眼前的、显而易见的利益相反，按照他们的真正的根本利益指导他们的行动，无疑是违反任何政府学说的。的确，没有人能怀疑，以上列举的许多有害措施，以及其他许多同样坏的措施，是符合一般非熟练劳动群众的眼前利益的。很可能它们是为了这个阶级整个这一代人的自私的利益。勤勉程度下降和活动的松懈，以及作为其最后结果的储蓄刺激的减少，也许在仅仅一生的时间内可能很少被非熟练劳动者阶级感觉到。人事中某些最重大的变化，就其较明显的直接效果而论，曾经是有益的。罗马皇帝专制政府的建立，对当时整个一代人来说，曾经有过很大的好处。它终止了内战，减少了执政官和地方总督的大量贪污和虐政；它助长了许多生活上的美德和一切非政治部门的知识修养；它产生了使肤浅的历史读者为之眼花缭乱的天才学者的不朽作品，这些读者不会想到使奥古斯都的专制（以及洛伦佐·德·梅迪奇[①]和路易十四的专制）放出异彩的人们全都是在前一代形成的。多少世纪的自由所产生的累积起来的财富、智识能力及智力活动，仍然有益于第一代的奴隶。但这是一种制度的开始，由于它的逐渐施行，曾经不知不觉地得到的一切文明消失了，直到曾征服并囊括世界的那个帝国彻底地丧失了甚至它的军事能力，致使通常有三四个军团就足以压倒的入侵者竟能蹂躏和占领它的几乎全部辽阔领土。基督教提供的新的刺激的出现及时地挽救了文学艺术于危亡，并使人类免于沉沦到或许是无底的深渊。

当我们说到一群人或甚至一个人的利益是决定他们的行动的原则时，在一个没有偏见的观察家看来什么是他们的利益这个问题，是整个问题的一个最不重要的部分。如科尔里奇所指出，动机是人产生的，而不是动机产生人。人们做一件事或不做一件事的利益，不决定于任何外部情况，而决定于他是什么样的人。如果你想要知道一个人的利益实际上是什么，你就必须了解他惯常的思想感情的特点。每个人都有两种利益，他关心的利益和他不关心的利益。每个人都有自私的利益和不自私的利益，而自私的人培养起的习惯是关心前者，而不关心后者。每个人都有眼前的和长

① 梅迪奇（Lorenzo de' Medici，1449—1492），佛罗伦萨君主。——译者

远的利益，而没有远见的人就是热衷于眼前利益而不关心长远利益的人。如果一个人的思想习惯导致他把思想和愿望专注于前者的话，那么依据正确的计算后者可能更大则是无关紧要的。试图劝一个殴打妻子和虐待子女的人说，如果他和她们相亲相爱地生活，他将会更幸福，那是毫无益处的。假如他是能够那样生活的那种人，他将会更幸福；但他不是那种人，而且他要成为那种人大概已经太晚。他既然是这样一个人，满足于喜好作威作福，耽溺于他的凶暴的性情，照他的想法他能从他家属的欢乐和爱情得到的幸福是不足惜的。他不以她们之乐为乐，也不在乎她们的爱情。他的邻人，和家属亲爱相处的人，或许是比他更幸福的人；但是能使他相信这一点吗？这种劝说很可能只是更进一步增强他的恶习或他的易怒的性格。通常，一个关心他人，关心他的国家，或者关心人类的人是比不这样的人更为幸福的人；但是对一个只关心他自己的欢乐，或他自己的钱袋的人，进行这种说教又有什么用处呢？即使他愿意他也不可能关心其他的人。这如同对在地上爬行的蛆虫说假使他是个鹰对他要好得多一样。

再说，人们普遍地看到，议论中的这两种坏倾向——宁愿要一个人的自私的利益而不要他和其他人分享的利益和宁愿要眼前的和直接的利益而不要间接的和长远的利益的倾向——是权力的占有特别容易引起和助长的特点。一个人或一个阶级的人，一发现他们手中有权力，这个人的个人利益或这个阶级的独有的利益就在他们的心目中具有更大的重要性。发现他们自己被别人崇拜，他们就变成他们自己的崇拜者，认为自己应当身价百倍；另一方面，他们所得到的为所欲为、不考虑后果的便利，不知不觉地削弱了那种使人期待后果,甚至是影响到他们自己的后果的习惯。这就是建立在普遍经验之上的、人们被权力所败坏的普遍规律。人人都知道,以一个人处于普通人的地位的行事来推论他处于专制君主地位将同样行事,那会是何等可笑。处于后一种地位时,他的人性中的坏的部分,不是受到他的生活状况和周围的人的限制和压制,而是受到所有的人的阿谀奉承,并且一切情况都对他有利。就一个阶级来说,如抱同样期待也将会是完全一样可笑的;平民阶级或任何其他阶级都一样。即使在他们之上有更强大力量时他们是非常谦虚和通情达理的,但当他们自己成为最强大力量时,我们就可以料想到这方面的全然变化。

必须按照人类的现实情况或能迅速形成的情况组织政府。在人类或一个阶级迄今达到的或不久可能达到的文化状态下,如果他们想到的只是私利,则引导他们的利益几乎只有一眼就看清楚的利益和对他们的当前情况起作用的利益。只有对他人的无私的关怀,特别是对他们身后事情的关怀,对子孙后代、国家或人类的关怀,不论是基于同情或基于正直感,才能把阶级或团体的思想和目的引向长远的或不明显的利益。应该说,任何形式的政府,把这些高尚的行动原则成为一般人行为中主导动机这一点作为条件来要求是不合理的。在实行代议制政府已经成熟的社会,很可以指望其公民有一定程度的公德心和无私的公共精神。但是要指望这种公德心和公共精神达到这样一种程度,并有这样一种辨别力,可作为证明来反对把他们的阶级利益说成似乎是合乎正义和普遍福利的似是而非的谬论,将是十分可笑的。我们大家都知道为了给想象上的大众利益迄今所提议的每一项不公正行为作辩护,什么样的似是而非的谬论都可能有人振振有词地提出来的。我们知道有多少人，在其他方面也不是蠢人或坏人，认为拒付国债是正当的。我们知道有多少人，并非缺乏能力，也具有相当的群众影响，却认为把税收的全部负担压在被称为既得财产的储蓄上，让那些其祖先和他们自己将收入全部花光的人完全不交税，作为对这种堪作模范的行为的一种奖赏，是公平合理的。我们知道哪些强有力论点——由于它们具有部分道理就更加危险——可能被提出来反对一切继承，反对遗赠权，反对一个人有任何胜过别人之处。我们知道几乎每一门知识都可能轻易地被证明为无用，以完全满足那些并不具有那种知识的人。有多少人，并不是完全的蠢人，却认为语言的科学研究无用，认为古代文学无用，一切学识无用，逻辑学和形而上学无用，诗学和美学既无用又无意义，政治经济学纯粹有害呢？甚至历史也被有才能的人宣告为无用和有害。由经验而得来的对外部自然的知识，只有在它直接为生产生存必需品或适合于感官的东西服务，它的有用性才会得到承认，假如很少人鼓励人民加以怀疑的话。认为即使比多数人有高得多的修养的人，将具有那么美好的公德心，对违反他们自己的明显利益的事物有那么正确的评价，以致他们将拒绝这些以及其他无数的谬论，是合乎情理的吗？这种种谬论当他们一掌握权力就从各方面来影响他们，诱使他们按照他们自己的自私倾向和关于他们自己利益的短见浅识行事，违反正义，以所有其他的阶级和子孙后代为牺牲。

因此，民主制，和所有其他的政府形式一样，最大危险之一在于掌权者的有害的利益，这就是阶级立法的危险；就是意图实现（不管是否真正实现）统治阶级的眼前利益，永远损害全体的那种统治的危险。在决定代议制政府的最好构成时需要考虑的最重要问题之一，就是如何提供防止这种害处的有效保证。

如果从政治上说，我们把阶级看做是具有同一有害利益的任何数量的人——就是说，他们的直接而明显的利益指向同一种坏措施，那么值得想望的目标就是：任何阶级，或是任何可能联合起来的阶级的联合，都不应该在政府中发挥压倒一切的影响。未因种族、语言或民族的强烈恶感而造成内部分裂的现代社会，大体上可分为两个部分，这两个部分，尽管有局部的变动，大致相当于明显利益的两个相反的方向。让我们(用简单的一般名词)把他们的一方叫做劳动者，另一方叫做劳动力的雇主，然而包括在雇主这边的不仅有退休的资本家和遗产所有人，还有一切高薪的劳动者(如各种专业人员)，他们所受的教育和生活方式使他们变成同富人一样，他们的希望和抱负就是要把他们自己提高到那个阶级。另一方面，和劳动者列在一起的可能有小雇主，他们由于利益、习惯和所受教育的影响，在愿望、爱好和目的方面变得和劳动阶级相同；还包括一大部分小商人。在这样构成的社会状态下，如果代议制度能做到理想上完善，又如果可能把它保持在那种社会状态中，它的组织就必须是这样：这两个阶级——体力劳动者及其同类为一方，雇主及其同类为另一方——在代表制度的安排上保持平衡，每一方左右着议会内大致相同的票数。因为，假定每一阶级的多数在他们之间的分歧中主要受他们的阶级利益的支配，在每一阶级中就会有一个少数，它的考虑服从于理性、正义和全体的福利；而任一阶级的这个少数和另一阶级的全体结合在一起，就会使天平倒向他们一边来反对他们自己阶级中多数的那些不应当得逞的要求。在任何组织得相当好的社会,正义和普遍利益大多终究得以实现的原因,就在于人类的个别的和自私的利益几乎总是分裂的;有些人和错误的东西有利害关系,但有些人也在正确的东西方面有着个人的利益,因此受更高的考虑支配的那些人,尽管人数少、力量弱不能胜过全部其他的人,但通常在经过充分讨论和鼓动以后,能变得强大到足够使天平转向有利于和他们同在一方的那些个人利益。代议制度应当组织得能保持这一事态:它不应当容许任何一种地方利益强大到能够压倒真理和正义以及所有其他的地方利益的总和。永远应当在各种个人利益之间保持着这样一种平衡,使任何一种个人利益要获得成功必须有赖于得到至少一大部分按照更高动机和更全面更长远的观点行动的人们的支持。

第七章　真正的和虚假的民主制；代表全体和仅仅代表多数

我们已经讲到，代议制民主容易产生的危险有两种：代议团体以及控制该团体的民意在智力上偏低的危险；由同一阶级的人构成的多数实行阶级立法的危险。我们现在必须进一步考虑的是，在实际上不妨害民主政体所特有的好处的情况下，如何组织民主制，俾能在人类设计可能达到的最大程度上除去这两大害处，或至少加以减轻。

试图达到这一目的的通常方法就是通过或多或少有限制的选举权来限制代表制的民主性质。必须充分注意到一种事先的考虑，以便适当地限定必须作这种限制的情况。在由单个阶级构成人数上的多数的国家里，完全平等的民主制不能消除某些害处；但是，由于现有的各民主政体不是平等的，而惯常是不平等的，有利于占优势的阶级，因而这些害处就更严重了。两个极不相同的观念在民主制的名义下常常混淆在一起。纯粹的民主制观念，照它的定义来说，是有平等的代表权的全体人民治理的全民政府。通常所认为的，也是迄今所实行的民主制，则是独占代表权的人民的简单多数所治理的全民的政府。前者和一切公民的平等同一意义;后者——奇怪地和前者混淆在一起——则是特权的政府,有利于人数上的多数,实际上只有这个多数在国家有发言权。这是目前采取的选举方法的不可避免的结果,完全剥夺了少数的选举权。

在这里两种观念极为混淆,但是由于很容易加以澄清,所以人们认为稍加指明就足以给具有一般智力水平的人把问题摆清楚。情况会是这样,如果没有习惯势力的话。由于习惯势力,最简单的观念,如果不熟悉,就会和复杂得多的观念一样难于理解。少数必须服从多数,较少数的人服从较多数的人,这是大家都熟悉的观念;从而人们就以为不必要再多动脑筋,他们也就想不到在允许少数同多数一样强有力,和根本抹煞少数之间有什么中间的办法。在实际上进行审议问题的代表团体里,少数当然应该被多数压倒;在一个平等的民主政体(因为选民的意见,如果加以坚持,当然决定着代表团体的意见),人民的多数通过他们的代表将得到较多票数和战胜少数及其代表。但能否由此得出结论说少数根本不应该有代表呢?因为多数应当胜过少数,多数是否就应该有全部票数,少数则一票也没有呢?少数的意见甚至不必要听取吗?只有习惯和旧的联系能使一个有理性的人同意这种不必要的不公正。在一个真正的民主制国家里,每个部分或任何部分的人都会有其代表,当然不是不按比例的,而是按比例的。选举人的多数总会有多数的代表;但选举人的少数也总会有少数的代表。就人对人来说,少数和多数一样将得到充分的代表权。要不是这样,就不是平等的政府,而是不平等和特权的政府,即人民的一部分统治其余部分,就会有一部分人被剥夺他们在代表制中公平而平等的一份影响。这违反一切公正的政府,但首先是违反民主制原则,民主制是声言以平等作为它的根底和基础的。

这种不公正和对原则的违反，并不因为受害的是少数罪恶就小一些，因为在社会上每个人如不和其他人同等重要就不存在平等的选举权。然而受害的并不仅仅是少数。这样构成的民主制甚至达不到它的表面目的，即在一切情况下将统治权力交给多数人这一目的。它所做的是完全不同的事情：它将这种权力交给这种多数中的多数，而这种多数可能并往往不过是全体中的少数。一切原则都是通过极端的例子才得到最有效的检验。因此假定在一个由平等和普遍的选举权统治的国家，每一选区都存在竞选，而每一选举当选的都是小小的多数。这样召集起来的议会所代表的不过是勉勉强强过半数的人民。这个议会又依靠它本身的勉勉强强的过半数进行立法和采取重要措施。有什么保证说这些措施符合于多数人民的愿望呢？差不多一半的选民就在选举当中被击败了，对议会的决定根本不会有什么影响；这些选民的全体可能反对，他们的多数大致会反对这些措施，因为他们曾投票反对通过这些措施的人。在其余的选民里面，根据假定，有近一半人选择了投票反对该项措施的代表。因此，完全可能，占优势的意见仅仅为国民的少数所同意，尽管它是国家制度提升为统治阶级的那部分国民的多数。如果民主制意味着多数的确定优势，则除了让每个人在意见的总结中平等地表述自己的意见外，别无其他办法可以保证这种优势。被忽视掉的任何少数，不管是故意忽视掉的还是由于机构的作用而被忽视掉的，不是把力量给予多数，而是给予整个平衡的某个其他部分中的少数。

对上述推论可能作出的唯一回答是，由于不同的意见在不同的地区占优势，在某些地方居于少数的意见在另一些地方居多数，从整个说来在选民中存在的每一种意见都在代表制中得到公正的一份发言权。在选民的目前情况来说这是大致正确的；不然的话，议会和国家的舆情之间的不协调就会很快变得明显起来。但是如果把目前的选民大大扩大，它就不再是正确的了；如果把选民扩大到全部人口，它就更不正确了；因为在那种情况下每一地区的多数将由体力劳动者构成；当有尚待决定的任何问题时，这些阶级若和社会其余的人不一致，则任何其他阶级在任何地方都不能获选。甚至现在，在每届议会都有人数很多的一部分选民虽然愿意并迫切希望选出他们的代表，但在议会中并没有他们所选的议员，这不是一件大大不平的事吗？马里立本[①]的每个选民不得不由教区的两名被提名人来代表，芬斯伯里[②]或兰贝斯[③]的每个选民不得不由旅店或酒馆老板提名的人来代表（一般是这样认为的），是公正的吗？这个国家大部分有高度教养和热心公益的人们所属的选区，那些大市镇选区，现在大部分不是没有代表就是得不到适当代表。在党派政治中凡不站在地方多数一边的选民就没有代表。在那些站在同一边的人们当中一大部分是得不到适当代表的；他们不得不接受在他们的政党中有最多支持者的那个人，尽管那个人的意见可能在所有其他方面和他们的意见不一致。在某些方面，事态甚至比根本不让少数投票更坏；因为那样一来在多数中至少可能

① 马里立本（Marylebone），大主教区市镇，在英国中伦敦西部。——译者

② 芬斯伯里（Finsbury），大主教区市镇，在英国中伦敦东部。——译者

③ 兰贝斯（Lambeth），南部大伦敦市的市镇。——译者

有人会代表他们自己的最好的意见。而现在，为了必须保持政党的团结，防止反对党的人当选，所有的人或者选举带着本党标志的第一个站出来竞选的人，或者选举他们的地方领袖所提出的人。这些地方领袖，如果我们说句恭维的话（他们很少值得这种恭维），假定他们的选择不是出于偏私，但为了确有把握纠合全部力量，也不得不提出一个该党中谁也不会强烈反对的候选人——也就是一个没有任何显著特点，除了该党的陈词滥调以外没有任何为人所知的见解的人。这种情况在美国有其突出的例子。在美国总统选举中，最大的政党从不敢提出它的最强有力的人，因为这种人，从他们长期为公众所注意这一单纯事实，就使他自己遭到政党的说不定哪个部分的反对，因此在纠合选票方面，比起直到被提出为候选人以前公众根本未听说过的人来，就不是那么可靠的一张牌。这样，甚至最大政党选出的人所代表的或许仅仅是该政党在数量上胜过其他政党的微小差数的真正愿望。任何一个部分，如果它的支持对竞选的成功是不可少的，就对候选人有否决权。任何部分，如果比其余部分坚持得更坚决，就能迫使所有其他部分采纳它所提名的人；而不幸的是这种超级的决心更可能在不是为公共利益而是为他们自己的利益坚持主张的人们中看到。因此多数所作出的选择很可能是由那部分最拘谨、最心胸狭窄和最有偏见的人们，或者由最顽固地死抱住专属的阶级利益的人们决定的。在这种情况下，少数的选举权，虽则对于所以投票的目的说来是无用的，只起到强迫多数接受他们中最恶劣的那部分人所提出的候选人的作用。

许多人虽然承认这些弊病，可是认为它们是为自由政府付出的必要代价，这是并不奇怪的。这是直到最近时期为止所有自由的朋友们的意见。但是把它们作为难以改正的弊病而轻轻放过的习惯已经变得如此根深蒂固，以致许多人似乎已经丧失了把它们当作如果能改正就愿意改正的事情加以考虑的能力。对医治的失望往往离否认有病只相差一步；而且接着而来的是不愿意有人建议补救办法，好像建议的人是在引起一种毛病，而不是建议改正一种毛病似的。人民受惯了这些弊病，以致感到好像抱怨这些弊病是不合理的，如果不说是错误的话。但是，不管这些毛病能否避免，在他心上毛病无足轻重的人一定是自由的半心半意的情人；他不会因为发现毛病可以避免而高兴。话又说回来，最确定不过的是，事实上抹煞少数不是自由的必然的或自然的结果；它同民主制毫不相干，同民主制的第一原理——按人数比例的代表制是正相反的。少数应有适当的代表，这是民主制的一个不可缺少的部分。没有它就不可能是真正的民主制，只不过是民主制的虚伪装潢罢了。

多少理解到和感觉到以上考虑的意义的人提出了各种的权宜办法以便这种弊病或多或少可以得到减轻。约翰·拉塞尔勋爵[①]在他的一项改革法案中提出了一个条款规定某些选区应选举三名议员，在这些选区每个选民只允许投两个人的票。迪斯雷利先生[②]在最近的辩论中为此谴责拉塞尔时使我们想起了这件事。显

① 拉塞尔(Lord John Russell，1792—1878)，英国政治家。——译者

② 迪斯雷利(Benjamin Disraeli，1804—1881)，英国政治家和作家，两任英国首相(1868；1874—1880)。——译者

然迪斯雷利先生的意见是,一个保守党政治家应当只注重手段,并轻蔑地否认对任何哪怕只有一次显露出想到目的的人有任何同情。[①] 其他的人则建议每个选民只允许投一个人的票。按照这些方案中任何一个方案,等于或超过地方选民三分之一的少数将能够——如果它并不企图达到更多结果的话——选出三个议员中的一个。如果,像詹姆斯·马歇尔(J. G. Marshall)先生所写的一本有才华的小册子中建议的那样,选民保留他的三票,但可以自由地将三票投给同一个候选人,就可能更好地达到同样的结果。这些方案,尽管比根本没有要好得多,但还只是权宜办法,并且远远不能完全达到目的。因为所有各地方不足三分之一选民的少数,和从若干个选区组成的少数,不管人数怎样多,就仍然没有代表。然而极为可叹的是,这些方案中没有一个被付诸实施,因为它们全都会承认正确的原则并为其更完全的适用铺平道路。但是,除非达到选区平均人数的任何一批选民,不问他们住在这国家什么地方,有权彼此联合起来选出代表,否则真正的代表权的平等是达不到

① 迪斯雷利先生的这一大错(大大归功于他,约翰·帕金顿爵士(Sir John Pakington)在其后不久利用机会使自己摆脱了这种错误)是口头上讲的许多事例中的一个,说明保守党领袖们对保守党的原则理解得多么少。不敢要求政党具有了解并知道何时去应用对手的原则那样的长处和辨别力,但我们还是可以说,如果每个政党理解它自己的原则并按照它行事,就将是一大进步了。如果保守党党员投票赞成一切保守主义的事情,自由党党员投票赞成一切自由主义的事情,对英国就会是很好。那样,我们就不必为了那些显然既是后者又是前者,如像当前和其他许多重大措施那样的事情去等待很长时间了。保守党由于按其生存法则是最愚蠢的政党,对很多这种最大的罪过要负责;而可悲的事实是,假使在任何问题上有人建议一项措施,确确实实是,多半是,并从长远看是保守的,即使自由党人愿意投赞成票,保守党的大多数人就会盲目地插进来阻止该措施的通过。

的。这样完善的代表制，直到托马斯·黑尔(Thomas Hare)先生起草了一个实行该制度的方案，证明它是可能做到的以前，好像是不可能做到的。黑尔先生是一个具有大才的人，既善于提出大的一般见解，又擅长作具体细节上的设计。他的这项方案包含在一个议会决议草案中。这项方案在有关我们考虑的特殊目的方面以接近理想完善的方式贯彻政府的大原则上具有无可比拟的优点，同时它还附带地达到其他一些并非不重要的目的。

按照这个方案，代表单位，即有资格选出一名议员的选民定额，系用通常平均的方法确定，选民人数除以下院席位数。得到该定额的每个候选人都会当选，不管这定额是从多少个地方选区聚集起来的。像目前一样，在地方进行投票，但是任何选民可自由投全国任何地方的候选人的票。因此，那些不愿意选举地方候选人的选民可以用他们的选票帮助选出在全国各地竞选的人中他们所最喜欢的人。这样一来，就会使那些实际上被剥夺选举权的少数人得以实现其选举权利。但重要的是，不仅那些拒绝选举地方候选人的人，而且还有那些选举了其中一人但失败了的人，都能在其他地方找到他们不能在他们自己的地区得到的代表。因此该方案还作了这样的规定：选举人可以提交一份选举纸，其中除了他首先选择的人名以外还包括其他人名。他的选票只为一个候选人计算；但如果他的第一个选择对象由于未得到选民定额而未能当选，他的第二个选择对象也许可能因此当选。他可以将名单按照选择的顺序扩充到较大数目，以便列在名单靠前的人名如未能凑足定额或者不用他的选票也能凑足定额，选票仍然可帮助另外的人当选。为了得到完成下院选举所需要的足数的议员，以及为了防止极有名望的候选人占去几乎所有选票，有必要规定，候选人不管得到多少选票，计算他的当选票数时不应超过定额。其余投给他的选票将为选民各自名单上需要选票并能依靠这选票的帮助完成定额的下一个候选人计算。为决定一个候选人的选票哪些应被用于他的当选，哪些可以让别人用，提出了若干方法，在这里我们将不予详论。他当然将保留所有那些若不为选他就不投票的人的选票；至于其余的选票，在没有更好办法时，抽签将是一种无可非议的权宜办法。选举纸将被送到一个中央办公室，在那里计算选票，确定每一候选人所得的第一、第二、第三及其他选票的数目，将定额分给每一个能凑足定额的人，直到下院的人数完全满了为止。第一选票优先于第二选票，第二选票优先于第三选票，如此等等。选举纸和一切计算的原材料均存于公共保管所，供一切有关的人查阅，如有人得到定额却未正式当选，他就有权容易地得以查实。

这个方案的主要规定就是这些。为了对它很简单的结构作更详细的了解，我必须提到黑尔先生所著《论代表的选举》（发表于1859年的一个小本子）①，并提到亨利·福西特先生②（现为剑桥大学政治经济学教授）所写的一本1860年出版名为《对黑尔先生改革法案的简化和说明》的小册子。后者是对这方案的极简要的说明，简化为最简单的原理，略去了一些黑尔先生原有的规定，这些规定虽然本质上是有益的，但被认为增加的实际用处不如丧失的简明性多。对这些著作研究得越多，我敢预言，我们对这方案的完

① 在最近出版的第二版中，黑尔先生在某些细节规定上作了重要改进。

② 亨利·福西特（Henry Fawcett，1833—1884），英国政治经济学家和政治家。——译者

全实际可行，以及它的卓越优点，就会有越强烈的印象。这些优点是如此卓越和如此之多，我相信它们使黑尔先生的方案成为政府理论和实践方面迄今作出的最伟大的改进之一。

首先，它保证给选举团体的每个部分以按人数比例的代表，即不仅仅保证两大政党，或许再加上个别地区的几个大的地方性的少数，而且还保证全国范围内为数众多的每一个少数都有权在平等公正的原则上选出代表。其次，每个有选举权的人不会像现在这样名义上是代表他的，而并非是他所挑选的人。下院的每个议员都会是意见一致的选民的代表。随着定额的规定，他将代表着一千个或两千个或五千个或一万个选民，其中每一个人不仅是投了他的票，而且是从全国选择了他，而不是仅仅从作为当地市场提供给他的作为唯一选择的两三个或许是烂橘子的品种里选出来的。在这样一种关系上选民和代表之间的联系就会具有一种力量和价值，关于这一点我们现在还没有经验。每一个选民本人都和他的代表一致，而代表也和他的选民一致。每个投他的票的选民之所以投他的票，或者因为在一定数量的选民所了解的所有议会候选人中他是最能表达该投票者个人意见的那个人，或者因为他是该投票者对其能力和品质极为尊重并最愿意委托作为代表的那些人当中的一个。议员代表的将是人们，而不是仅仅市镇的灰泥和砖块——代表的是选举人自己，而不是仅仅少数几个教区委员或教区显贵。尽管这样，在地区代表制中的一切值得保存的都将被保存下来。虽然全国议会应当尽可能少和纯地方性事务发生关系，但是它和地方事务发生关系的时候，就应当有议员被特别委派去照顾每个重要地区的利益；而这种利益还是会有的。在它本身范围内能凑足定额的每一个地区,多数方面一般地情愿要他们自己的人来代表;即由一个了解当地情况并居住在该地区的人来代表,如果在候选人中能找到这样一个人他在其他方面又很适于作他们的代表的话。问题主要在少数方面,他们不能选举当地的议员,将指望别的地方有个除他们自己的选票外大概还会得到其他选票的候选人。

在可能组织全国选举的所有方法中,这个方法为代表的值得想望的智力条件提供了最好的保证。目前,由于人人都可进入议会,仅仅具有才能和品德的人要进入下院就变得越来越困难了。能够当选的人只是那些在地方上有影响,或者靠大量花钱发迹的人,或者是经三四个商人或业务代理人邀请由两大政党之一从他们在伦敦的俱乐部派下去的人,对他们的选票该政党在任何情况下都是有把握的。按照黑尔先生的体系,不喜欢地方候选人或未能使他们选择的地方候选人当选的人们,将有权从候选人名单上具有全国声誉的人中选择具有他们所赞同的一般政治原则的人填入选举纸。因此几乎每一个多少具有好名声的人,尽管缺乏地方影响,也并未宣誓效忠于任何政党,都会有很好的机会凑足当选所需的定额;而且有了这种支持,可以期望这样的人以迄今未梦想过的数目涌现出来。许许多多具有独立思想的有才能的人,他们根本没有可能由任何现有选区的多数选出,通过他们的著作或在某个公益领域所作的努力使自己为王国几乎每个地区的一些人所了解和赞同,如果每个地区投他们的每一张票都能算到他们的选举上的话,他们也许能完成定额票数。没有任何其他可能设想的方法使议会确可包括国家的精华的了。

这项选举制度将会提高下院的智力水平并不仅仅限于通过少数的投票。多数也将不得不寻求具有更大才干的人。当构成多数的人们不再处于霍布森的选择[①]这种地位，即不再处于要么投地方领袖提出的人的票要么根本不投票的地位的时候，当被领袖们提名的人所不得不面对的不仅仅是少数方面的候选人的竞争，而且是全国所有有声望而愿意服务的人的竞争的时候，要把首先出现的那种嘴里喊着政党的口号、口袋里放着三四千金镑的人硬塞给选民就不再可能了。多数方面将坚持要有一个值得选上的候选人，否则他们将把选票送往别处，这样一来少数就将取胜。多数被极小部分人奴役的状态将告结束，最好和最有能力的地方知名人士将经过选择后提出来，如果可能的话，就选择在当地以外也稍有名声，他们在当地的力量有可能得到他处意外选票支持的人。各个选区的选民将为最好的候选人而进行竞争，并将竞相从熟悉地方情况并有地方关系的人中选择在其他各方面最有名的人。

现代文明的代议制政府，其自然趋势是朝向集体的平庸，这种趋势由于选举权的不断下降和扩大而增强，其结果就是将主要权力置于越来越低于最高社会教养水平的阶级手中。但是有高度智力和优良品质的人虽然在数量上必然是少的，但他们的意见是否被听取则情况有很大不同。在虚假的民主制，不是给一切人以代表权而是仅仅给予地方的多数方面，受过教育的少数在代议制团体中可能根本没有发言人。公认的事实是，建立在这种有缺点的

① 霍布森的选择(Hobsen's choice)。相传剑桥有一马房，其主人叫做托马斯·霍布森，租出马匹时不许人选择而由最靠近门口者顺次出租。霍布森的选择比喻为不准选择的意思。——译者

模式之上的美国民主制中，有高度教养的社会成员，除了愿意牺牲自己的意见和看问题的方法，成为在知识上低于自己的人们的卑躬屈节的发言人的以外，甚至很少参加国会或州议会的竞选，因此他们很少有当选的可能。假使像黑尔先生的这样的方案有幸曾浮现在这个美洲共和国的开明而爱国的创立者们的心中，联邦和州议会就会包含有许多卓越人物，民主制就会免受最大的谴责，也不会有最致命的弊病了。对这个弊病，黑尔先生所创议的个人代表制度几乎是一剂特效药。散处在各地方选区的有教养人们的少数，将按照人数的比例选出一定数目的这个国家的最有能力的人。他们将在最强烈的诱导下选择这样的人，因为他们没有其他方法能使他们的小小的人数对任何重要的事情发生影响。多数的代表，除了他们自己由于实行这制度在质的方面将有所改进外，将不再独占整个舞台。他们的确将在人数上胜过其他代表，正如一个阶级的选民在人数上胜过另一阶级的选民，他们总是能够在票数上胜过其他代表，但他们将在其他代表的面前发言和表决，并受到其他代表的批评。当发生争议时，他们将不得不用至少表面上同样有说服力的理由去应付有教养的少数人的论点；既然他们不能像对意见已经一致的人们说话那样简单地假定他们是对的，他们有时碰巧也会承认他们是错了。由于他们一般地是善意的（这一点总可以期待于适当选出的全国代表），他们的思想会不知不觉地在和他们接触或甚至冲突的思想影响下得到提高。拥护不得人心的主张的人，不会仅仅在他们自己一边的人所阅读的书刊中提出他们的论点，对立双方的人们将面对面、手挨手地碰到一起，这样在全国人面前对他们的智力就会作适当的比较。那时就会发现，根据计算票数占优势的意见，如果不仅计算票数而且掂掂它的分量的话是否也会占优势。当一个有才能的人具有在公正的场所显示其能力的手段时，群众往往确实有识别他的本能。如果这样的人的起码的分量也未得到承认，那是因为制度或惯例使他不被人们所看到。在古代的民主制是没有办法使有才能的人不被人们看到的，讲坛对他是开放着的；他不需要任何人的同意就能成为公众的顾问。在代议制政府则不是这样；如特米斯托克里或者德莫西尼[①]，虽则他们的意见可能挽救了他们的国家，竟终生没有获得一个议席，这是代议民主制的最好的朋友也不能不感到不安的。但是如果代议制议会能保证在这个国家里哪怕有这么几个第一流的人物，尽管其余的人仅由具有一般智力的人构成，这些领导人物肯定会在审议问题时发挥明显的影响，即使他们在许多方面是以违反舆情出名的。我想不到有任何方法像黑尔先生所创议的那样确实保证有这样人物的了。

议会的这一部分人也是一项伟大社会职能的适当机关，对于这项社会职能任何现有民主制均未作规定，但任何政府如果长期不实现该项职能就势必走向衰退。可以把这项职能称为对抗的职能。在每一个政府中都存在着一种比其余更强大的力量，这种最强大的力量总是倾向于变成唯一的力量。它有意无意地总是力求使其他的一切屈从于自己。当还有某种经常和它对抗的东西，和它的精神不一致的势力存在的时候，它是不满足的。但是，如果它成功地把一切对抗势力压下去，按照它自己的模子铸造一切，那

① 德莫西尼(Demosthenes，公元前384？—前322)，古雅典雄辩家。——译者

么，这个国家的进步就会终结，而衰退就此开始。人类的进步是许多因素的产物，人类中迄今有过的力量都不能包括全部因素，甚至最施仁政的力量也只包含某些善的要素，而其余的要素——如果要继续进步的话——必须来源于某些其他的方面。只是当社会最强大力量和某个对抗力量之间，精神权威和世俗权威之间，军人阶级或地主阶级和劳动阶级之间，国王和人民之间，正统教会和宗教改革者之间进行着斗争的时候，社会才有过长期继续的进步。当任何一方取得结束争斗的完全胜利，又未发生其他冲突时，最初的停滞就跟着发生了，然后就是衰退。由人数上的多数掌权比其他的人掌权较为公正也较少危害，但它伴随着同样性质的危险，甚至更为确定的危险。因为当政府掌握在一个人或几个人手中时，民众总是作为一种对抗力量而存在着，他们可能不足以强大到控制前者，但他们的意见和感情对于一切由于信念或利益的矛盾而反对统治者的做法的人是一种道义的甚至是一种社会的支持。但是当民主制是至高无上的时候，就没有一个人或几个人强大到可供不同意见和受损害或受威胁的利益来倚靠了。到目前为止民主制政府的一项巨大困难似乎是如何在一个民主社会里为个人抵抗统治权力提供一种社会支持，即一种支点。这种社会支持是迄今保持先进的一切社会情况所提供过的。它是为受到占优势的公众舆论轻视的那些意见和利益提供的一种保护，一种集合点。因为缺乏这样一种支点，较古老的社会，以及除少数几个以外的所有现代社会，通过只有享受社会和精神福利的那部分人的独揽大权，或者逐渐解体，或者变得停滞（也就是缓慢地退化）。

话又说回来，个人代表制以现代社会的情况所允许的最完善的方式满足了这一巨大需要。只有在有教养的少数这部分人中才能够给民主制的多数的本能倾向找到一种补充或使之臻于完善的矫正物。但是在构成民主制政府的通常方式上，这个少数没有发言机关，黑尔先生的体系提供了一个机关。靠集合少数而选到议会的代表提供了一个最完善的机关。至于有教养的阶级另行组织起来，即使是可行的，也会招人猜忌，只有完全没有影响才能免于触犯别人。但是如果这些阶级的精华构成议会的一部分，依靠和其他议员同样的名义——代表着同样数目的公民，同样大的一部分国民意志——那么他们的存在就不会使任何人不愉快；另一方面，他们无论是在一切重要问题上提出自己的意见，或是在积极参加公共事务方面都处于最为有利的地位。他们的才能也许会吸引比他们的人数更多的一份实际政府行政工作；正如古雅典人不曾委派克勒昂（Cleon）或海帕波拉斯（Hyperbolus）以负责的公职（使用克勒昂于派洛斯和安菲波利斯则纯属例外），但尼西阿斯（Nicias）、狄拉米尼斯（Theramenes）和阿尔西巴德（Alcibiades）则经常从事于国内外工作，尽管人们都知道他们更同情的是寡头制而不是民主制。有教养的少数在实际表决时只能按照他们的人数计算，但是由于他们的知识，并由于这种知识使他们具有的对其余人的影响，他们作为一种道义力量就重要得多。将民众意见保持在理性和正义范围内，并使之不受那些袭击民主制的薄弱方面的各种腐化势力影响，人类智慧很难设想出比这更合适的安排。这样，民主政体的人民将得到在任何其他情况下几乎肯定得不到的东西——比自己在智慧和品质方面更高级的领导人。现代民主制会偶尔出现它的伯利克里，并经常出现一批优秀的和起指导作用的人。

在这一系列有关这问题的、具有最根本性质的正面理由之外，是否有什么反对方面的理由呢？当人们一旦对一个新事物进行真正的考察时，是没有什么事情经得起考察的。的确，以平等公正为借口，目的只是要用穷人的阶级优势取代富人的阶级优势的人们——如果有这样的人的话——当然不会同意把双方放在同等地位上的方案的。但是我不认为在我们国家的工人阶级中目前存在着任何这种愿望，虽则对于机会和蛊惑人心的手段今后在煽起这种愿望方面可能产生的后果我不愿提供保证。在美国，人数上的多数长期以来完全保持着集体的专制，他们大概会和一个专制君主或由少数人统治的贵族政体一样不愿把它丢开。但我相信英国的民主政体还是会满足于防止他人的阶级立法，同时也不要求他们自己实行阶级立法的权力。

在表面上反对黑尔先生方案的人中，有些人声明他们认为这个计划是不能实行的；但是我们将看到，这些人一般地是几乎没有听到过该方案的人，或者是对它仅仅作了极肤浅和草率的考察的人。其他的人则是不甘心失去他们称之为代表权的地方性质的人。在他们看来，国家似乎不是由人构成的，而是由地理和统计产生的拟制的单位构成的。议会所代表的必须是市镇和郡，而不是人。但是并没有人要消灭市镇和郡。可以认为，当住在市镇和郡里的人被代表了，市镇和郡也就被代表了。如果没有人感觉到地方感情，地方感情是不能存在的；如果没有人关心地方利益，地方利益也是不能存在的。如果具有这种感情和利益的人有了他们适当的代表，这种感情和利益就和这些人的所有其他感情和利益一样得到代表了。我不能理解，为什么把人按地区安排的感情和利益应该是唯一值得代表的感情和利益；或者说，为什么具有其他的感情和利益的人，他们对这些感情和利益的评价高于对地理上的感情和利益，倒应该限于以后一种感情和利益作为他们政治划分的唯一原则。认为约克郡（Yorkshire）和米德尔塞克斯郡（Middlesex）有不同于其居民的权利的权利，或认为利物浦市（Liverpool）和埃克塞特市（Exeter）是有别于当地居民的、为立法者所关心的适当对象，这种观念是由言语产生的错觉的一个奇怪的例子。

然而，一般说来反对者把问题简单地说成英国人民决不会同意这样的制度。对英国人民的理解力和判断力下这样简单的判断，认为在断言英国人民肯定反对该制度以前不必要考虑该制度是否正确，对这样的一些人，英国人民会怎样想，我不打算说什么。就我自己来说，我认为不经过试验就诬称英国人民对能证明对他们自己或对别人都是有利的事情抱有难以克服的偏见，是不应当的。我还觉得当偏见坚持不改的时候，过错与其说在别人，不如说在那些宣称偏见不可克服，从而为他们从不参加改正偏见的尝试寻找借口的人。不论是什么偏见，如果不怀偏见的人们自己谄媚它，吹捧它，把它看做一种自然法则的话，将是难以克服的。然而我相信在这种情况下，在那些尚未听说过这一建议的人们当中，一般说来，由于未经充分讨论把问题的所有赞成和反对的理由弄清楚，所以，他们对一切新事物表示自然而健康的不信任，除此之外，并不存在其他的敌对。唯一严重的障碍是不熟悉。这的确是难以轻视的障碍，因为人的想象力更容易接受在实质方面的重大改变，而不容易接受在名称和形式方面的极小的改变。但是,当一种想法具有真正价值的时候,不熟悉只是需要时间去消除的一种不便。经过近日来的讨论,以及对改进的兴趣的普遍增长,以前需要几个世纪才能做的事情往往只需要几年。

本文初次发表以来,人们对黑尔先生的方案作了若干批评,这些批评至少说明对该方案作了仔细的考察,和作了比以前更为明智的考虑。这是对一切伟大改进的讨论必然导致的结果。这类改进最初遇到的是盲目的偏见,和只有盲目的偏见才可能重视的论点。随着偏见的变弱,其所用论点在一段时间内却有所增强;因为,方案既经较多地理解,它的不可避免的不便,以及妨碍它立即产生它本来能产生的一切好处的各种情况,都和它的优点一道显露出来了。但是,凡是我所注意到的貌似合理的一切反对意见,没有一个不是该方案的支持者曾预见到、考虑到和讨论过并发现不是不真实就是可以容易地克服的。

对外表上看来最严重的反对意见却可以作最简单的回答;这种意见就是认为有关选举的中央办公室的工作不可能防止舞弊或舞弊嫌疑。公开讨论和在选举后查阅选举纸的完全自由,就是为此提供的保证;但是他们说,这些是不中用的,因为要查对选举结果,选举人就必须把办事职员所做过的全部工作核阅一遍。这是一个颇有分量的反对意见,如果选举结果有必要由每个选举人各自进行查对的话。在查对方面所能期望一个普通选举人去做的不外是检查一下他自己的选举纸是怎样被使用的;为了这一目的,每张选举纸经过适当时间后都将退回原处。至于他所做不到的事情将由落选的候选人及其代理人替他去做。在落选的人当中那些认为自己应当当选的人,将单独地或数人一起任用一个代理机构去核查全部选举过程。如果他们发现有重大错误,文件将被送交下院的一个委员会,后者将对全国整个选举工作进行检查核实,所花费的时间和金钱仅及现行制度下选举委员会对每个议员选举进行彻查所需的十分之一。

有些人虽假定这方案是可行的,但断言在两种情况下它的好处将无从发挥,反而产生有害的结果。首先,据说将会把不适当的权力给派系,宗派性联合,特殊目的的社团(如像缅因法同盟[①]、国教废除促进会(Ballot or Liberation Society)),或由阶级利益或共通的宗教信仰联合起来的团体。其次,他们认为这项制度有可能被党派目的所利用。每一个政党的中央机关将会把它的六百五十八名候选人名单送往全国,由它在每个选区的全体支持者投票选举。他们的票数将远远超过任何独立的候选人所能得到的票数。这些人争论说,"候选人名单"制度,像在美国那样,将唯独有利于组织起来了的大党,它们的候选人名单将被盲目地接受并原封不动地投票赞同;并且除有时被宗派团体或由共同的奇怪想法结合在一起的一派人(前面已经说到)在票数上超过外,几乎不会在票数上被超过。

对这一点的回答看来是确定无疑的。没有人硬说按照黑尔先生或任何其他的方案,组织将不再是一个有利条件。同有组织的团体比起来,分散的成分总是处于不利的地位。黑尔先生的方案

① 缅因法同盟(Maine Law League) 1851 年美国缅因州首先制定禁酒法,缅因法后转为泛指禁酒法。——译者

既然改变不了事物的性质,一切有组织的政党或派系,不论大小,将极力利用组织以加强它们的影响,则是当然的事。但在现有制度下,那些影响就是一切,分散的成分完全等于零。既不属于大党又不属于小派系的选民没有办法使他们的投票变得有用。黑尔先生的方案给他们以这种办法。他们在使用这种办法时的巧妙程度可能有大有小。他们可能得到他们的一份影响,也可能比他们应得的一份要小得多。但是不管他们实际得到多少,将是明显的获利。当人们认为每个小小利益,或为了小小目的的联合,都将可以组织起来的时候,为什么我们应该认为国民的智力和品质这种巨大利益唯独不应该组织起来呢?如果可以有禁酒会候选人名单和贫民教养所候选人名单以及诸如此类的名单,选区中一个热心公益的人为什么没有资格提出一个"个人优点"候选人名单并在整个邻近地区散发呢?少数热心公益的人不可以集会于伦敦,从候选人名单中挑选出最有名望的一些人,不考虑他们意见的严重分歧,花少许费用在所有的选区内予以公布吗?要知道,在现行的选举方法下,两大政党的影响是无限的;而按照黑尔先生的方案,这种影响是巨大的,但有一定限度。不管是它们也好,或是任何较小的派别也好,都不能选出超过它们的追随者的相对数目比例的议员。在美国,候选人名单制度在与这相反的情况下进行。在美国,选民投政党候选人名单的票,因为选举是按简单多数进行的,对肯定得不到多数的人投的票就被浪费掉。但是按照黑尔先生的制度,给众所周知的杰出人物投的票,几乎有和给政党候选人投的票同样多的机会以达到其目的。因此就可以指望每一个自由党人或保守党人,每一个不单纯是自由党人或保守党人的人,即在他的政党的选择之外有他自己的某种选择的人，从政党候选人名单中删掉比较不出名的和不重要的人，写进某些对国家是一种光荣的人来替代。这一事实成为可能，就强烈地诱使那些负责拟定政党候选人名单的人不以宣誓效忠的党人为限，也把那些比较同情他们一方的社会名流包括在他们各自的候选人名单中了。

真正的困难是——对存在的困难是不应佯作不知的——独立的选民，那些愿意投票选举无后台的优秀人物的人，往往写下了几个这样的人的姓名，而将名单其余部分则填上政党候选人，这样一来不免有助于增大了不利于他们所愿选择的那些人的人数。对这一点有个容易的补救办法，如果有必要采取的话，那就是，对第二位的或非必要的投票数加以限制。任何选民对六百五十八个候选人，或甚至对一百个候选人，不大可能有基于个人了解的独立选择。他不会反对被限制在二十，五十，或者他将有可能实行自己的选择——他将作为一个人而不是仅仅作为一个政党的普通成员进行投票——的任何数目。但即使没有这种限制，当这制度一得到充分理解，这种害处可能自行消灭。抵制这种害处将成为所有在力量方面受到极大限制的派系的最高目标。这些派系本身都是小小的少数，它们将发出这样的指示："只投你们的**特别**候选人的票；或者至少把他们的姓名放在最前面，以便在你们人数可保证的情况下给他们以通过第一选票获得当选定额的充分机会，或者不致得票过少。"不属于任何派系的选民将从这一指示中获得教益。

各个小集团将具有恰恰是它们应当有的那么大的力量。它们所能发挥的影响恰恰是它们的选民人数使它们有资格具有的影响；一点不多；另一方面，甚至为了保证这一点，它们将着意提出具有其他特长的候选人,作为它们的特殊宗旨的代表将能得到该派以外的选民投的票。说来奇怪,为现行制度辩护的流行的论点随着对该制度的攻击的性质而改变。不多年以前,支持当时代表制的得意论点是说,在那种制度下一切"利益"或"阶级"都得到了代表。毫无疑问,一切多少是重要的利益或阶级应当得到代表,就是说,应当在议会有它们的发言人或辩护人。但从那时以后又说,这种制度应当得到支持,因为这种制度不仅给予部分的利益以辩护人而且给它以议会讲坛。请注意这种改变吧。黑尔先生的制度使部分的利益不可能支配议会讲坛,但它却保证这种利益有辩护人,而甚至这一点也受到谴责。由于它把阶级代表制和人数代表制的优点结合起来,就同时受到来自两方面的攻击。

但是这样一些反对还不是使人们接受这项制度的真正困难;真正的困难是关于它的复杂性所抱有的夸张想法,以及从而产生的对是否能付诸实行的怀疑。对这一反对的唯一圆满回答将是实际的试验。当这个方案的优点更普遍地为人们所知道,并在公正的思想家中得到了更广泛的支持的时候,就应该作出努力求得在一定的领域内,如在某大城市的市选举中加以试行。当做出决定将约克郡的西赖定(West Riding)划分开以便给它四名议员,而不是保留该选区不分出,以便试行新原则,允许候选人不论是在第一或第二位选票中取得投票总数四分之一就能当选,这时就失去了对这方案做试验的一次机会。这种试验虽说是对这方案的价值的极不完全的检验,但它将为这种方案的具体做法提供一个例子,它将使人民确信这个方案不是不能实行的,它将使人民熟悉这方案的结构,并提供某些资料来判断那些被认为是严重的困难究竟是真实的抑或仅是想象的。我相信，这种局部试验得到议会批准之日，将开始一个议会改革的新纪元。它注定将给代议制政府以适合于其成熟和胜利时期的形式，这时代议制政府应该已经度过了战斗的阶段，这个阶段是世人迄今所看到的[①]。

① 在本书前一版和本版的间隔期间，现在获悉此处所建议的试验实际上已经在比市或省更大的规模上进行了，并且若干年来一直在试验过程中。在丹麦宪法（不是丹麦本土的宪法，而是为整个丹麦王国制定的宪法）中，少数的平等代表制规定在和黑尔先生的方案几乎完全一样的方案里，这就给许多事例中增添了另一个例子，它说明了要使从人类思想或人类社会一般情况所产生的困难得到解决的那种想法，是怎样在没有联系的情况下，同时出现在若干有教养的人士心中。丹麦选举法的这一特色由罗伯特·李顿（Robert Lytton）先生写的一篇有才华的文章充分而明了地带给了英国公众。这篇文章是根据下院命令于1864年出版的公使馆秘书所写的重要报告之一。黑尔先生的方案——现在也可以称之为安德里（Andræ）先生的方案——因此就从单纯的规划上升为实现了的政治事实。

尽管丹麦还是个人代表制成为一种制度的唯一的国家，但在思想家当中这个想法进展得非常迅速。在许多国家里普遍选举权现在被认为是必需的了，几乎在所有的这些国家里，这个方案正在迅速取得进展：在民主制的朋友们那里，成为他们的原则的逻辑的结果；在与其说选择不如说接受民主政府的人们那里，成为对民主政府的各种不便的一种不可少的补救办法。瑞士的政治思想家们领先开路。法国的政治思想家们紧跟在后面。不说别人，在最近时期内在法国的两位最有影响和权威的政治作家就对这方案表示公开的赞同。这两位作家一位属于温和的自由派，另一位属于极端的民主派。该方案的德国追随者当中有德国的一个最有名的政治思想家，他也是巴登大公（Grand Duke of Baden）的自由党内阁的著名成员。这是有助于美洲共和国[指美国。——译者]的重要思想觉醒的问题之一，美洲共和国就已经是尚有待分晓的争取人类自由的伟大斗争的一个成果。在我们澳洲殖民地的两个主要殖民地中，黑尔先生的方案已经在各该立法机构的考虑之中，虽然尚未被采用，但已经有一个大党给予支持；同时，一般政治的保守派方面和激进派方面的多数发言人所显示的对该方案的原则的明白而完全的了解，充分表明说它是复杂得无法理解和采用是毫无根据的。没有必要使这方案及其优点对所有的人都是完全可以理解的，除非到了他们认为值得不厌其烦地真正注意它的时候。

第八章　扩大选举权

刚才描述过的这样一种代议制民主政体，是代表一切人而不是仅仅代表多数的民主政体。在这种政体里，各种有才智的人的利益和意见虽然居于少数但仍然会被听到，并会有机会依靠品质的分量和论点的有力得到照他们的人数说来得不到的影响。这种民主政体，它是唯一平等的、唯一公正的、唯一由一切人治理的一切人的政府、唯一真正的民主政体。它将避免现在流行的被虚假地称谓的民主政体的最大害处。现时关于民主政体的观念完全是从当前流行的民主政体产生的。然而，即使在上述民主政体内，绝对权力（如果他们想要行使这种权力的话）将归于人数上的多数；并且这些人将完全由一个具有同样偏见、先入之见和一般思想方法的阶级组成，而这个阶级——别的且不说——将不是最有教养的阶级。因此这个政体仍然容易产生阶级统治所特有的害处，尽管比之现在僭取着民主制之名的一个阶级的排他统治肯定在程度上要小得多，但是仍然并无任何有效的限制，除了在该阶级本身的良知、节制和克己中可能有的限制以外。如果这种制约是足够的话，那么关于立宪政体的哲学也就不过是一桩严肃的小事罢了。宪法中的一切委托，是以它可以提供受托人不能滥用权力，而不是他们不愿滥用权力的保证为根据的。除非民主政体的这一脆弱方面能得到加强，除非它能组织得使任何一个阶级，即使是人数最多的阶级，也不能把除它自己以外的一切人贬低到政治上无足轻重的地位，按照它排他的阶级利益指导立法和行政的进程，民主政体就不是理想上最好的政府形式。问题在于找到防止这种权力滥用而又不损害平民政府所特有的长处的那种办法。

这种双重的要求不能通过限制选举权，包括强制排除一部分公民于选举权之外的权宜办法来达到。自由政府的主要好处之一就是，当人民被要求参加直接关系到国家巨大利益的行动时，就会对人民的最底层进行知识和思想感情的教育。我已经着重地谈过这一论题，因此我回到这论题只是因为很少人给人民制度的这种效能以它应有的一切重要性。人们认为，从似乎微不足道的事情去期待那么大的效果——从体力劳动者行使参政权看出精神进步的有力工具，是不可思议的。但是，除非人民群众中实质上的精神教养就一定是单纯的幻想，这就是必须走的道路。如果有人认为这条路不行，我就请德·托克维尔先生[①]的伟大著作的全部内容来作证；特别是他对美国人的评价。几乎所有到美国旅行过的人都强烈地感到，每个美国人在某种意义上既是一个爱国者又是一个有教养的人。德·托克维尔先生表明，这些特质和他们的民主制度是密切联系在一起的。受过教育的人们的思想、爱好和感情如此广泛普及从未在别处看到过，或者甚至从未被认为是可能达

① 德·托克维尔(de Tocqueville，1805—1859)，法国政治家和作家。——译者

到的[①]。但这对我们所可能指望的在其非排他性上同样民主，而在其他重要点上则组织得更好的政府来说却算不了什么。因为在美国政治生活诚然是最有价值的学校，但它是将最有才能的教师排除在外的学校；这个国家的第一流的人物被关在全国选举以及一般地被关在公共职务的大门之外，好像他们被正式取消了资格。在美国，民众也是权力的唯一的来源，这个国家的一切自私自利的野心都被吸引到它那方面，正如在专制国家被吸到君主那方面一样。和专制君主一样，民众受到阿谀奉承的包围，权力的腐化作用同它的改善和提高作用是完全不相上下的。如果，甚至在好坏作用参半情况下，民主制度在美国的最下层的阶级中，和英国及其他地方的相应的阶级比较起来，产生如此显著的智力发展上的优越，那么，假如能保留好的作用而又没有坏的作用则又将是怎样呢？这在某种程度上是可以做到的；但不是靠排除那部分人民，他们除了因为可能被诱导给予政治事务的注意而产生对远大而复杂的利益的极可贵的关心以外是很少其他智力上的刺激的。只有通过政治讨论，一个从事日常工作、其生活方式又使他接触不到各种意

① 下述“英国派驻纽约博览会专员的报告摘要”——引自凯里(Carey)先生的《社会科学原理》——至少为正文中的一部分主张提供明显的证据：

“我们有少数了不起的工程师和技工以及一大群聪明的工人；但是美国人似乎要变成整个国家都是这样的人。他们的河流已经挤满了轮船；他们的山谷正变得到处都是工厂；他们的市镇是现在表现市镇人口特色的所有一切技术之乡，胜过除比利时、荷兰和英国以外的欧洲每一个国家；简直没有一种在欧洲的技艺不在美国以和欧洲同等的技术或比欧洲更好的技术进行着，尽管在欧洲它经过多少年代的培育和改进。可以预期整个国家都是富兰克林、斯蒂芬森和瓦特，这在别的国家看来是不可思议的事情。和欧洲大多数人比较无生气和无知相比(不管其少数受过很好的教育和有天才的人是怎样优越)，整个美国人民的伟大智慧则是最值得大家注意的情况。”

见、情况或想法的体力劳动者，才懂得甚至很远的原因和发生在很远地方的事件，对他的个人利益都有极明显的影响。只有通过政治讨论和集体的政治行动，一个被日常职业将兴趣局限在他周围的小圈子的人，才学会同情他的同胞，和他们有同感，并自觉地变成伟大社会的一个成员。但是政治讨论对那些没有投票权，也不力求获得投票权的人们说来是毫不相干的。他们的地位，比之选民，就同法庭上的听众比之陪审席上的十二名陪审员一样。需要的不是他们的投票，力求加以影响的不是他们的意见。提出的控诉，陈述的论点，都是针对别人而不是针对他们。没有什么事情依赖于他们可能作出的决定，对他们说来既无必要也很少诱因作任何决定。在一个就其他方面说是人民的政府里，谁要是没有投票权，也无希望获得投票权，谁就要么永远是一个不满分子，要么是感到社会一般事务与己无关的人。对他说来，那些事务是要由别人去管理的。他"除了遵守法律以外法律与他无关"，除了作为旁观者以外公共利益和公共事务也与他无关。他从这种地位对它们了解或关心到什么程度，可以部分地用一个中等阶级的普通妇女对政治的了解和关心的程度（和她的丈夫或兄弟相比较）来衡量。

姑且撇开所有这些考虑不说，对于任何一个人，除非为了防止更大害处，在他和别人同样关心的事务的处理上不给他发表意见的通常特权，是对他个人的不公平。如果他不得不交税，如果他可能不得不当兵打仗，如果他必须无保留地服从，他在法律上就应该有权知道为什么，有权要求征求他的同意，要求按照其价值（尽管不是超过其价值）对待他的意见。在一个充分发达和文明的国家里，不应当有贱民，不应当有被取消了资格的人，除非由于他自己的过错。无论哪个人，当别人不征询他的意见，擅自掌握限制他的命运的无限权力的时候，他的地位就降低了，不管他知道不知道。即使在人类思想不曾达到过的进步得多的国家里，遭到这种处置的人也不会受到和有投票权的人同样的公平对待。统治者和统治阶级不得不考虑有选举权的人的利益和愿望；但是对于没有选举权的人的利益和愿望，考虑与否他们有选择的自由，而且，不管是怎样禀性诚实，他们一般说来太忙于他们**必须**注意的事，以致没有多少余地去考虑那些他们可以泰然加以忽视的事情。因此，凡是专横地排除任何人或任何阶级的选举权的做法，都不能长久地令人满意；按照这种做法，选举的特权不是对一切愿意取得该特权的成年人开放的。

然而，作某些排除是有肯定的理由的，它们和这一原则并不矛盾，尽管它们本身是种缺陷，但只有当要求作这种排除的事态消失才能摆脱这种措施。我认为任何不会读、写以及——我再加上——不会做普通的算术运算的人参加选举是完全不能允许的。为了保持公正——即使在选举权并不以此为转移的时候——达到这些基本要求的手段应该提供给每一个人，或者是免费的，或者是不超过自谋生计的最穷的人所付得起的费用。如果真是这种情形，人们就不会想到要把选举权给一个不会读的人，正如不会想到要把选举权给一个不会说话的孩子一样；排除他的也就不是社会，而是他自己的懒惰。当社会还没有履行它的义务，使每个人都能受到这种程度的教育，在这情形下是有些难堪之处，然而这是应当忍受的。如果社会未能履行两项重大义务，则两者中较重要和较根本的必须首先履行，因此普及教育必须先于普及选举。只有常识受到一种先验的理论压制的人会坚持说，支配他人，支配整个社会的权力应该给予那些不具备为了照顾他们自己所必要的最普通、最根本的条件的人，给予不具备为了明智地追求他们自己的利益以及和他们最密切地结合在一起的人们的利益所必要的最普通、最根本的条件的人。毫无疑问，还可以把上述论点推进一步，使它说明更多的问题。特别值得想望的是，除读、写和算术以外，其他事项也能作为选举权的必要条件；对地球的构造、它的自然区分和政治区分，对通史以及本国历史和制度的初步知识能作为要求于一切选民的条件。但是这类的知识，不管对明智地行使选举权是怎样不可缺少，在我们国家不是，除美国以外在任何国家大概也不是全体人民都可得到的；同时也没有考查是否已经取得这种知识的确实可靠的办法。目前，试图这样做将会导致不公平、瞒骗和各种欺诈行为。不加分别地给与选举权，或甚至不加分别地不给与选举权，比由一个公务员去任意决定给这个人或不给那个人，要更好一些。然而，关于读、写和计算，就不一定有什么困难。要求每一个来进行选民登记的人当着登记员面从英语书上抄一句，并按比例的运算法则算一道题是不难的；通过确定的规则和绝对的开诚布公，保证如此十分简单的测验诚实地进行也是容易的。因此普及选举在一切场合应附有这一条件；经过几年以后，选举所排除的只是那些对这种特权极不关心的人，他们如果投票，其选票一般说来并不表明任何真正的政治见解。

同样重要的是，表决全国或地方税的议会，应专由对所加的税作某些支付的人选出。不交税的人，通过他们的投票处置他人的财产，就很有可能造成浪费而不会想到节省。就财产问题而论，他们保有任何投票权都是违反自由政府的根本原则的；这是将控制权力同权力的有益的行使方面的利害关系截然分开的做法。这等于允许他们为了他们认为适合于称之为公共目的的任何目的而把他们的手伸进他人的口袋。这在美国的一些大城市据了解已经产生空前繁重的地方税率，而且完全由富有阶级负担。代表权的范围应与纳税的范围相同，无过无不及，是符合于英国制度的理论的。但是为了使作为代表制的这一附带条件和普遍性一致，向最贫穷阶级征收看得见的税，正如在其他许多考虑上是值得想望的一样，就是必要的。在我国，以及在大多数其他国家，大概没有一个工人家庭不是通过购买茶、咖啡、白糖，更不必说麻醉剂或酒类，而对间接税作出贡献的。但对公共费用的这种方式的支付几乎不被感觉到，支付者除非是个有教养和深思的人，不会像直接要求他付款支持公共开支那样密切地把他的利益同较低的公共开支等同起来。而且即使假定他能这样，不管通过他的投票硬派给政府的开支怎样浪费，他无疑也会注意使这种开支不会由对他自己所消费的物品上的附加税来支付。最好是以人头税的简单形式对社会的每个成年人课以直接税；或者每个成年人成为选民须额外纳一笔税；或者要求每个登记的选民每年付一小笔随国家总费用而增减的费；这样每个人可能感觉到他投票表决的款额部分地就是他自己的钱，因而他关心将金额压低。

不管怎样，我认为领取教区救济应绝对取消选举权资格是基本原则所要求的。不能靠自己劳动维持生活的人无权要求随意取用他人金钱的特权。依靠社会其他成员维持生活，这人就放弃了在其他方面和他们具有同等权利的要求。他赖以维持生活的那些人可以正当地要求专由他们管理那些共同关心的事，对这些事他无所贡献，或贡献不如他取走的多。作为选举权的一项条件，应当规定一个期限，比方说登记前五年之内，申请登记者的姓名不作为领取救济者载入教区救济名册。未经证明有偿付能力的破产者，或得到过破产法好处的人，应取消选举资格，直到他偿付了他的债务，或至少证明他现在不是，并且在一段长时间内已不是依靠救济维持生活。长期不交税，以致不可能是出于疏忽时，在继续不交税期间应取消选举资格。这些排除在其性质上并不是永久的。它们要求的只是一切人——如果他们愿意的话——都能够或都应当能够履行的条件。它们让所有处在通常情况下的人都可得到选举权。如果有什么人必须放弃选举权的话，他不是不够关心去做为了选举权必须做的事情，就是处在一般的消沉和落魄的状况，在这种状况下，再增加一点点对别人的安全说来是必要的限制，将不会被他感觉到，而在他摆脱这种状况后，这一低人一等的标志将随同消失。

因此归根到底（假定除我们适才讨论过的以外不存在其他限制），我们可以指望，除了那个不断减少（希望如此）的阶级即领取教区救济者以外，所有的人都有选举权，以便做到除很少例外以外选举权是普遍的。选举权像这样的广泛普及，如我们所了解的，对一个扩大和提高了的好政府的概念是绝对必要的。但是在这一事态下，在多数国家，特别是在我国，大多数的选民将是体力劳动者；而双重的危险，即政治知识水平太低的危险和阶级立法的危险，都将在很可怕的程度上仍然存在。至于是否有任何能避免这些祸害的方法，则仍有待分晓。

它们是可以避免的，如果人们真正希望避免的话；不是靠任何人为的办法，而是靠实现人类生活的自然秩序，这在并无利害关系或与之相反的习惯看法的事情上是每个人都喜欢的。在一切人类事务中，每个有直接利害关系而又不是在别人保护下的人，都有公认的发言权，并且不能正当地加以排除，如果他对发言权的行使并不违反全体的安全的话。但是，尽管每个人应当有发言权，然而每个人应当有同等的发言权则是完全不同的命题。当对一件事有共同利害关系的两个人意见不同时，要保持公正是否要求两种意见都被看做具有完全同等的价值呢？如果，道德价值相同，在知识和才智上不相同，或者在才智上相同，在道德价值上不相同，那么具有较高道德和才智的人的意见和判断，就比道德和才智较低的人的意见和判断有更多的价值。如果这个国家的制度实际上主张这两种人的意见有同样价值，这种主张就不是实事求是的。两者中之一，作为较聪明或较有道德的人，有权主张其意见具有较大的分量。困难在于不易确定何者是比较聪明或比较有道德的人。这事在个人之间是不可能解决的，但是如把人们当作集团和人群来看，则能够做到接近准确。并没有人要求把这个原则适用于任何可以有理由认为属于个人和私人权利的场合。在仅仅涉及两人中之一的事情，那个人有权遵循他自己的意见，尽管另一个人可能比他聪明得多。但我们所说的是同样涉及他们两人的事情；在这场合，如果较无知的人不服从较聪明的人的指导，较聪明的人就势必听从较无知的人。在这两种克服困难的方式中哪一种对双方最有利并最符合事物的一般情理呢？如果认为一方必须退让是不公平的，那么哪一种不公平是最大的呢？是较好的意见应该让路给较坏的意见，还是较坏的意见让路给较好的意见呢？

原来，国家事务正是这种共同关心的事情，不同之点是无人需要完全牺牲他自己的意见。意见总是可以被计算进去，按某种数字计算，对于其意见具有较大分量的人的投票则派给较高的数字。在这样的安排下，并没有什么事必然会引起那些被派给较低程度影响的人们的恶感。完全排除对共同事务的发言权是一回事，根据其对共同利益的管理的较大能力让别人有较大分量的发言权则是另一回事。这两件事不仅仅是不同的，它们是不能比较的。每个人对被人看做无足轻重并打上毫无价值的印记都有权感到受侮辱。除傻瓜，而且只有特种的傻瓜以外，没有一个人会因为承认有些人的意见，或甚至他们的愿望，有资格比他的意见或愿望得到更多的考虑而感到生气。对自己事情的那部分无发言权，乃是任何人都不愿接受的事情；但是当部分地是他的事情同时又部分地是另一个人的事情时，而且他觉得那个人比他更了解这个问题，因此那个人的意见应该比他自己的意见得到重视，就符合于他的希望，并且符合于在所有其他的生活事务中他惯于默认的事态。唯一必要的是，给与这种较大的影响应该根据他能理解的理由，并且能认识到这种理由是公正的。

我要赶忙说，给与财产以优越影响，除非作为一时的权宜手段，是完全不能允许的。我不否认财产是一种检验标准；在多数国家中，教育尽管决不是按照财富的比例，但平均起来社会中富有的人比穷苦的人受到更好的教育。但是这个标准是有很大缺点的；使人们发迹的更多地是偶然事情而不是某种优点；任何人也不可能靠得到一定的教育就有把握在职位上得到相应的提升，因此把财产作为选举权的基础总是,并且将继续是令人极为讨厌的。把复数票的原则和金钱上的条件联系起来,不仅是本质上该反对的,而且是贬损该原则的可靠方法,使该原则无法长久地保持下去。民主政治,至少在我们国家,目前并不妒忌个人的优越,但它自然地也是正当地一定妒忌基于单纯金钱情况的优越。唯一能证明把一个人的意见计算为不止一个是正当的做法的事情,乃是个人的智力上的优越性;而所缺少的是某种大致确定它的手段。如果存在有真正的国民教育或可信赖的普通考试制度,也许可以直接对教育进行检验。在缺乏这些的情况下,个人职业的性质是某种检验标准。雇主一般说来比工人更有才能;因为他必须用脑劳动,而不仅仅用手。工头一般说来比普通工人有能力,技术性行业的工人比非技术性行业的工人有能力。银行家、商人或制造业者多半比小商人更有才能,因为他要经营管理更大和更复杂的行业。在这些情况下,检验其合格条件的不是单纯担任高级职务,而是成功地执行其职务。为了这个缘故,也为了防止人们为选票而在名义上从事一项职业,要求坚持该项职业达一段时间(比方说三年)是恰当的。在满足了这些条件的情况下,可以允许执行这类高级职务的每一个人有两票或两票以上的投票权。自由职业,当真正而不是名义上从事这种职业时,当然意味着比这更高的教育程度。当一项职业要求经过严格考试,或具备重要的教育条件始能从事时,其成员可立即被给予复数投票权。同一规则可以适用于大学毕业生;甚至可以适用于持有讲授各种较高级学科的学校(在适当保证这种讲授是真实的而不是仅仅装门面的情况下)的合格证件的人,他们已经通过了该类学校所要求的学习课程。牛津和剑桥大学至堪嘉许地和热心公益地设立的授予准校友学位的“地方”或“中等”考试，以及其他有资格的团体（只要他们是对一切人开放的）设立的类似的考试，提供了可以很方便地给与那些通过了这种考试的人以复数投票权的根据。所有这些建议在细节上将引起很多讨论，并容易受到毋须加以预测的反对。给予这种方案以实际可行的形式的时间尚未到来，我也不愿为我所提出的这些具体建议而受到约束。但在我看来明显的是，这一方向是代议制政府的真正理想，通过可能找到的最好的实际办法向这方向做去，就是真正的政治进步的道路。

如果有人问，这项原则可以进行到什么程度，或者说，根据优越的条件可以给一个人以多少投票权，我回答说，这一点本质上不是很重要的，重要的是区别和等级不是任意作出的，而是一般的良心和理解力所能理解和接受的。但是绝对必要的是不超出在前一章中作为代议制度构成上的优越性条件规定下来的基本原则所设的界限。复数投票权决不应进行到那种地步以致那些因而享有特权的人们，或他们主要所属的阶级（如果有的话），将利用它来压倒社会中所有其余的人。根据教育所作的区别本质上是正确的，由于它保护受过教育的人不受没有受教育的人的阶级立法的压制就更为可取；但这种区别必须不致使他们能为他们自己利益实行阶级立法。让我补充一句，我认为对复数投票方案说来绝对必要的一点是，这项特权应向社会中的最穷苦的人开放，只要他能证明，虽然有一切困难和障碍，但在知识这方面他有资格享有这种特权。应当有自愿的考试，不管什么人都可参加这种考试，可以证明他达到了所规定的足够的知识和能力标准，从而被允许给以复数投票权。一项特权，如不拒绝给与任何能表明已实现了它在理论和原则上所根据的条件的人，就不一定会触犯人们的正义感，但是如果给与特权仅凭一般推测，难保有时错误，又得不到直接证明，它肯定会触犯人们的正义感。

尽管复数投票实行于教区选举和济贫法监护人的选举，在议会选举中则尚未为人所知悉，因此不大可能很快采用或愿意采用。但是由于必须在这种选举和平等的普选之间作出唯一选择的时候肯定要到来，凡是不喜欢后者的人开始同意前者总不会为时过早吧。另一方面，尽管这项建议在目前可能不是实际可行的，但它将有助于指出什么是原则上最好的，并使我们能够对那些可能以不很完善的方式促进同一目的的、现有的或可被采用的间接手段之是否适当作出判断。一个人可能按照在同一选举场所投两票以外的办法投双票；他可能在两个不同的选区各投一票。尽管目前这种例外特权毋宁是属于财产上的优越而不属于智力上的优越，但我不主张废除现有的这种办法，因为在采用更好的教育标准以前，废除由金钱状况提供的哪怕是极不完善的标准也是不明智的。也许可以找到进一步扩大这项特权的方法以更直接的方式把它同高级的教育联系起来。在任何大大降低选举权的财产条件的未来改革法案中，规定允许所有大学毕业生、所有中学的优秀毕业生、所有的自由职业者，以及或许还有某些其他的人，以这些资格进行特别登记，并在他们愿意进行登记的选区按照这类资格给与选票，另外保留他们作为普通公民在其居住地区的选票，可能是明智的。

在某种可能给教育本身以其应有的优越影响，并足够平衡受教育最少的阶级的数量优势的复数投票的方式被想出以前，并由舆论欣然接受以前，在我看来，完全的普选的好处不能不同时带来比它更大的害处。的确，很可能出现这种情况(而这也许是我们向真正好的代议制发展时必须经历的过渡之一)：限制选举权的各种障碍在某些个别选区完全被扫除，从而他们的议员主要由体力劳动者选出，而在其他地方则保持着现有的选举资格，或者对该选举资格的任何改变都伴随着为防止劳动阶级在议会中占优势的那种选区的组合。依照这样的一种妥协办法，代表选举中的反常状态不仅将保留下来，而且增大了。然而这不是一项带决定性的反对意见，因为如果国家不愿通过直接导致正确目的的正规制度去实现这种目的，它就必须满足于一项不正规的权宜手段，作为较之虽无不规则性但却常适合于错误目的，或忽视了其他一些同等必要的目的的制度远为可取的办法。严重得多的反对意见是，这种调整办法和黑尔先生的方案所要求的地方选区的互通有无不相一致；在这种安排下，每个选民依然被禁锢在他登记了姓名的一个或一个以上的选区之内，除非愿意选举那些地区的候选人之一当他的代表，否则就会根本选不出代表。

我十分重视已经获得投票权的人们的解放，然而他们的投票是无用的，因为总是在数量上被超过；我对真理和理性的自然影响寄予很大希望，只要真理和理性能保证被听到并得到适当辩护就好了。因此，即使实行平等而普遍的选举我也将不感到失望，假如根据黑尔先生的原则一切少数的比例代表制使这种选举名副其实的话。但是如果在这问题上所能有的最好的希望只是完全可以肯定的事情，则我仍将主张复数投票的原则。我提出复数投票不是作为一件本质上不值得想望的事情，不是像排除社会的一部分于选举之外那样，为了必须防止更大害处，这种事情可以暂时容忍。我并不把平等的投票看做属于那种只要能避免不便就是本质上好的事情。我把它看做仅仅是相对说来是好的事情。它比根据不相干的或偶然的情况产生的特权的不平等要好些，但它在原则上是错误的，因为它承认一项错误标准，并在投票者心中产生坏影响。国家的宪法宣布无知有资格享有和有知一样多的政治权力，不是有益而是有害的。国家制度应该把一切有关的事情都摆在公民的心中，关心这些事情是为了他的利益。因为每个公民认识到每个人都应有某种影响，而较有德和较明智的人应有更大影响，是符合他的利益的，所以国家明白宣布这一信念，并在国家制度中把它加以具体化就是很重要的。这些事情是一国制度的精神所在，但是制度的这种力量却是一般思想家，特别是英国思想家最少关心的，虽则在每个实际上并未受到巨大压迫的国家，制度的精神所产生的效果比制度的任何直接规定要大，因为正是由它形成国民性格的。美国的制度把这样一个信条深深铭记在美国人的心里：任何一个人（有白色皮肤的）和任何别的人一样好；人们感觉到，这一错误信条是和美国人性格中的某些更为不利之点密切联系着的。一个国家的宪法竟承认这种信条，不是一件小祸害；因为相信这种信条，不论是明示的还是默示的，对道德和智力上优越性的影响几乎和大多数政府形式所能产生的影响一样有害。

或许有人会说，规定最有教养的人和最没有教养的人具有同等影响（就一个人对一个人来说）的宪法仍然有助于进步，因为向较少教养的阶级不断地作出的呼吁，他们的智力所受到的锻炼，以及较有教养的人为了启发他们的判断和使他们免除错误和偏见不得不作出的努力，都是对他们智力发展的有力刺激。至于这种最可想望的效果真正会使较少教养的阶级有资格取得某些权力，甚至取得一大部分权力，我是承认的，并且已经极力主张了。但是理论和经验都证明，当他们拥有一切权力的时候就会发生一股逆流。凌驾一切的人们，不管他们是一人还是少数几个人或是多数人，就不再需要理性的武器了，因为他们能使他们的单纯意志占优势。无人能反抗的这些人，通常总是过分满意于他们自己的意见，以致不愿改变它们，或者不耐心地听别人告诉他们说他们错了。给予智力增长以强大刺激的是正在崛起的地位，而不是已经掌握权力的地位；而在上升的道路上的所有阶段中，不管是暂时的还是永久的，发展最好和最高品质的是这样一种人的地位，他们强大到足够使理性占优势，但又不是强大到胜过理性。按照我们所主张的原则，这就是在实际可行的范围内富人和穷人，受教育多的和受教育少的人，以及将社会划分开的所有其他的阶级和派系等，他们所应处的地位。把这一原则和允许智力上的优越具有分量上的优越的另一正当原则结合起来，政治组织就会实现唯一符合于人类事务的复杂性质的那种相对的完善了。

在前述对普遍的但分等级的选举权的论证中，我未考虑性的差别。我认为性的差别和身高或头发颜色的差别一样同政治权利是毫不相干的。所有的人对好政府具有同样的关心；所有人的福利都同样受到它的影响，他们都同样需要在政府中的发言权以保证他们的一份利益。如果说有什么不同，那就是妇女比男子更需要好政府，因为她们身体较弱，更仰赖法律和社会的保护。人类很久以来已经抛弃支持那种认为妇女不应当有选举权的结论的唯一前提。现在没有人认为妇女应该处于个人奴役的地位，认为她们不应该有思想、愿望或职业，而只是丈夫、父亲或兄弟的家庭苦役。允许未婚妇女——和许给已婚妇女的差不多——和男子一样保有财产，以及保有金钱的和商业的利益。妇女应该思想、写作和做教师被认为是合适的和正当的。这些事情一被承认，政治上的取消资格就无可资依据的原则了。现代世界的整个思想方法是越来越强调反对社会有权决定个人适合做什么和不适合做什么，以及允许他们做什么和不允许他们做什么。如果说现代政治学和政治经济学的原则是有用的话，那就是证明这些问题只能由人们自己作出正确判断，并证明在完全自由选择的情况下，在存在着实际上资质差别的地方，多数的人将从事他们一般说来最适合做的事情，只有个别的人才会采取异常的行动。要么现代社会改良的整个趋势是错误的，要么它应当贯彻到废除一切排斥个人或使其无能力得到诚实服务机会的做法。

为了证明妇女应有选举权，甚至不必要提出这么多的论证。即使说她们应该是从属的阶级，只限于从事家务并服从家长是正确的，这和这样说是错误的一样，她们将同样需要选举权的保护，以保证不致遭到家长权力的滥用。男子和妇女一样，需要政治权利不是为了可以进行统治，而是为了不致受到暴虐的统治。男性的大多数，并且在他们的整个一生中，不外是麦田或工厂里的劳动者；但是这并不使得选举权对他们来说就不那么值得想望，或者就可以反对他们对选举权的要求，如果他们不大可能滥用选举权的话。没有人硬说妇女会滥用选举权。据说最坏的情况是，她们会作为单纯的从属者按照男性亲属的命令投票。如果事情是这样，就让它这样吧。如果她们为自己着想，那就是大好事，如果她们不为自己着想，那也无关大局。去掉人们的脚镣对他们来说就是件好事，即使他们不希望走路也罢。在涉及人类最重要的事情上，不再被法律宣布为无能力表示意见和无资格作出选择，这对妇女的道德地位就已经是一大改进了。有某些她们的男性亲属不能强要但又希望有的东西可以给予，对她们个人来说会有某种好处。丈夫必然要和他的妻子讨论这事情，而投票不是专属于他的事情而是共同关心的事情，这也会是一大好处。人们并未充分考虑到，她能够离开男子而独立地对外部世界作某种行动这一事实，如何明显地提高她在一个普通人眼里的尊严和价值，并使她成为受尊敬的对象，这种尊敬，对于完全仰赖男子维持其社会存在的一个妇女来说，不是任何个人品质曾经得到过的。投票本身也会在质的方面有所改进。男子往往不得不为他的投票找到正当的理由，以便能诱导一个比较正直和公正的人和他一起为同一主张服务。妻子的影响常使他忠于他自己的真实的意见。诚然，这种影响有时不用在公共原则方面，而会用在个人利益或家庭的世俗虚荣方面。但是，凡是妻子的影响具有这种倾向的地方，这种影响早已在那种错误方向上被发挥尽致了。确实如此，因为在当前的法律和习惯下，一般说来她对政治是完全陌生的，不认识政治包含有能让她认识到的原则即政治中有荣誉问题，多数人当自己的荣誉不被放在同一件事情上时，对别人的荣誉问题是很少有同情的，正如他们对不同宗教的人们所具有的宗教感情很少有同情一样。给妇女以投票权，她就会受到政治上荣誉问题的影响。她学会把政治看做是一件她被允许对之有意见，而且如果有意见就应当采取行动的事情。她对这事情有了一种责任感，不再像现在这样感到不管她施加多大的坏影响，只要男子能被说服，就万事大吉，他的责任掩盖一切。只有靠她自己被鼓励去形成一项意见，并对应当和良心一起战胜个人或家庭利益的诱惑的那些理由有了明智的理解，她才能不再对男子的政治良心起妨碍作用。她的间接力量只有靠把它变换成直接力量才能防止它在政治上有害。

我曾经设想选举权以个人的条件为根据，在好的事态下它会是那样的。在它以财产条件为根据的地方，如在我们国家和其他多数国家，矛盾就更为突出。当妇女能提出要求于男性选民的一切保证时，却规定独立的处境、户主和一家之长的地位、纳税以及其他等等条件，且不说基于财产的代表制原则和制度本身，以及单为排除妇女而设的格外的个人资格，这种情况已经超出通常的不合理了。如果进一步指出，在这样做了的国家里，一个妇女现在统治着，这个国家曾有过的最辉煌的统治者是个妇女，则无理性的图景，以及难以掩盖的不公平，就是完全的了。我们希望，随着将垄断和暴政的铸模结构的残余一个又一个地摧毁的工作的不断进展，这一个将不是最后一个消失的；希望边沁、塞缪尔·贝利(Samuel Bailey)先生、黑尔先生以及我们时代和我们国家的其他许多最有力量的政治思想家们(且不说其他的人)的意见，将深入那些未因自私或根深蒂固的偏见变得十分顽固的人们的心里；还希望，在另一代消逝以前，性别这种偶然事件，将和肤色这个偶然事件一样，不被认为是剥夺公民同等保护和正当权利的一项充足理由。

第九章　应有两个选举阶段吗?

在有些代议制政体,采取了用双重方法选择代议团体成员的办法,最初的选举人只选举另一些选举人,后者则选举议会议员。这个办法大概是要给民众感情的冲击设置一个小小的障碍。给予多数人以选举权,连同完全的最后权力,但迫使他们通过比较少数的代表行使这种权力,后者被认为不会像民众那样容易为民情的激发所动。由于这种选举人已经是挑选出来的一群人,可以指望在智力和品质上超过选民的一般水平,他们作出的选择较之群众自己的选举,被认为可能是更慎重和更开明的,无论如何是以较大的责任感作出的。这种通过一个中间团体把民众的选举权加以所谓过滤的方案,有着一个像煞有理的辩解;因为人们可以表面上颇有理性似的说,判断我们的邻居中谁能最可靠地受托去选择议会议员,较之判断谁本人最适合于当议会议员,所需要求的智力和教育要少得多。

然而,首先,如果说民众权力易有的危险可以在某种程度上被这种间接的安排减少的话,民众权力的好处就也会减少;而且后一效果比前一效果要肯定得多。要使制度能照所希望的进行,就必须按照设计它的精神付诸实施。选举人必须按照该理论设想的方式行使选举权,就是说,每个选举人不应问谁应该是议会议员,而仅仅问他最愿意让谁替他选择议员。显然,间接选举被认为胜过直接选举的优点,要求选举人具有这样一种心情,而且只有靠他认真地接受那样的原则才能实现,那就是,他唯一的事情是选择选举人,而不是选择议员本人。由此产生的推论就一定是,他将不把政治见解和措施或者政治人物放在心里,而是依照他自己对某个人的尊敬而给这个人以代理人的广泛权力替他行事。那么如果最初的选举人采取对他们的地位的这种看法,给他们以选举权的主要目的之一就达不到了。因为要求于他们的政治职能未能发展公共精神和政治才能,未能把公共事务变成他们感情上的关心对象和锻炼他们能力的机会。而且,这种推论包含着互相矛盾的情况;因为,如果选举人对最后结果不感到关心,又怎能或何以能指望他关心导致最后结果的过程呢?希望有个特定的人作为他在议会的代表,对一个具有中等程度的道德和知识水平的人是可以做到的,而他自然也就会希望选择一个将选举那个人的选举人。但是对于一个并不在乎谁被选上,或者感到不得不把那种考虑搁置一边的人来说,要对仅仅提名一个最有价值的人让他按照他自己的判断去选举另一个人表示任何关心,就意味着对理论上正确的事情,对为尽义务而尽义务的习惯原则,具有一种热诚,这就只有具备不如说是高度教养的人们才能做到。这样的人们,由于具有高度教养,就表明他们可以也该当被委托以更直接方式的政治权力了。在所有可能赋予社会中较贫苦成员的公共职能中,这肯定是最不适于激发他们的感情,并且是最引不起对它的任何关心的,除了有利于激发人们诚实履行一切应尽义务的善良决心以外。如果选民群众很关心政治事务,对如此有限的参加政务也予以重视的话，他们就不大可能会满足于没有广泛得多的对政治事务的参加了。

其次，即使承认一个人由于文化不高，不能对一个议会候选人的合格条件作出很好的判断，而对于他可能委托去为他选择议会议员的某个人则能充分判断其诚实和一般能力，对此我可以说，如果选举人承认对他的能力的这种评价，并真正希望他所信赖的人为他作出选择，也没有必要在宪法上作这种规定；因为，他只须在私下问问他所信赖的这个人他最好投哪个候选人的票就行了。在这情形下，两种选举方法的结果完全一致，直接选举就得到间接选举的所有优点了。如果我们假定选举人在代表的选择上宁愿自行判断，只是由于法律上不允许他采取更为直接的行动方式才让另外一个人替他选择，则两种制度就只是在做法上有所不同。但是，假如这是他的心理状态，假如他的意志不接受法律所加的限制，而希望作直接的选择的话，尽管有法律限制他仍然那么做。他只须选择一个大家所知道的和要选的候选人同党的人作为选举人，或者选择某个保证投该候选人的票的人作为选举人就行了。两阶段选举实行起来的自然结果多半就是这样，因此，除了对政治完全不关心的情况外，很难指望它不是这样。美国总统的选举实际上就是这样进行的。名义上选举是间接的：一般居民不投票选举总统，他们投票选举那些选择总统的选举人。但是选举人总是在明白约定投特定总统候选人的票的情况下被选出的；公民投选举人的票也从不因为他对那个人有何偏爱，他投的是林肯（Lincoln）候选人名单，或者布雷肯里奇[1]候选人名单的票。必须记住,选举人被选出来不是为了让他们可以寻遍全国并找到最适于当总统或议会议员的人。假如情形果真是这样,这种做法犹有可说,但实际情形并不是这样;将来也永远不会是这样,除非到了人们一般说来都同意柏拉图(Plato)的意见的时候,那就是说适于委托以权力的人是最不愿接受权力的人。选举人预定要在作为候选人出现的人当中选择一个人,而选择选举人的人们早已知道这些候选人是谁了。如果在这个国家里有某项政治活动,所有毕竟愿意投票的选民就已经作出愿意要哪个候选人的决定了;并将在投票时作那唯一的考虑。每个候选人的同党的人将准备好他们的选举人名单,这些选举人都保证投那一个人的票;而事实上要求最初选举人回答的唯一问题将是他在这些名单中支持哪一个。

两阶段选举在实际上比较可行的情况是,选举人不仅仅当作选举人被选出来,而是有其他重要职能要执行,在这种情况下,他们就不是仅仅作为投特定的票的代表而被选出来的了。这一情况可以再举另一个美国制度即美国参议院作为例子。国会的那个院,类似我们的上院,被认为不是直接代表人民,而是代表各州的,并且是各州未转让的那部分主权的监护者。由于每个州的内部主权根据平等联盟的性质是同等神圣不可侵犯的,每个州选同样数目的议员(两人)到参议院,不论是小特拉华(Delaware)还是纽约"帝国州"。这些议员不是由居民选出,而是

① 约翰·卡·布雷肯里奇(John C. Breckenridge, 1821—1875),曾任美国副总统(1857—1861),1860 年美国大选中作为民主党总统候选人和共和党候选人林肯进行竞选。——译者

由各州议会选出，[1]州议会本身则由各州人民选举产生；但是由于一个立法议会的整个通常业务——内部立法和对行政的监督——都归这些团体负责，它们就是着眼于这些目的而不是其他目的选举出来的；而在提名两个人去联邦参议院代表该州的工作中，它们多半运用自己的判断力，仅仅一般地参考公众舆论，这是一个民主制政府的一切行为中所必要的。这样进行的选举已经证明突出地成功，并且显然是美国所有的选举中最好的，参议院总是由在公共生活中已相当出名的人们当中最杰出的人组成的。因为有这样一个例子，就不能说间接的民众选举是决无好处的。在一定条件下，它是所能采用的最好的制度。但是这种条件实际上几乎是得不到的，除了在像美国那样的联邦政府，在那里选举能委托给地方团体，因为它们的其他职能扩及到了最重要的国家事务。在我国现有的或可能有的处于类似地位的唯一团体就是市政府，或为了同样的地方目的已经或可能创设的其他的委员会。然而，如果伦敦市的议会议员由市参议员和市议会选出，而马里立本自治市的议会议员公开宣布(事实上已经是)由各教区的教区委员会选出，很少有人会认为这是在我们议会结构上的一种改进。即使这些团体仅仅作为地方委员会考虑远远不像实际上那样值得非议，但是使它们适于市或教区营造司的有限和特殊职务的性质，并不保证特别适于对议会席位的候选人的相当资格作出判断。它们大概不会比居民直接投票更好地完成这一任务；而另一方面，如果在选任教

① 美国宪法的此项规定由于产生种种弊病业经 1913 年宪法修正案第十七条改为由各州人民选举产生。——译者

区委员会或市镇会人选时须考虑适合选举议会议员这一点,许多最适于那种较有限的职务的人就会不可避免地被排除在外,因为那就有必要选择那些在一般政治上其感情和选举他们的选民的感情相一致的人。市镇会的仅仅间接的政治影响,由于把市选举变成了一种政党政治,就已经导致市选举大大偏离了原来所要达到的目的。假如一个人雇用的账房先生或管家还须负责为他挑选医生,他大概就得不到比他亲自挑选医生更好的医务护理;另一方面,他在选择管家或账房先生时又会受到限制,即须挑选在不十分危及他的健康的情况下可以委托以其他职务的人。

因此,看来间接选举所能得到的好处在直接选举下都能得到;直接选举下得不到的好处同样不能在间接选举下得到;另一方面后者还有它本身特有的相当大的缺点。单就它是多此一举这一点来说就不是什么小缺点。它在作为培养公共精神和政治才能的手段方面的明显缺陷已经详细讨论过。如果它毕竟有一点有效作用的话——就是说,如果最初选举人在某种程度上让他们所提名的人选择他们的议会代表的话——选民也将无法使他的议会议员知道自己,因而议员对他的选民的责任感就会小得多。除了这一切以外,相对说来少数人最后掌握着议会议员选举,就势必为阴谋诡计以及符合选举人身份的各种形式的舞弊大开方便之门。就便于进行贿赂这一点说,目前选区普遍地降低到小小的市(镇)级。要有把握当选只要拉拢到少数的人就够了。假若有人说选举人将会对选举他们的人负责,则回答是明摆着的:选举人既无任何常任职位,在公众的眼中又无地位,他就不会因为投一张受贿的票而冒什么风险,除了不再被指定为选举人以外,而这一点他们是不会在乎的。作为主要依靠的仍然必须是对贿赂行为的惩罚，而在小的选区这种依靠的无济于事已由经验使之成为举世皆知的了。弊端的大小和给予被选出的选举人的自由裁量权适成比例。他们唯一不致利用他们的投票来谋取个人利益的场合大概就是：他们在被选出时作明确保证仅仅作为好比说把选民的投票运到议员选举场所去的代表。两阶段的选举一开始有效果，也就会开始有坏的效果。我们将看到这就是间接选举原则不管怎样适用都将发生的实际情况，除了类似美国参议员选举的情况以外。

最多能够说，在尊重舆论的某些国家里，为了给每个社会成员某种的选举权，而又不致使单纯人数上的多数在议会中占优势，这种选举办法可能是比复数投票的办法更为实际可行的权宜办法：比方说，就像在目前我们国家的选民中增加一部分由劳动阶级选出的为数虽多但是精选出来的选民的情形那样。情况可能使得这样一种方案成为暂时妥协的方便办法，但它并不足够彻底地贯彻任何原则，俾能成为任何阶级的思想家将认为可取的一项永久性安排。

第十章 关于投票方法

关于投票方法的最重要的问题就是秘密或公开的问题。我们将立即开始讨论这个问题。

把这种讨论归之于人们的躲躲闪闪或胆小怕事的心情是一大错误。秘密在许多场合下是有道理的，在有些场合下是必须的，而且，谋求不受到本可避免的邪恶的侵犯，并不是胆小。也没有理由认为，秘密投票在任何场合都不比公开投票可取。但是我们必须坚持说，在政治性质的事务上，这些场合是例外而不是常规。

如我已经有机会说到的，在许多事例中，制度的**精神**，它在公民心里造成的印象，是该制度所起作用的一个最重要部分，目前所要讲的就是这种事例之一。无记名投票制度的精神——选举人心中对它可能作的解释——是，选举权是他自己享有的权利；是为了他的特定用场和利益，而不是作为对公众的一种责任。因为如果它真是一种责任，如果公众对他的投票享有某种权利，他们岂不是就有权利知道他的投票吗？这种错误而有害的印象，可能已深深印入多数人心中，因为近年来以拥护无记名投票著称的多数人都有了这种印象。这个学说的早期鼓吹者们并不是这样理解的；但是一种学说在人心中产生的效果，不是在创造该学说的人中，而是在信奉该学说的人中显示得最为明显。布赖特先生[①]和他的民主主义学派对主张选举权是他们所称谓的一种权利而不是一种责任，感到十分关切。目前这一扎根于一般人心中的观念所造成的道德上的危害超过了无记名投票哪怕是在最高的估计上所能产生的一切好处。不管我们怎样来界说或理解这个权利观念，任何人都不能享有一种支配他人权力的权利（除了在纯粹法律的意义上），因此，他被允许拥有的任何这样的权力，在该用语的最充分的含义上，也都是在道义上的一种责任。但是行使任何政治职能，不论是作为选举人或是作为代表，都是支配他人的权力。说选举权不是责任而是权利的人们决不会接受他们的学说所导致的这种结论吧。如果它是权利，如果它是为了选民自己而属于选民的话，根据什么理由我们能责怪他将选票卖掉，或者利用它来博得他的利益所系的人的欢心呢？不指望一个人在使用他的住宅，或者他的百分之三的股票，或者他真正享有权利的任何其他东西时专去考虑公众的利益。选举权的确是他应当有的，除其他理由外，作为保护自己的一种手段，但仅仅是为了使他不受到那样的待遇，即在依靠行使选举权的范围内他同样有义务使他的同胞不受到的那种待遇。他的投票不是一件他可以任意选择的事情；他的投票和陪审员的裁决一样和他的个人愿望无关。投票严格地说是个责任问题；他有责任按照他对公共利益的最好的和出自良心的意见投票。凡是有别的想法的人都不适于有选举权；对这种人来说，选举权不是把他的思想变好而是变坏。不是启发他的高尚的爱国心和对公职的责任，

① 约翰·布赖特(John Bright，1811—1889)，英国演说家和政治家。——译者

而是煽起和滋长他为自己的利益、享乐或任性而利用公共职能的倾向;这与驱使着专制君主和压迫者的感情和意志是同样的东西(在较低的等级上)。本来,居于某种公共职位,或者负责某种社会职能的普通公民对这种职能所加给他的责任的想法,肯定和社会赋予这种职能时的想法是完全一样的。社会对他的期望构成一个标准,他可能达不到这个标准但很少会高出于这个标准。他几乎肯定会对秘密投票作这样的解释:他没有义务按照那些不被允许知道他怎样投票的人的意思投票,而是可以完全按照自己的意思投票。

这就是上述论点所以不能对俱乐部及私人团体中使用无记名投票和议会选举中采用无记名投票都一律适用的决定性原因。俱乐部的成员的确是和选举人错误地设想的那样,没有考虑他人的愿望和利益的义务。他通过投票宣布的不过是他愿意或不愿意在较密切的方式上和某个特定的人发生关系。这是一件普遍公认他有权根据自己的希望或意向加以决定的事情。而且让他能这样作出决定而不引起争吵,是对每一个人,包括他所反对的人在内,都有好处的。无记名投票在这些场合不致引起人们反对的另一个理由是,它不是必然或自然会导致说谎。有关的这些人的阶级和地位相同,由其中一人强迫另一人回答有关他投票情况的问题,将被认为是不适当的。议会选举的情形就完全不一样,而且只要产生需要无记名投票的社会关系存在,只要一个人比另一个人的地位高到足够使他认为自己有权指挥另一个人的投票,这种情形很可能将继续下去。在这种情况下,沉默或含糊其辞的回答肯定要被解释为未按照所希望的那样投票的证明。

在任何政治选举中,甚至按照普遍选举制(在有限制选举制的场合就尤其明显)，选民有绝对的道义上责任考虑公众的利益，而不是他的个人利益，根据他所能作出的最好的判断进行投票，恰如在只有他一个选举人并完全由他决定选举的情况下所要做的那样。承认这一点之后，显而易见的结果至少是，投票的义务，和任何其他的公共职务一样，必须在公众的眼皮底下履行并接受公众的批评；公众的每一个人不仅对这种义务的履行有利害关系，而且，如果没有诚实而用心周到地履行这种义务，他有正当的权利认为自己受到了损害。当然，无论是这个准则或是任何其他的政治道德准则都不是绝对不可违背的；它可以被更强有力的考虑驳倒。但是这项准则具有如此的重要性，以致凡容许偏离该准则的场合都必须被看做是显然的例外。

毫无疑问，事实上，如果我们试图按照公开的原则使选举人的投票对公众负责，他实际上将变成对某个强有力的个人负责，这个人的利益较之在秘密原则的掩护下完全解除责任时选举人自己的利益更加不符合社会的普遍利益。如果这种情况在很大程度上是一大部分选民的情况，无记名投票就可能是较小的祸害。如果选举人是奴隶，能使他们摆脱枷锁的任何事情是可以容忍的了。在少数支配多数的有害权力正在增长的时候，无记名投票最具有说服力。在罗马共和国的衰落时期，支持无记名投票的理由是不可抗拒的。少数寡头年复一年地变得越来越富、越来越暴虐，人民则变得越来越穷、越来越失去独立性，就有必要设置越来越强大的障碍以抵制把选举愈益变成肆无忌惮的重要人物手中的单纯工具的滥用。同样无可怀疑的是，就无记名投票曾经存在过的情形来说，它在雅典的政体中曾起过有益的作用。甚至在最稳定的希腊共和国里，自由可能一时被一次用不正当手段所获得的民众选举破坏掉。雅典的选民虽未沦于习惯地被强制的地步，但他可能被收买，或者受到一伙人的非法暴行的威胁，如即使在雅典的有钱有势的青年人中也并不罕见的那种人。在这些情况下，无记名投票是秩序的重要手段，并有助于雅典人借以在古代共和国中出名的那个司秩序的女神。

但是在现代欧洲比较先进的国家里，特别是在我们国家里，强制选举人的权力已经减弱和正在减弱；现在对不正当投票的担心不是来自选举人受到别人的影响，而是来自选举人（个人或作为阶级成员）自己的有害的利益和可耻的感情。为了保证选举人不受别人影响而以解除对选举人的有害利益和可耻感情的一切限制为代价，就会是因小失大，得不偿失。关于这个题目，以及一般地关于这个问题，对当前英国的适用方面，我在论议会改革的一本小册子[①]中已经表示了我的意见，其中的说法我感到不能有所改进，因此冒昧地将它抄录于下。

"在议会议员的选举中应该防止的主要弊病，即地主、雇主和主顾施加的强制，是无记名投票要加以排除的，在三十年前这样认为仍然是对的。而现在，我认为产生弊病的一个大得多的根源是选举人本身的自私自利或利己的偏心。我确信，卑鄙而有害的投票现在更常常起因于个人利益，或者是阶级利益，或者是选举人自己心中某种卑劣的感情，而不是由于害怕受他人摆布，而对于这些影响无记名投票使他能完全屈从，而没有任何羞耻或责任感。

"在不久以前的时代，上等阶级和富有阶级完全掌握着政府。

① 指1859年出版的《关于议会改革的意见》。——译者

它们的权力是这个国家的主要不平。按照雇主或地主的命令投票的习惯已经如此牢固地确立，以致除了只有在正义事业中才会有的强大的群众热情外，几乎没有什么东西能够动摇它。反对这种影响投的票，因此一般说来就是正直的、热心公益的票；但无论如何，也不论出于什么样的动机，它几乎肯定是好的投票，因为它是反对寡头政府的统治势力这一巨大祸害而投的票。假使那时选举人能在保证自己安全的情况下自由地行使他的特权，即使既不正直也不明智，也会是改革上的一大进步，因为它将打破当时的国家统治权力的羁绊，这种权力是造成并保持国家制度和行政中一切坏事的权力，也就是地主和市镇商人的权力。

"无记名投票未被采用；不过情况的发展在这方面已经并正在越来越多地做着无记名投票的工作。无论是国家的政治状态还是社会状态，由于它们影响着这个问题，已经大大地改变了，并且每日每时都在改变着。上等阶级现在已不是国家的主人。如果一个人竟以为中等阶级还像四分之一世纪以前那样对上等阶级卑躬屈节，或者劳动阶级还像以前那样依赖于上等和中等阶级，那么他一定是看不到时代的一切信号。那四分之一世纪中发生的种种事件不仅教会每个阶级了解它自己的集体力量，而且使地位较低的阶级的人处在对地位较高的人显示出远为大胆的态度的地位。在多数场合下，选举人的投票，不论是违反还是符合其上级的愿望，现在不是强制的结果(已不再有实行强制的手段了)，而是选举人自己个人的或政治上的偏爱的表现。当前选举制度的弊病本身证明了这一点。引起群情愤懑的贿赂公行，而且蔓延到原先并无此恶习的地方，证明地方势力已不复是至高无上的；证明选举人现在投票是凭自己的高兴，而不是讨好别人。诚然，在郡和小市镇里，仍然存在着大量奴役性的依赖关系；但是时代的趋势是和这相反的，而且时常发生的事件正不断地有助于减少这种关系。一个诚实的佃户现在能感到他和他的地主一样有价值，正和他的地主和他一样有价值一样；一个买卖兴隆的小商人足可以感到不依赖于任何特定主顾。每次选举中投的票越来越是选举人自己的票。现在需要解放的远远不是选举人的个人情况，而是他们的思想。他们已经不再是别人意志的消极工具——将权力转入处于支配地位的寡头政府手中的单纯工具。选举人自己正在变成寡头政府。

“选举人的投票愈是根据他自己的意志而不是根据他的主人的意志决定，他的地位就愈是和议会议员的地位相类似，因而就必须是公开的。只要社会的某一部分没有代表，宪章运动派[①]反对和有限制的选举权相联系的无记名投票的论点就是无懈可击的。目前的选举人，以及任何可能提出的改革法案所要增加的选举人中的大多数，是中产阶级，他们和地主或大工厂主一样，有着不同于工人阶级的阶级利益。假使选举权扩及到所有的技术工人，甚至这些人也仍然将具有或可能具有不同于非技术工人的阶级利益。假定选举权扩及到所有的男子——假定以前被误称为普遍选举权而现在用成年男子选举权这一可笑名称称谓的东西成为法律，选举人仍然会有不同于妇女的阶级利益。假定在议会中有特别涉及妇女的问题，如：妇女是否应被允许在大学毕业，对天天把

① 宪章运动是1836年至1848年英国工人阶级第一次独立的政治运动，以争取工人和劳动群众自身权利为目标，普及选举权是其主要纲领之一。——译者

妻子几乎打得要死的恶棍所加的温和的刑罚是否应改为某种更有效的刑罚；或者假定有人在英国议会建议实行美国各州一个接一个地不是用单纯的法律，而是用州宪法的修正条款正在制定的决定——已婚妇女应有权享有她们自己的财产。难道一个人的妻子和女儿无权知道这个人究竟是投票赞成还是投票反对支持这些建议的候选人吗？

“当然有人会反对说，这些论点所具有的力量来自选举权的不公平状态这种假设；还说，如果非选举人的意见可能使选举人的投票比随他自己去投票更公正、更有益，这些非选举人就比他更适于当选举人；凡是适于影响选举人的人就是适于当选举人的人；选举人应当对其负责的那些人，他们本人应该是选举人；以及作为选举人就应该受到无记名投票的保护以免受到他们不应当对之负责的强有力的个人或阶级的不当影响。

“这一论点好像是有道理的，我还曾一度认为它是无争论余地的。但现在我看来它是错误的。凡适于影响选举人的人并不因此他们自己就适于当选举人。后一种权力比之前一种要大得多，而那些还不能可靠地委托以高级政治职能的人们，对低级政治职能也许是胜任的。最穷苦和最粗野的劳动阶级的意见和愿望，作为对选举人以及议会意见的一种影响来说，可能是很有益的；但是在他们目前的道德和智识状态下，让他们充分行使选举权，从而给他们以压倒一切的影响，就可能是极端有害的。恰恰是没有选举权的人对有选举权的人的这种间接的影响，通过逐渐的发展，使得向每一次新的扩大选举权的过渡变得比较容易，并且，当时机成熟时，成为和平地实现这种扩大的手段。但是存在着在政治思辨中决不能不考虑到的另外一种而且是更深入一层的考虑。下述想法本身是没有根据的：除非公众有能力作出正确的判断，开诚布公和对公众的责任感都是没有用的。认为公众舆论只有当它能强求一致时才是有效的，这是对公众舆论的效用的极肤浅的看法。必须当着别人的面为自己作辩护，这对那些行动违反别人意见的人来说是再重要不过的，因为这使他们必须具有他们自己的可靠理由。任何事情都不像顶着压力做事具有那样坚定的力量。要不是在一时的感情冲动的情况下，任何人将不做他估计会受到很大非难的事情，除非是出于他事先考虑好的和确定不变的目的；这种目的经常是一种不轻率的、深思熟虑性格的证明，并且，除了在极坏的人的情况外，一般地产生于真诚的和强烈的个人信念。甚至单单是必须对他们的行为作出说明这一事实，就是遵从至少能提出某种适当理由的行为的强有力的诱因。如果有人认为单纯保持适当的责任对权力的滥用不是多大的限制，他是根本没有注意过那些不感到有必要遵守那种限制的人的行为。甚至当公开性只不过是防止不可能作出似乎有理的辩护的事情，即只不过是使人不得不考虑，使每个人在他行动之前不得不决定如被要求说明其行为他将说些什么时，公开性是不值得重视的。

“但是，也许有人会说，如果不是现在，至少在将来，当所有的人都适于有投票权，并且当所有的男子和妇女由于他们（或她们）适合于有投票权而被允许投票的时候，那时就不再存在阶级立法的危险了；那时选民是全民族，也就不会有不同于普遍利益的任何利益了；因为即使个人仍然按照个人的或阶级的动机投票，大多数人将没有这种动机；并且由于那时不存在他们必须对之负责的非选民，无记名投票排除的只是不正当的影响，其效果将是完全有益的。

“甚至在这一点上我也不同意。我不能认为,即使人民已适于并得到普遍选举权,无记名投票就会是值得想望的。首先,因为在这种情况下它不能被认为是需要的。我们试想一想这种假设所包含的事态吧:人民普遍受到教育,每个成年人都有投票权。如果,甚至当只有一小部分是选民,居民的大多数几乎是未受教育的时候,公众舆论像每个人现在所看到的那样,就已经是作为最后手段的统治力量,假定在一个所有的人都能阅读并都有投票权的社会,地主和有钱的人能违反人们毕竟难以抛弃的倾向行使权力,真是奇谈怪论了。但是尽管这样一来不需要秘密性作保护,但公开性则仍旧是需要的。如果说,作为社会的一员,并且不处在与一般公众利益显然相反地位这一单纯事实,就足以保证在没有来自公众舆论的鼓励或限制的情况下履行公共职务,则我们对人类的普遍观察就一直是极为谬误的了。即使一个人可能没有私人利益把他引向相反的方向,他在公共利益中的特定的一份通常是不足以使他在没有其他外部诱因的情况下履行他对公众的义务的。同样不能承认,即使所有的人都有选举权,他们在秘密的情况下会和在公开的情况下一样公正地投票。当选民组成社会全体时他们在选举中就不会有和社会的利益相反的利益这种说法,经过考察是听起来响亮其实是无甚意义的。尽管社会作为一个整体不能有(如该语所暗含的)社会的集体利益以外的利益,但社会中的任何一个人或每一个人则可以有其他的利益。一个人的利益由他对之有兴趣的一切事物构成。每一个人有许多不同的兴趣,正如他有许多不同的感情一样;有各种的爱好或厌恶,不论是出自私心的还是比较不坏的。不能说任何一种兴趣单独构成‘他的利益’;他是一个好人还是一个坏人是按照他选择这一类兴趣还是那一类兴趣决定的。在家里是暴君的人往往同情暴政(当不是对他本人实行的时候),因此他几乎肯定不会同情反抗暴政。一个嫉妒的人将投票反对阿里斯蒂德斯[①],因为他被称为正直的人。一个自私的人情愿要甚至是微小的个人利益,而不要他的国家会从好的法律得来的他那一份好处;因为他本人特有的利益是他的思想习惯使他念念不忘也最能作出估价的利益。很多的选民有两套选择,其一是根据个人理由的选择,另一是根据公共理由的选择。只有后者是选民愿意直认不讳的。人们急于想显示的是他们性格的最好的方面,哪怕是对不比他们自己更好的人显示也好。人们在秘密的情况下将比在公开的情况下更容易由于贪欲、恶意、怄气、个人的对抗,甚至由于阶级或党派的利益或偏见,作不公正的或不正当的投票。存在这样的情况——这种情况可能变得更为常见——就是:对坏人的多数所能有的几乎唯一的限制是他们对正直的少数的意见的不自觉的尊重。在像拒付债务的美国一些州的情形,在正视正直人所感到的羞耻中难道不存在对蛮横无理的选民的某种节制吗?由于所有这一切好处都将被无记名投票葬送,所以即使在对它最有利的情况下,也需要有比现在所能提出的强有力得多的事例(而这种事例正不断变得愈加软弱无力)来使无记名投票的采用成为值得想望的。”[②]

① 阿里斯蒂德斯(Aristides,公元前530?—前468?),被称为“正直的人”,古雅典的政治家和将军。——译者

② 《关于议会改革的意见》,第二版,第三十二页至三十六页。

关于和投票方法有关的其他可讨论之点，不须多费笔墨。按照黑尔先生所创的个人代表制，必须使用选举纸。但是在我看来要紧的是，选举人应在公共投票处，或者，如近处无这种方便场所，则在某个任何人均可进出的办公署，并在一个负责公务员在场的情况下在选举纸上签名。有人提出允许选举纸在选举人自己的住所填写，并由邮寄送，或由公务员收取的建议，我不能不认为是致命的。这样，一切将在缺乏有益影响并面对一切有害影响的情况下进行。行贿者可以在秘密性的掩盖下亲眼看到他的交易得手，威胁者能够看到强迫下的服从当场变成无法改变；而另一方面，熟悉选举人的真实感情的人们的在场所能产生的有益的反影响，以及他的同党人或舆论的同情所具有的鼓舞作用，就都被拒之门外了。[①]

① “这一权宜办法之被推荐出来，既是为了节省费用，又是为了得到许多否则就不会投票的选举人的票，而这些人是该方案的拥护者们所认为特别值得想望的一类选民。这个方案实施于济贫法监护人的选举，在这情况下取得的成功被用来支持在更重要的议会议员的选举中采用它。但是在我看来这两种情况在作为该权宜办法的好处所依据的要点上是不相同的。在为了特种行政事务的地方选举中，这种行政事务主要就是分配公共基金，目的之一就是防止人选完全落入对它表示积极关心的那些人手中；因为和这种选举有关的公共利益种类有限，而且在多数情形下为数也不很多，往往只有希望为他们自己的私人利益而活动的人才愿意忙于这种事情；也许他人的干涉对他们说来越少麻烦越好，只要达到排除这些私人利益的目的就好了。但是当目前的问题是一国政府的大事的时候，凡是关心自己以外的事情的人，或甚至有理智地关心自己事情的人，都一定会对之感兴趣的，这时的目的毋宁是防止对这问题漠不关心的人投票，而不是用唤醒他们沉睡的思想以外的方法诱使他们投票。对选举关心的程度还不够使他去投票处的选民，就正是那种如果能在省掉那小小的麻烦的情况下投票，就会把选票给与最先问他要选票的人，或者因最微不足道的诱因而给与他的选票的人。对投票与否不关心的人大概不会很关心用什么方法投票的；处在这种心理状态的人根本没有投票的道德权利；因为，如果他投票，这张并不表达信念的选票，却在决定选举结果方面，和代表着一个人的思想和目的的选票一样算数，一样起作用。”——《关于议会改革的意见》，第二版，第三十九页。

应多设投票处，以便每个选民就近投票；不容许在任何借口下向候选人索取交通费。体弱有病的，经医生证明，应有权要求适当的车费，由国家或地方负担。议会议员竞选场、投票处书记，以及所有必要的选举机构，均应由公费开支。不仅不应要求，而且不能允许候选人负担除有限的少数选举费用以外的任何费用。黑尔先生认为合意的做法是要求每一个把自己的名字放上候选人名单的人交纳五十镑金额，以防无成功希望、也并非真正有意要取得成功的人成为恶作剧的候选人或仅仅是爱好出名，从而或许夺去比较严肃认真的志愿者的当选所需要的少数选票。有一项费用是候选人或其支持者不能不负担的，也是难以期望公众会为想提出要求的人支付的，就是用广告、招贴和传单让选民知悉候选人的主张所需费用。为了所有这类必要的费用，黑尔先生所提议的五十镑，如果允许为这些目的开支的话（必要时可定为一百镑），应当是足够的。如果候选人的同情者想为委员会和游说花钱，无法加以阻止；但是从候选人自己口袋里拿出这种费用，或者超出五十镑（或一百镑）押金的任何费用，都是非法的并应该处罚的。如果出现舆论不允许虚报费用的情况，每个议员在就职时就须宣誓保证他没有也不会为了他的选举的目的直接间接花费超过五十镑钱或相当的价值；如果所言证明是虚妄的或者保证已被违反，他就要受到伪证罪的处罚。很可能，由于这些惩罚表明议会是认真的，它们将使舆论转向同一方向，使它不致像迄今那样把这一最严重的反社会罪行看做一种轻罪。一旦产生这种效果时，宣誓将毫无疑问地被认为是有拘束力的。[①]"只有当舆论已经容忍被否认的事情时，它才容忍作虚伪的否认的人。"这就是臭名远扬的有关选举舞弊的情况。在政界人士当中，还没有作出过任何真正的和认真的防止行贿的努力，因为一直还没有希望选举不花费太大的真诚愿望。选举花费大对花得起这费用的人们是有好处的，可以排除为数众多的竞争者；任何事情，不管是怎样有害，只要把进入议会局限于有钱的人，就被当作有保守倾向而受到珍视。这是我们两党的立法者们的一种根深蒂固的感情，并且几乎是我认为他们真正蓄意不良的唯一之点。他们相对说来很少关心谁投票，只要他们感到有把握惟有

① 1860年实施贪污行为防止法时出席下院委员会作证的人中的若干人，有些是对选举事项具有很多实际经验的，他们赞同(绝对地或者作为最后的手段)要求议会议员宣誓的原则；并且认为如设有处罚规定，它将在很大程度上是有效的。(《证据》，第四十六页，第五十四页至五十七页，第六十七页，第一百二十三页，第一百九十八页至二百零二页，第二百零八页。)韦克菲尔德调查(Wakefield Inquiry)的主任委员说(肯定是就另一建议说的)，"如果他们知道议会在这问题上是认真的，这办法就会有效。……我敢肯定说，假如某种个人污名适用贿赂的定罪，公众舆论的趋向就会改变"(第二十六和第三十二页)。上述委员会(也是现内阁)的一个卓越成员似乎认为，对不同于肯定誓言的单纯保证誓言附加伪证罪的惩罚是很不应该的；但是他不要忘记，证人在法庭上作的誓言就是保证誓言；而且提出的反驳(说证人的保证涉及立即要做的行为，而议员的保证则是对将来的)不过是这样一种意思：宣誓者可能忘记他曾承诺的义务，或者可能在不知不觉之间违反了这种义务。但在现在这种场合，意外的事是完全不可能的。

更为实质性的困难是，选举费用最常采取的形式之一是对地方慈善事业或其他地方事业的捐款；而规定议员不得在选出他的地区内提供慈善款项将是一种强有力的措施。如果这种捐款是诚实的，从此产生的声望是巨额财富几乎一定会得到的一种好处。但是最大的害处则在于，这样捐赠的款项事实上是在保持该议员的利益的美名下用于贿赂。为防止这一点，议员应作出这样的保证誓言：他在当地，或为了和当地或当地居民有关的目的所花的全部金额(或许除他自己的旅馆费用以外)，应经过选举审计员之手，并由他(而不是由议员本人或他的支持者)用于公然宣布的目的。

使一切合法的选举费用由地方而不是由候选人负担的原则，得到两位最好的证人的支持(第二十页，第六十五页至七十页，第二百七十七页)。

他们自己阶级的人能得到选票。他们知道,他们能依靠他们阶级的人相互的同情,而正叩着这个阶级之门的新富们的卑躬屈节则更是一种有把握的依靠。他们还知道,只要能阻止民主主义者们被选入议会,就不需要害怕在最民主的选举制下有什么和富有阶级的利益或感情极相敌对的事情。但是,即使从他们自己的观点看,这种以恶制恶而不是相与为善是一种恶劣的做法。目标应该是,在将会导致他们撇开阶级偏爱的条件下,把两个阶级的最好的议员集合在一起,共同遵循共同的利益所探索出来的道路;而不是允许多数的阶级感情,在必须通过受少数的阶级感情影响的人去行动这种限制下,在选民中尽情发挥。

政治制度在道德上最为有害——通过它们的精神产生最大害恶——的方式,是把政治职能看做一种恩赐,受委托人必须作为自己所想望的东西去寻求这种职能,甚至为之付出代价,好像它是有利于他的金钱利益的东西。人们不喜欢为了许可他去做劳累的工作而花大笔钱。柏拉图对好政府的条件有个颇为正确的看法,他说,应该赋予政治权力的人是那些自己最不喜欢政治权力的人,还说,可据以劝使最适当的人承担起治理国家的劳累的唯一动机是害怕由更坏的人治理国家。当一个选民看到三四个先生们以前从未对无私的慈善事业慷慨解囊,现在却争着花钱以便能在他们的名字后面写上议会议员,这个选民将作何想法呢?他可能设想他们是为了他的利益而蒙受如许牺牲吗?如果他对他们的作用作出颇不恭维的评价,他又可能感到他自己有什么道德责任呢?政客们爱把认为选举团体永远是不腐化的这一看法当作是热心家的梦想,在政客们自己愿意变成不腐化以前,情况的确是这样。因为选民的道德风格肯定将受候选人的影响。只要被选议员在任何形式或任何方式上为他的席位付钱,一切努力都将无法使选举事务不变成彻头彻尾利己的交易。"只要候选人自己,以及世人的习俗,不把议会议员的职能看成一种应尽的责任,而看成一种应谋求的个人利益,则任何努力都将无助于在一个普通选民中树立这样一种感觉,那就是:选举议会议员也是一种责任问题,他除了考虑候选人是否适当以外不能根据任何其他的考虑自由地投票。"

在被选人这方面既不应要求也不应容许有为选举目的作任何金钱支付的同一原则,产生另一个表面上相反但实际上指向同一目标的结论。它否定了常常被建议作为使议会能为各阶级和各种不同情况的人们所接近的手段——议会议员的报酬。如果,像在我们有些殖民地那样,几乎没有任何适当的人能有力量从事无报酬的职业,那么报酬就应该是对时间或金钱损失的一种补偿,而不是薪金。以为薪金会提供较大范围的选择,是一种错觉。人们能想到的给予这职位的任何报酬,都不会吸引那些抱着成功的希望认真从事于其他赚钱职业的人。因此,议会议员的职务本质上将成为一种职业,和其他职业一样,从事它的人主要着眼于金钱上的获利,而且受到一种本质上不稳定的职业的令人沮丧的影响。它将成为低等阶级的冒险家们所想望的目标;六百五十八人占有着议会席位,另外十倍或二十倍的人在期待着这种席位,依靠着对选民作一切许诺,诚实的或不诚实的,可能的或不可能的,并彼此争着煽动最下流的那部分群众的最卑劣的感情和最无知的偏见,就会不断地喊出高价来吸引或保住选民的选票。阿里斯托芬尼[①]所描写的克里昂和腊肠卖者之间的拍卖是经常会发生的情况的一幅蛮好的讽刺漫画。这样一个制度将是适用于人性的最坏部分的永恒腐蚀剂。它等于为他的同胞中一群最善于溜须拍马的人，最巧妙的骗子手，提供六百五十八个奖金。在任何专制政府下不曾有过这样一种生产大量邪恶谄媚的有组织的耕作方法。[②] 当一个完全缺乏不论来自资产或来自职业的独立收入的人由于具有杰出的条件（这种情况随时都可以碰巧会有的），应该被选进议会以便提供其他能进议会的人所不能提供的服务的时候，存在有公众捐款的办法；当他在议会时可以像安德鲁·马维尔[③]那样，得到他的选民捐款的支持。这种方式是不该反对的，因为决不会给单纯的阿谀奉承以这种荣誉。人们并不那么关心这个和那个谄媚者之间的区别，因此不会操心到他的生活费用，以便得到这个人的奉承。上述的支持只是在考虑到突出的和感人的个人品质时才给予的，这种品质尽管不是绝对适合做全国代表的证明，但却是这种情况的假定，至少是具有独立见解和意志的保证。

---

① 阿里斯托芬尼（Aristophanes，公元前 448？一前 380？），希腊喜剧诗人。——译者

② “如洛里默（Lorimer）先生所指出，给最低等阶级的人从事公务设置金钱的诱惑，蛊惑家就正式开业了。最值得反对的莫过于把极力主张走向自然恶化的政府形式变成许多积极活动的人们的私人利益这件事了。从不管是群众或是个人所表明的情况看，单凭他们自己的弱点，就只能模糊认识到这些弱点被一千个溜须拍马的人利用时会成为怎样的情况。假如取得六百五十八个有确定报酬（尽管是中等报酬）的位置要靠说服群众拥护无知和有知一样好，甚至更好的话，他们很可能相信并照之行事的。”（《弗雷泽杂志》1859 年 4 月号中的论文，标题为“近时有关改革的作家”。）

③ 安德鲁·马维尔（Andrew Marvel，1621—1678），英国诗人和讽刺作家。——译者

第十一章　议会的期限

议会议员应在多长任期以后改选呢？这里涉及的原则是颇为明显的，困难在于原则的实际运用。一方面，议员不应有太长的任期致使他忘记他的责任，对他的职务漫不经心，执行起职务来完全为他个人的利益，或者忽视同他的选民进行自由而公开的商谈，这种商谈，不问他是否同意他们的意见，是代议制政府的好处之一。另一方面，他应期待有一个足使人们能根据他的行动过程而不是根据他的单个行为对他作出判断的任期。重要的是，他应该有和自由政府不可缺少的群众监督不相矛盾的最大幅度的个人见解和自由裁量。为此目的，这种监督的行使，像这种监督行使得最好的任何情形那样，就有必要给他以充分的时间以便显示他所具有的全部品质，并证明除了作为单纯顺从的投票者和选民意见的拥护者以外还有某种其他方法他能使自己在选民眼中成为值得想望和可以信任的代表。

要根据某个普遍法则来确定这些原则的界限是不可能的。凡是政体中的民主力量薄弱或过于消极需要加以激励的地方，凡是代表在离开他的选民后立即进入朝廷或贵族的环境，这种环境的影响全倾向于使他偏离人民的方向，冲淡他原有的民主感情，并使他忘记曾经选举他的人们的愿望并对他们的利益变得冷漠的地方——经常由选民负起责任更新对他的委托，对把他的气质和品格保持在正确标准上就是完全必要的。在这种情形下，甚至三年的期间也几乎是太长了；而任何更长的期间是绝对不能允许的。反之，凡是民主力量占优势并有增长趋势，要求对它的运用加以缓和而不是加以鼓励以致达到不正常的活跃状态的地方，凡是无限制的公开性以及日常的报刊保证代表的每一个行动都将立即被他的选民所知悉、讨论和判断，并且在他们的评价中他的地位始终不是提高就是降低，同时通过同样的方法民情的力量，以及所有其他民主势力，都经常在他心中起作用的地方——少于五年的期间就不足以防止胆小怕事的唯唯诺诺。英国政治中发生的有关这一切特征的变化说明，为什么四十年前居于先进改革家纲领中的显要地位的一年一度的议会，现在很少人关心也很少人谈到。值得考虑的是，不管任期长短，在任期的最后一年，议员所处的地位和在年度议会的情况相同，因此如果任期过短，在大部分时间里实际上就是年度议会。按照现在的情况，七年的期限尽管是不必要地长，也不值得为可能产生的什么好处而加以改变；特别是因为随时可能提前解散议会，这就把博得选民的好评这种动机经常保持在议员的心中。

不管就委托的存续说来多长的任期最合适，各个议员在从他选举之日起的任期届满后应空出他的席位，以及不应有整个下院的普遍更新，似乎是很自然的。假如有任何实际的目的需要推荐这项制度，要说的话可能是很多的。但是它遭到非难的理由比支持它的理由更有力得多。其一是，将没有办法迅速摆脱奉行着不得人心的方针的多数。在有限的，往往也是接近届满的，期限以后举行普选，以及随时可能因为阁员为了他自己而希望举行普选或者以为普选会使他在全国出名而举行普选，都趋向于防止议会和选民之间在感情上的重大分歧。如果下院的多数总是还有几年任期的话——如果下院的多数一点一点地接受新的补充的话，新补充进去的人可能取得其余多数的人的特质而不是改变他们的特质，这时上述分歧就可能无限期地继续下去。下院的一般意见必须大致和国民的舆论一致，这和杰出人物必须能自由表达其最不受欢迎的意见而不致失去席位，是同样根本必要的。还有另外一个反对逐步和部分更新代表制议会的颇为重要的理由。对相反对的力量有一个定期的普遍检阅是有益的，以便探测国民精神的状况，并无可争议地确定不同政党和见解的相对力量。任何部分的更新都无法确实做到这一点，即使在像某些法国宪法那样，一大部分议员，五分之一或三分之一议员同时出缺的情况下也是如此。

关于允许行政有解散议会权的理由，将在后面涉及代议制政府中行政的组织和职权的一章中予以考虑。

第十二章　应当要求议会议员作出保证吗?

议会议员应该受选民对他的指示约束吗?他应该是表达选民意见的机关呢,还是表达他自己意见的机关呢?应该是选民派往议会的使节呢,还是他们的专职代表,即不仅有权代替他们行动,而且有权代他们判断该做的事情呢?有关代议制政府中立法者职责的这两种学说都各有其支持者,而且每一种学说都是某些代议制政府所承认的学说。在荷兰联邦,国会议员是单纯的代表;这学说被贯彻到这样的程度,即当选民训谕中所未规定的重要问题产生时,他们必须把它交回到他们的选民,恰和外交使节对派遣他的政府所做的一样。在我国和具有代议政体的其他多数国家,法律和习惯承认议会议员可以按照他认为正当的意见投票,不管他的意见和选民的意见有何不同。但是存在着一种不十分确定的相反的看法,这种看法对许多人,甚至议会议员,有相当大的实际作用,往往使他们感到——这和他们希望出名或者关心再次当选无关——在良心上有义务在选民具有确定意见的问题上使自己的行为表达选民的意见而不是表达他们自己的意见。抽象地从实定法和任何特定民族的历史传统来看,关于代表职责的这些看法究竟哪一个是对的呢?

不同于我们迄今所讨论的问题，这不是个宪法上的立法问题，而是可以更恰当地称之为宪法上的道德问题——代议制政府的伦理学问题。它和制度的关系不大，而是和选民在完成任务上所应当带有的精神气质有关，就选民的道德义务来说和应占主要地位的想法有关，因为，不管代表制是什么，只要选民愿意，就可以把它转变为单纯的代表团。只要选民有不投票和随意投票的自由，就不能防止他们的投票不建立在他们认为适于附加的某种条件之上。他们通过拒绝选举那些不保证遵从他们的意见，或甚至在表决未预见到的任何重要问题以前不同他们商量的人，就能把他们的代表降为单纯的传声筒，或者当他不愿以那种资格行动时在道义上不得不放弃他的议员席位。既然他们有权这样做，宪法的学说就应当假定他们想这样做；因为立宪政府的原则本身就假定保有政治权力的人将滥用权力来促进他自己的特定目的。不是因为事情总是这样，而是因为这就是事物的自然倾向，防止这种倾向是自由制度的特殊效用。因此，不管我们可能认为选民将他们的议员变为代表是怎样错误，或怎样愚蠢，选举特权的这种滥用既然是自然的而不是不会发生的，就应该按照好像它肯定会发生那样采取预防措施。我们可以希望选民不这样行使选举权；但是代议制政府必须组织得即使他们那样做，也不让他们做出任何团体都不应当做的事情——为他们自己利益的阶级立法。

如果有人说这个问题只是一个政治道德问题，那也并不减少它的重要性。有关宪政道德的问题，其实际重要性并不亚于有关宪法本身的问题。某些政府的存在本身，以及使其他政府能持久存在的一切，都有赖于对宪政道德原则的实际遵守。某些当局所信守的传统观念，限制着它们行使其权力。在不平衡的政府——纯粹君主制、纯粹贵族制、纯粹民主制——这样一些准则是防止政府在其特有的倾向方面趋于极端的唯一障碍。在不完全平衡的政府，虽在对最强大力量的冲动设置宪法上的界限方面作了某些努力，但这种力量强大到至少能暂时不受惩罚地越过这种界限，只有靠得到舆论公认和支持的宪政道德的原则，才多少保持住对宪法中设立的制约和限制的尊重。在保持平衡的政府中，最高权力是分散的，每个掌握权力的部门在唯一可能的方式上——即用其他权力部门能用于攻击的同样强大的武器武装起来进行防御——不被其他权力部门篡夺权力。这样的政府只有在所有各方除了受到他方同样极端行为的挑衅外都自行克制不行使极端的权力，才能继续维持下去；在这种情形下，我们可以说，只有靠对宪政道德原则的尊重，宪法才真正能保持其存在。保证的问题不是和代议制政府的存在有重大关系的一件事情，但对代议制政府的有益作用说来是颇为重要的。法律不能为选民规定他们应根据什么原则来进行选择；但是选民认为他们应当根据什么原则来指导他们的选择，则在实际上是有很大不同的。整个重大问题归结到一点，就是：他们是否应该把议员遵守选民为他规定的某些意见作为一项条件。

本文的读者一定很清楚，在这件事情上，本文所表明的一般原则将导致什么样的结论。我们从一开始就确认，并且一直记住政府的两大条件的同等重要性，就是：对于人们即政治权力应当并经常声言为其利益服务的人们的责任，并与此相关联，为了履行政府职能在最大程度上获得高超智力的好处，必须经过长期的深思熟虑和对该特殊业务的实际锻炼的训练。如果这第二个目的是值得达到的，它就值得付出必要的代价。高超的智力和深邃的研究如果不是有时引导一个人达到不同于缺乏研究的普通智力所作出的结论，它们就无用处了；如果目的是要选出在任何智识方面高于普通选民的代表，就应期待代表有时在意见上和选民的多数有所不同，而且他的意见往往是正确的。由此可以得出这样的结论：如果选民坚持以绝对符合他们的意见作为代表保持其席位的条件，他们这样做是不明智的。

讲到这里为止，这个原则是明显的；但是在原则的适用上则存在有真正的困难。我们将开始来叙述这种困难的充分含义。如果选民应当选择比他们自己更有教养的人充当代表这一点是重要的话，这个较有智慧的人应当对选民负责就是同样必要的了。换句话说，选民是对他履行委托的方式的裁判者。然而除了按照他们自己意见这个标准外，他们又应该怎样裁判呢？除了按照这同一标准外他们应该怎样甚至在最初选择他呢？按照单纯的才气——炫耀才能的本领去选择是不行的。普通人所能据以预先判断一个人的单纯能力的那些检验标准是极不完全的。这种检验标准几乎只是有关表达的艺术，而很少是或完全不是有关所表达的事物的价值。不能从前者推论出后者；如果选民须把他们自己的意见搁在一边，那他们还有什么可用以判断治国能力的标准呢？即使他们能有把握确定最有能力的人，他们也不应当让他代替他们作判断而完全不考虑他们自己的意见。最有能力的候选人也许是一个保守党员，而选民是自由党员；或者候选人是个自由党员而他们也许是保守党员。当前的政治问题也许是个教会问题，候选人也许是个高教会派或信奉唯理派教义的人,而他们也许是不信奉国教的或低教会派;反过来也是一样。在这些情况下,他的能力也许只不过是使他能在他们真心相信是错误的道路上走得更远或行动得更有效。选民由于自己的真诚信念也许不得不认为更重要的是使他们的代表在这些点上遵守他们认为是责任所在的事情,而不是应当由一个高于一般能力的人作代表。他们还可能不仅必须考虑到怎样才能由最有能力的人作代表,而且须考虑到怎样才能在议会中有人代表他们的特定的道德立场和内心信仰。每一种为多数人所共有的思想方法都应当在议会中得到反映。既然假定宪法对其他的和互相冲突的思想方法应同样有人代表作了相应的规定,那么为他们自己的思想方法取得适当的代表就可能是选民在特定场合必须留意的最重要的事情了。在有些情况下,代表束缚住自己的手脚,以便能忠实于选民的利益,或者不如说忠实于选民所认为的公共利益,可能也是必要的。在保证选民能随意选择诚实而公正的候选人的政治制度下,这会是不必要的;但是在现行制度下,由于选举费用和社会的一般情况,选民几乎总是不得不从地位和他们极不相同,阶级利益也不相同的人们中选择他们的代表,在这种情形下,谁敢肯定说他们应当听任代表去自由决断呢?我们怎能责怪一个只能在两三个富人中选择一个代表的贫苦阶级的选民要求他所投票赞成的代表对他认为是试图摆脱了富人的阶级利益的那些措施提供保证呢?而且经常发生的情况是,选举团体的某些成员不得不接受他们自己一方的多数所选择的代表。尽管他们自己选择的候选人没有被选上的可能,但他们的选票也许对多数为他们选择的那个候选人的成功是必要的;因而他们对那个候选人今后的行为发挥他们的一份影响的唯一办法，也许就是要他保证遵守某些条件才给他以支持。

以上两方面的考虑是彼此紧密地交织在一起的。选民应该选择比他们自己更有智慧的人作他们的代表，并且应该同意按照那个较高智慧来统治自己，这是很重要的；而另一方面，在他们对谁具有这种智慧，以及对假定具有这种智慧的人用他的行为证实这种假定到如何程度作出判断时，又不可能不多半要考虑到和他们自己的意见（当他们有意见时）是否一致。为选民规定任何绝对的义务规则看来是很不实际的；结果将是根据有关尊重智力上的优越性这一重要条件方面的选民团体的一般思想状态来决定，而不是根据任何严格规定或权威性的政治道德原则来决定。对卓越智慧的价值感觉敏锐的人们和民族，只要这种智慧存在，就可能认出来，不是根据和他们想的完全一样，而是根据其他的迹象，即使在意见上有很大不同也在所不计。而且当他们认出它时，他们将不惜任何代价地极希望得到它，因而不会动辄把他们自己的意见当作一项法律强加给他们尊之为比他们更有智慧的人们。但另一方面，存在着一种不尊敬任何人的品性；有这种品性的人认为任何人的意见也不会比他自己的好多少，或者和像他自己那样的一百个或一千个人的意见差不多一样好。当一个地方的选民具有这种性格时，他们将不选择任何不是或至少不表白是和他们自己的思想感情一模一样的人，并且只有当他在行动中反映那些思想感情时才继续选他。这样一来，一切企求政治荣誉的人，如柏拉图在《高尔吉亚》中所说的，将努力按照民众的样式去做，越像越好。不能否认，完全的民主政治倾向于把选民的思想感情塑造成这种样子。

民主政治对尊敬的精神是不利的。它打破对单纯社会地位的尊敬应该算是它的影响的好的方面而不是坏的方面;虽则这样一来它关闭了社会中培养尊敬精神的主要学校(仅就人类关系而言)。此外,民主政治在其本质上极力坚持的是一切人有权被看做是平等的那些事情,而不是一个人有权得到比别人更多考虑的那些事情,甚至对个人优越性的尊重也似乎是不够标准的。正是由于这个缘故,除其他理由外,我认为国家的制度把受过较多教育的人们的意见看做比受教育较少的人们的意见有较大的分量就是很重要的。因而我将仍然坚决主张给予经过鉴定证明的较高程度的教育以复数选票,即使只是为把这种论调提交公众舆情,而不问有无任何直接的政治后果也罢。

当选举团体确实恰当地意识到人和人之间在价值上存在着极大差别的时候,他们将会从种种迹象判别出对他们的目的说来具有最大价值的人们。实际的公共服务自然是主要迹象:担任重要职位,并在任职中做了重要工作,这些工作的结果证明了这种智慧;创议了一些方案,从其效果来看是经过明智的拟定的;作了一些预言经后来的事件证明往往是正确的,很少或从未证明是不正确的;提出过意见,采纳以后产生好的结果,不采纳就产生了坏的结果。在这些智慧的迹象中无疑存在很大部分的不确定性;但是我们寻求的是可由具有通常辨别力的人运用的迹象。他们将最好不过分依靠任何一种迹象,除非经其他迹象所证实;并且在他们估价任何实际努力的成功或优点时会重视熟悉问题的公正人士的一般意见。我所说的这些检验方法只适用于经过考验的人,其中包括虽未经实际考验但在理论上受过考验的人,他们在公开演说或出版物中讨论过公共事务，证明他们对公共事务作过认真的研究。这些人，以其单纯政治思想家的地位，可能显示出相当有资格得到和在实际政治家的地位上受过考验的人同样的信任。当有必要挑选完全未经考验的人时，最好的标准是他在知道他的人们当中以其才能闻名，以及已经受到尊敬的人们对他的信任和推荐。靠着这样一些检验标准，足够重视并热心寻求智识能力的选民，一般地是能得到超出常人水平的人的，他往往能得到信任并按照他自己的不受拘束的判断以进行公共事务；对他来说，要求他按照在知识上不如他的人的命令放弃他自己的判断，将会是一种侮辱。如果真正找不到这样的人，那么选民的确有理由采取其他预防办法；因为不能指望他们把自己的特定意见放在一边，除非为了让比他们有更多知识的人可以为他们服务。的确，甚至在那时他们最好记住，当代表一旦被选出后，如果他是献身于他的职务的，就应有更多机会纠正原来的错误判断，而不由他的多数选民事先决定他应该怎么做。这种考虑一般说来当能使选民不致要求代表作出不改变他的意见，或者如果改变就辞职的保证（除非是这种情况，即选民由于必要而不得不选择一个他们并不充分信任其公正无私的人）。但是当一个不出名的人在未经某个大权威的明确保证的情况下第一次被选出当代表时，就不能指望选民不把和他自己的意见一致作为首要的条件。只要他不把后来用坦率说明的理由改变那些经诚实声明过的意见看做是一种断然撤回信任的理由就够了。

甚至在假定代表具有久经考验的才能和公认的卓越品质时也不应把选民的个人意见完全撇开不管。尊重智力上的优越不须达到自我否定即否认任何个人意见的程度。但是当分歧不是涉及政治原则的时候，不论选民在他自己的意见上是怎样坚定，他应当考虑到一个有能力的人和他意见不同，至少有很大可能他自己是错了，即使不然，为了得到有能力的人在他自己不适于作判断的许多事情上为他服务这种不可估量的好处，也值得在非绝对根本性问题上放弃他自己的意见。在这种情况下，他常常用来调和这两种愿望的办法是，劝使有能力的人在分歧之点上牺牲他自己意见。但是，对有能力的人说来，致力于这种妥协乃是对他的特殊职责的背叛，是放弃智力的优越所负有的特殊责任，其中最为神圣的就是不在舆论叫嚣反对的情况下放弃正当的主张，不使那些最需要用来服务的他的意见得不到服务的机会。一个有良心和公认有才能的人应该坚持按照他根据自己的判断认为是最好的那样去行动的充分自由，而不应该同意按照任何其他条件服务。但是选民有权知道他打算怎样做，在所有关系到他的公职的事情上他打算用什么意见指导他的行动。如果有些意见是他们所不能接受的，他就要使他们确信他仍然值得当他们的代表。如果他们是明智的话，他们将为了他的一般价值而不去计较他和他们的意见之间许多巨大分歧。然而有些分歧他们是不能忽视的。凡是对他的国家裨益于自由人的那种治理感到很关心的人，都具有对国家事务的某些像他的鲜血一样珍贵的信念。他强烈地相信这些信念是真理，认为它们十分重要，因而不可能作任何妥协，或把它们摆在次于任何人的意见的地位，不管这个人比他地位高多少。当这样的信念存在于一个民族或民族的相当大部分中的时候，它们靠着本身的单纯存在，而不仅仅是由于它们可能建立在真理之上，就足够发挥影响。一个民族不能在违反他们主要的权利观念的情况下得到很好的治理,即使这些观念在某些点上也许是错误的。如果对统治者与被统治者之间应有的关系作出正确的评价,就不会要求选民同意由一个打算在违反他们的根本信念的情况下统治他们的人来作他们的代表。如果他们利用他在其他方面提供有益服务的能力是在他同他们之间的重大分歧之点不大可能被提出讨论的时候,他们就有理由在包含这些分歧之点的问题开始产生,而且在这问题上就他们认为正确的意见来说,还没有形成肯定的多数足使该特定个人的不同意见变成不足取的时候起就将他免职。例如(我提到人名来说明我的意思,而不是对哪个人有所褒贬)被认为是科布登先生[①]和布赖特先生关于抵抗外国侵略的意见在克里米亚战争(Crimean war)期间就可能被忽略掉,当时存在着与之相反的压倒一切的民族感情,并且在和中国的争吵(尽管其本身是更可怀疑的问题)中这种意见还可能理所当然地导致选民对他们的排斥,当时他们对这问题的看法是否就不占优势还是个有争论的问题。

作为以上所述的一般结论,我们可以肯定说:除非由于不利的社会情况或不完善的制度,选民的选择范围被缩小到不得不选择一个假定是受敌视他们的利益的偏见所影响的人,就不应该要求作实际的保证;他们有权充分了解候选人的政治见解和感情,并且不仅有权而且往往有责任拒绝一个在作为他们政治

① 理查德·科布登(Richard Cobden,1804—1865),英国政治家和经济学家。——译者

信仰的基础的少数信条上和他们意见分歧的人；他们越是欣赏候选人智力上的优越，他们就越是应当容忍候选人在他们的根本信条以外的不论多少事情上表达不同于他们的意见和采取相应的行动；他们应当努力不懈地寻求具有才干能被委托以充分权力照他自己的判断行事的代表；他们应该把尽一切努力将具有这种品质的人送进议会看做是他们对同胞所负的责任；由这样的人作代表较之由声言在许多问题上和他们意见一致的人作代表对他们来说是有着大得多的意义的，因为他的才能所带来的好处是确实可靠的，而在分歧之点上假定他是错的而他们是对的则是很可怀疑的事情。

我是在这样一个假定下讨论了这个问题的：选举制度在一切以实体制度为依据的问题上符合以上各章所述的原则。即使在这个假设下，认为代表是使节的学说在我看来也是错误的，其实际运用是有害的，尽管在那种情况下危害会被局限在一定的范围以内。但是，如果我努力用来卫护代议制原则的保证得不到宪法的承认，如果对少数的代表权不作规定，也不容许按照选民的教育程度在选票数量上有任何差别，在那种情况下让代表有自由裁量权的原则其重要性就不管怎样强调也不为过，因为那样一来将是在普遍选举制下让多数的意见以外的任何意见能在议会表达出来的唯一机会了。在那虚假地称为民主实则是起实际作用的阶级进行独占统治的制度下，所有其他的人既无代表也得不到表达意见的机会，逃避最狭隘的阶级立法和最危险的政治无知的唯一可能将存在于这样一种倾向之中，即：无教养的人可能必须选择有教养的人当代表并尊重他们的意见。也许可以合理地指望有这样做的某种意愿，但一切取决于把这种意愿培养到最高度。但是，如果实际起作用的阶级在一旦取得政治上的无限权力之后，自愿地同意以这样或那样的方式对他们自己的见解和意志加以相当大的限制的话，他们将证明自己比在专权的腐败影响下出现过的，或者我们可以冒昧地说，可能出现的任何握有绝对权力的阶级都更聪明。

第十三章　关于第二院

在关于代议制政府理论的所有论题中，特别是在欧洲大陆上，没有比通常叫做两院问题的这个论题讨论得更多的了。它比许多较它重要十倍的问题还更引起思想家们的注意，并且被看做是区别主张有限制的民主和主张无限制的民主的人的一种试金石。就我自己来说，我不很重视第二院所能加于否则就是无限制的民主的任何限制。我倒以为，如果所有其他的宪法问题都正确地解决了，则议会究竟由两院组成还是仅仅由一院组成就只是个次要的问题了。

如果存在两个院，它们的组成或者相同或者不相同。如果组成相同，两者将服从同一势力，凡是在其中一院占有多数的，在另一院也大致会占有多数。的确，任何议案的通过必须取得两院的同意这一点常会成为改革的重大障碍，因为假定两院都是代议制，代表数目相同，则稍稍超过全部代表的四分之一就可以阻止法案的通过；与此相反，如果只有一院，有了勉勉强强的过半数法案就保证可以通过。但假设的这种情况与其说在实际上会发生，不如说抽象地说来是可能的。这样的情况是不常发生的：同样组成的两院中，一院几乎全体一致，而另一院差不多分为相等的两半。实际情况是，如果其中一院否决了一项议案，在另一院一般说来将有很大的少数不同意该议案。因此,能被这样地加以阻止的改革议案,在几乎所有的情况下将不会有比整个议会的简单多数更多的票,随之而来的最坏的结果可能是,把议案的通过推迟一个短时期,或者重新诉诸选民以确定议会中的小小多数是否和国家中的有效的多数一致。推迟的不便和诉诸选民的好处在这情况下可能被看做是大致相等的。

我不很看重最常常被提出来支持两院制的这样的论点:为了防止轻率,并迫使作第二次考虑。因为它所建立的工作方式不要求大大多于两次的考虑,一定是一个很不完善的代议制议会。在我看来,有利于两院制的最有效的理由(而这一点我的确认为是有点重要的)是由于意识到只有他们自己可商量因而在掌权者(不论是个人还是一个议会)心中产生坏的效果。重要的是,任何一伙人都不应该在重大事情上能够,即使是暂时地,使他们自己的意见占优势,而不征求任何别人的同意。在只有一院的议会中的多数,当它取得永久性质的时候——当它由习惯地在一起工作的同样一些人组成,并始终保证在他们自己的议院中的胜利的时候——很容易变得专横和目空一切,如果不必要考虑它的行动是否将得到另一法定权威的一致同意的话。导致古罗马人设置两个执政官的同一理由使得保有两院成为值得想望的:其中任何一个都不致受到专权的腐败影响,即使在仅仅一年的时间内。在实际领导政治,特别是在管理自由制度方面最不可缺少的条件之一就是和解,即妥协的意愿。也就是愿意对反对者作出某些让步,并作成好的方案以便尽可能少触怒持反对意见的人。两院之间的互让(如人们所说的)是这一有益习惯的永久的学校。作为这样一种学校甚至现在还是有用的，在一个构成得更为民主的议会或许会更加感觉到它的效用。

但是两院不需要同样组成；它们可以作为对彼此的一种牵制。其一假定是民主的，另一的组成将自然地以作为对民主的某种限制为目的。但它在这方面的有效性完全以它能在议院外博得的社会支持为转移。一个不建立在国内某种巨大力量基础之上的议院，对一个建立在这种基础之上的议院是发挥不了有效作用的。一个贵族制议院只是在贵族制的社会状态中才是强有力的。上院曾一度是我们政体中最强大的力量，而下院仅仅是一个牵制团体；但这是在贵族几乎是社会上唯一力量的时候。我不相信，在真正民主的社会状态中上院作为民主政治的调节器会有任何实际价值。当一方的兵力比另一方弱的时候，使它发生效能的方法不是把双方列起队来，在战场上互相对垒一决胜负。这种战术势必造成较弱一方的彻底败北。较弱一方的唯一有利的做法是不要把自己和群众分隔开来，迫使每个人作支持它或反对它的表态，而是采取一种站在群众之中而不是和群众相反对的立场，把在任何一点上最能和自己联合的人吸引到自己方面，丝毫不表现为对抗团体以免挑起普遍的反对，而是作为混合在一起的群众中的一分子进行活动，注入它的酵素，通过增加它的势力使它的作用转弱为强。民主政体中的真正调节力量必须在民主议院中并通过民主议院行动。

在每一种政体里应该有一个反抗宪法上优势力量的中心——从而在民主政体中应该有一个反抗民主的核心——这一点我已经主张过了；而且我把它看做是政府管理的一个根本原理。如果具有民主代表制的人民，由于他们历史经历更愿意容忍第二院或上院这种形式的反抗中心，而不是其他形式，这就形成一种强有力的理由使反抗中心具有该种形式。但在我看来它本质上并不是最好的形式，就它的目的来说也决不是最有效的。如果存在两院，其一被认为代表人民，另一只是代表一个阶级，或者根本不是代表性的，我认为在民主政治是社会统治力量的地方，第二院不会有甚至在第一院偏离正轨时加以抵制的真正能力。它可能作为对习惯和同僚关系的尊重而被容许存在，而不是作为一种有效的牵制。如果它发挥独立的意志，它就须按照和另一院同样的总的精神去做；必须和后者同等地民主，并满足于纠正议会更带民众性的那个部门的一些偶然失措，或者在符合民众要求的议案方面和它进行比赛。

对多数的揽权实行任何真正牵制的实际可能性今后将取决于统治机构中最具民众性的那个部门内部的力量分配；我也已经根据我的判断说明最便于建立起力量平衡的那种方式。我还曾指出，即使允许人数上的多数依靠在议会中的相应的多数占有完全的优越地位，但如果少数也被允许按照严格的民主原则理应享有的按人数比例选出代表的同等权利，这一规定就将保证这个国家许许多多的第一流的有识之士和其他议员一样以人民的名义永远出席议会。我还说，这部分国民代表，在未结成独自的帮派也不具有任何惹人恶感的特权的情况下，将有比按照人数比例大得多的个人分量，并将以最有效的方式提供所需要的道义上的反抗中心。所以，并不需要为此目的设立第二院，而且设立第二院也无助于达到这一目的，反而可能在某些可以想象得到的情况下甚至妨碍达到这一目的。然而，如果为了我已说过的其他的理由，决定设立第二院，就希望它由这样一些人组成，他们由于不牵连到和多数相反的任何阶级利益，就使它易于反对多数的阶级利益，并有资格对多数的错误和缺点作有力的发言。这些条件在按照我们的上院这种形式组成的团体中显然是找不到的。民主政治一不再被世袭地位和个人财富所吓倒，上院就变得无意义了。

在可能借以建立一个缓和和调节民主优势的明智的保守团体的原则中，最好的原则似乎是古罗马的元老院这一事例中所具有的原则。元老院是管理公共事务方面曾有过的最为始终如一地慎重而贤明的团体。代表公众的民主议会的缺点就是公众本身的缺点，即缺乏特殊训练和知识。适当的补救办法就是使它和一个以特殊训练和知识为其特点的团体联合在一起。如果一个议院代表舆情，另一个就应代表经过实际公共服务的检验和保证并经实际经验加强的个人美德。如果一个是人民的议院，另一个就应该是政治家的议院，即由通过了重要政治职位或雇用的一切活着的政治活动家组成的委员会。这样的议院将远远不止是适于作为一个单纯的调节团体。它将不仅仅是一种牵制，而且是一种推进力量。它手中掌握的抑制人民的权力将被赋予于那些最有能力，并且一般说来最愿意领导人民沿着正确道路前进的人。被付托以矫正人民错误的任务的这个委员会，不会代表着被认为和人民利益相反的阶级，而是由人民自己在发展道路上的天然领袖们组成。任何一种构成方式在有效地发挥他们作为调节者的职能方面，都达不到这样。把经常站在促进改革的最前列的团体贬斥为单纯妨碍性团体是不行的，不管这样做可能防止多少害处。

假使这样一个上院在英国尚付阙如的话(我不需要说这仅仅是个假设),它可以由以下这样一些人组成。所有现任或曾任前面的一章中所说过的立法委员会委员的人,我认为这是一个组织得好的人民政府的不可缺少的成分。所有现任或曾任高等法院或衡平法院院长的人。所有曾任陪席法官达五年的人。所有曾任内阁职务达两年的人,但这些人也应有资格被选为下院议员,而如果当选为下院议员,他们的贵族爵位或上院议员的职务应暂时停止。为了防止仅仅为了给他们以上院席位而将他们提名为内阁阁员,时间条件是需要的;并且作了两年期间的建议,这样,取得年金资格的同一期限可能使他们有资格取得上院议员职位。所有曾担任总司令职务的人;以及所有指挥过一个军队或一个舰队并受到议会对其军事成功表示感谢的人。所有在十年期间担任过一等外交职务的人。所有曾任印度或英属美洲的总督的人,以及所有曾任任何殖民地总督达十年的人。常任文官也应得到代表;所有在十年期间担任过财政副大臣、常任副国务大臣等重要职务或任何其他同等高级负责职务的人都应该是上院议员。如果除这些因公共事务行政中的实际经验而取得上院议员资格的人们以外,还须包括一些理论家的代表——这事本身是值得想望的——那么就值得考虑一下某些国立大学中的某些教授,在若干年的任期之后,是否可以给予上院中的议席。单纯科学上和文学上的杰出就太不确定和有争议,因为这些包含着选择能力问题,而其他条件则是不言而喻的;如果获得声名的著作与政治无关,它们就不是所要求的特殊能力的证明,另一方面,如果是政治的著作,它们就会使逐届内阁能用党派斗争的工具充斥议会。

从英国历史上的先例来说几乎可以肯定，除非在以暴力推翻现行宪法这种不大可能的情况下，任何可能存在的第二院将一定是建立在上院的基础之上。实际上想废除该院，代之以我所描述的上院，或任何其他的上院，是完全办不到的；但是把刚才说过的各阶级或各类的人，以终身贵族的资格集合到现有团体中去，可能不存在那样不可克服的困难。将来要采取的，也许在这一假设上必须采取的步骤可能是，世袭贵族将由他们的代表而不是由他们自己出席议会。这是已在苏格兰和爱尔兰贵族中确立的惯例，而且随着这种情况的人逐渐增加，这一惯例大概迟早将变成不可避免。对黑尔先生的方案稍作修改就会防止贵族议员专代表贵族中占多数的政党。例如，如果允许每十个贵族有一名代表，任何十个贵族可以挑选一名代表，贵族就可自由地为这一目的随意组合。选举将这样进行：所有作为代表他们地位的候选人的贵族，必须明白宣布并将姓名记入名单。在指定的日期和地点，希望投票的贵族应亲自出席，或者按照通常议会规定的方式由他们的代表出席。开始举行投票，每个贵族只投一个人的票。每个具有十票的候选人应被宣布当选。如果有人票数超过十票，除十票外其余的票可以允许撤回，或者抽签选定其中十票。这十人构成该当选人的选民，而其余的投票人可以自由地重新对另外的人投票。这一程序反复进行直到（尽可能）每个亲自或派代表出席的贵族都选出他的代表为止。当剩下的不足十人时，如果达到五人就仍然允许他们一致同意选一名代表；如果不足五人，他们的选票就只好作废，或者允许他们将选票记入某个已被选出的人的名下。除这些小例外，每个贵族议员将代表着十个贵族，所有这十个人不仅投了他的票，而且在所有可供选择的人当中选择他作为他们最希望由他来代表的那个人。作为对未被选作代表的那些贵族的一种补偿，他们应有资格被选进下院；这种公正待遇现在苏格兰贵族得不到，爱尔兰贵族在他们自己的地区也得不到，而另一方面，除了贵族中人数最多的政党外，两者都同样得不到在上院中的代表权。

此处所提倡的组成上院的方式，看来不仅实质上是最好的，而且是能够在最大程度上得到历史上的先例和实际上的辉煌成功的支持的。然而它不是可能提出的唯一可行的方案。组成第二院的另一可能的方式就是由第一院选出，其限制条件是他们不得提名他们自己的成员。这样一个议院，和美国上院一样根源于人民的选择，仅仅是隔了一层，将不会被认为和民主制度相抵触，并且大概会取得相当大的群众影响。鉴于它的提名方式，它将特别不致引起人民议院的嫉妒，或同它发生敌对的冲突。此外（由于对少数的代表权作了适当规定），它几乎肯定会组织得很好，并包括有许多有高度能力的人，这些人或者出于偶然，或者由于缺乏炫耀的能力，一直不愿寻求，或者不能得到选民大众的选票。

第二院的最好的组成应该是包括最大数目的不受多数的阶级利益和偏见束缚而他们自己又毫不冒犯民主感情的人。但是，我再说一次，调节多数的优势不能主要地依靠一个第二院，不管是哪一种的。代议制政府的性质决定于人民议院的组成。和这一点比较起来，所有有关政府形式的其他问题都是不重要的。

第十四章　代议制政府中的行政

在本文中讨论政府行政事务最好分成哪些部门的问题是不适当的。在这方面不同政府的要求是不同的；当人们愿意从起初开始，就不使自己受到像我们这个古老政府里产生了现行的公共事务划分的那一系列事件的拘束的时候，在职务的划分上就很少可能会犯大的错误。这样说也许就够了：职务的划分应和问题的划分一致，不应该有若干个彼此独立的部门来掌管构成同一自然整体的各个部分，像直到最近，以及在较小程度上甚至现在，我们的军事行政那样。如果要达到的是单一的目的（如目的是要有一个有效的军队），委派去照管这一目的的政府部门应该同样是单一的。为一项目的提供的全部手段都应由同一部门控制和负责。如果这些手段分散在各独立的部门之间，就每个部门来说手段就变成目的，除了政府首脑（他对各部门工作是没有适当的经验的）以外，照管真正的目的就不关任何人的事了。这时不同种类的手段就不在任何主导思想的指导下结合起来并互相配合。当每一个部门坚持它自己的要求而不顾其他部门要求的时候，就将为了工作本身而永远牺牲工作的目的了。

通常，每一种行政职务，不论高低，应该是委派给某个特定个人的职责。这对凡是做过工作并由于过错而未完成某些工作的人说来应该是明显的。当任何人都不知道谁应负责的时候责任就等于零。甚至当责任真正存在时,如加以分割也不能不被削弱。要保持高度的责任,就必须有一个人承担全部的毁誉褒贬。然而分担责任的方式有二:其一只是使责任削弱,另一则使责任遭到完全破坏。当要求两个以上的负责官员对同一行为表示同意时,责任就削弱了。他们中的每个人仍然有真正的责任;如果做了错事,谁也不能说与他无关。他是和犯罪中的共犯那样的共同参加者,如果存在有法律上的犯罪,他们全可以受到法律上的惩罚,并且他们所受到的惩罚不必一定比仅牵涉到一个人的时候轻。但是对意见的赏罚则不是这样,这种赏罚总是因共同分担责任而减轻。在没有确定的法律上犯罪,没有贪污或渎职,只有过错或疏忽,或者可以被看做是过错或疏忽的情形下,每个参加者都由于别人和他连带负责而得到对自己和对世人的辩解。人们对几乎任何事情,甚至是金钱上的欺诈,都将感到自己差不多是免除责任的,如果有责任的人未加抵制和劝阻的话,如果他们给予了正式的同意就更是这样了。

然而在这种情形下,尽管责任是被削弱了,但仍然是有责任的,因为每个有牵连的人都以他个人的资格同意并参加了该项行为。当这种行为本身只是出于多数的行为时事情就更糟了——关起门来考虑问题的委员会,无人知道,或者除非在某种极端情况下可能知道,究竟个别成员在表决时是赞成还是反对了该项行为。在这种情况下的责任就不过徒有其名而已。边沁恰当地说过,“委员会是一种屏幕”。“委员会”所做的事不是任何人的行为;任何人也不能对它负责。委员会甚至在声誉上受到的损害只是在它的集体的名声方面；每个成员对此所感觉到的不外是导致他把自己的意见看做是该团体的意见的倾向——当这个团体是个永久性团体，他和它命运与共地结合在一起的时候，这种感情往往是很强烈的。但是鉴于现代官员经历的动荡不定对这样一种团体精神说来就没有形成的时间了。这种精神如果竟存在的话，也只是存在于地位卑微的常任下属人员之中。因此，委员会不是处理行政事务的适宜的工具；只有在由于其他原因，把全部自由裁量权交给一个大臣会更坏的时候才是允许的。

在另一方面，人多出智慧也是一条经验法则；当一个人习惯地除他自己的或某一个顾问的知识外不利用任何人的知识的时候，他甚至在他自己的事情上也很少作出正确的判断，在公众的事情上就更少作出正确的判断了。这一原则和前一原则之间并不存在必然的矛盾。可以把有效权力和完全的责任交给一个人，为他提供必要的顾问，每个顾问仅对他自己提出的意见负责。

一般说来，一个政府部门的首脑不过是个搞政治的人。他可能是一个好的政治家和一个有品德的人；除非情况通常是这样，否则这个政府部门就是坏的。但是他除具有一般能力和他应当具有的关于国家一般利益的知识外，除非由于偶然机会，将不会同时具备要求他主持的那个部门的适当的、所谓专业性的知识。所以应该为他提供专业顾问。如果有足够的经验和造诣，如果有经过很好选择出来的一个人具有专业顾问所应具备的能力（例如一位次长的情形），有这样一个为了一般目的的人，加上提供具体知识的幕僚就满足这种情况下的各种要求了。但是，大臣仅和某个有能力的人商量，当他本人不熟悉该问题时，无保留地按照那个人的意见行事往往是不够的。他往往必须不仅有时而是惯常听取各种意见，并经顾问们讨论后再作出判断。这一点，比方说，在陆军和海军事务中就特别必要。因此，应该为陆军大臣和海军大臣，或许还有其他一些人，但至少在这两个部内，设置一个由有能力和经验的专家组成的委员会。为了在每一次政府变动的情况下都能得到合于这一目的的有才能的人，这些人应当是常任的。我的意思是说，他们不应当像海军各大臣那样随同任命他们的内阁进退。但是所有根据选择而不是根据通常的晋升办法出任高级职务的人，除经再度任命，仅在一定期间内保有他们的职位则是一项好的规定，像目前适用于任命英国陆军参谋部人员的规定那样。这项规定使任命多少减少假公济私的弊病，任命既不是终身的，同时又提供一种手段，可以在不触怒任何人的情况下，摆脱那些最不值得保留的人，并吸收极有能力的年资较浅的人，对这些人来说如果等待死亡空缺或自愿辞职可能永远没有机会。

最后决定权应完全归于大臣本人，在这一意义上，委员会应该只不过是咨询性质的。但是既不应该把他们看做不重要的人，他们也不应该把自己看做不重要的人，或者看做大臣本人可以随意加以贬低的人。隶属于一个强有力的并且多半是任性的人下面的顾问们，应当以这样的情况为条件，即：对他们来说为了保持信誉不能不表示意见，而对那个人来说则不能不听取并考虑他们的意见，不管他采纳与否。印度总督和各个省长[①]的委员会的组成正

① 旧英属印度分为马德拉斯、孟买、孟加拉三个省即三大管区。——译者

符合此处所说的首脑和顾问之间的关系。这些委员会由具有对印度事务的专门知识的人们组成，这种知识是总督和地方长官通常欠缺的，并且也不希望要求他们具有的。通常，委员会的每个成员须提出意见，当然这常常并非出于明白规定。但如果存在意见上的分歧，每个成员可以任意决定——这是一向的惯例——把他所持的理由记录下来，总督或地方长官，也同样这样做。在通常情况下，决定是按照多数的意见作出的，因此委员会在政府中起着重要的作用。但是，如果总督或地方长官认为合适的话，他甚至可以把委员会全体一致的意见撇开不管，而将他的理由记录下来。其结果是，首脑个人而且是有效地对政府的每一项行为负责。委员会成员仅负顾问的责任；但从所能提出的文件，以及在议会或舆论的要求下经常提出的文件中，大家总是知道每个人所提出的意见，以及对他的意见所提出的理由。同时，由于他们的颇为显要的地位，并且在名义上参加了一切政府行为，他们几乎具有好像整个责任担在他们肩上那样强烈的动机去专心致志于公共事务，并形成和表达对每项公共事务经过仔细考虑的意见。

进行最高级行政事务的这种方式，是政治史上使手段适应目的要求的最成功的事例之一。这种方式是从丰富了政治艺术的东印度公司的统治经验中得来的；然而，像给我们国家保存住印度的多数其他聪明的设计，以及所产生的从当时情况和物质条件看来真正是不可思议的好政府那样，大概注定要在印度政府的传统似乎无法逃避的普遍大破坏中毁灭，因为这些传统遭到公众的无知和政治人物的傲慢的虚荣心的践踏。现在就已经有废除委员会的叫喊，把它看做是系在政府车轮上的多余的和费钱的障碍物；另一方面，废除职业文官的呼声早已甚嚣尘上，并日益得到最上层人物的支持。文官制度培养着组成委员会所需要的人员，而且它的存在是委员会具有价值的唯一保证。

人民政体中的好政府的一个最重要的原则是，任何行政官员都不应根据人民的选举来任命，即既不根据人民的投票也不根据他们的代表的投票来任命。政府的全部工作都是要专门技术的职务；完成这种职务需要具备特殊的专业性的条件，只有多少具备这些条件或者具有这方面的经验的人才能对这种条件作出适当的评价。发现最适于担任公共职务的人是一项很繁重的工作，不仅要在提出申请的人中选择最好的，而且要留意察看他是否是真正最好的，还要注意所接触到的一切适当的人，以便必要时能用上他们，这种工作要求有细致的以及高度正直的判别力。由于一般说来任何公共职务都不是执行得太坏的，所以也就没有什么需要像对一些部门中的高级官员强加以特殊职责那样为它规定极大的个人责任。凡是不经过某种公开竞争的方式任命的下级公务人员，应由各大臣直接负责的情况下选用。各大臣，除为首的大臣外，自然均由为首的大臣选任；而为首的大臣本人，尽管实际上由议会指定，但在一个王国政府则应正式地由国王任命。有任命权的官员应该是唯一有权将应予免职的下级官员免职的人。绝大多数的官员，除由于个人行为不端以外不应当被免职。因为，如果那些负责处理公共事务的全部细节，其所具备的各项条件对公众说来一般地比大臣本人要重要得多的人们，可以容易地并非由于他们自己的过错而随时被免职，大臣可以任命另外的人以满足自己的要求或促进自己的政治上的利益，那么要期望这些人们献身于他们的职业并获得大臣往往必须依靠的那种知识和技能，就将是徒然的。

对于不应根据人民的选举来任命行政官员这个原则来说，共和政府中的行政首脑是否应当是一个例外呢？美国宪法规定四年一度由全体人民选举总统，是不是一个好的制度呢？回答这个问题不是没有困难的。在像美国这样不需要害怕政变的国家里，使行政首脑在宪法上独立于立法机关，从而使政府的这两大部门，在它们的起源和职责方面同等地得人心，同时又彼此进行有效的牵制，毫无疑问是有某种好处的。这一办法旨在设法避免大量权力集中于同一人手中，它是美国联邦宪法的一个显著特点。但是，在这种情况下，好处是用高于对它的价值的任何合理估计的代价换来的。在共和国中的行政首脑公然由立法机关任命，就像君主立宪国家的行政首脑实际上由立法机关任命的那样，似乎要好得多。首先，这样任命的人肯定是一个更卓越的人。议会中掌握着多数的政党通常将任命它自己的领袖；他始终是政治生活中站在最前面的人之一，并常常就是那个站在最前面的人。与这相反，美国的总统，自从共和国创建者的最后残存者从舞台消失以来，几乎始终或者是不出名的人，或者是在政治以外的某个领域具有声望的人。而这一点，如我以前所讲到的，并不是什么偶然的事情，而是这种情势的自然结果。一个政党的著名人物，在遍及全国的选举当中，从来不是该政党最有希望当选的候选人。所有著名人物都结下了个人的政敌，或者做过某些事，或至少表白过某种见解，引起社会某个地区或别的重要部分的不满，可能对选票数目产生致命的效果；而一个无甚经历的人，除声言信奉党的纲领外对他毫无所知，就容易得到该党全体的投票。另外一个重要的考虑就是不间断地为选举而奔走所造成的巨大害处。当国家的最高职位要由每数年一度的普选来决定时，两次选举之间的整个时间将实际上消耗在竞选运动当中。总统、各部部长、政党领袖和他们的追随者全都是进行竞选运动的人：整个社会的注意力只集中在政治人物，每个公共的问题的讨论和决定考虑的不是问题本身的优缺点，而是它对总统选举所预期的影响。假如要设计出一种制度使党派精神成为一切公共事务中行动的支配原则，并诱使人们不仅把每一个问题弄成党派问题，而且为了给政党提供根据而提出问题，那就很难想出比这更适合于这一目的的手段了。

我不想肯定说，行政首脑像英国的首相那样完全由议会中的投票决定在任何时间和地点都是值得想望的，并且毫无不便之处。假如人们认为最好避免这一点，那么行政首脑，尽管仍由议会任命，但可以不依赖议会的投票表决而在确定的期间内任职，这样一来，它就将成为美国的制度，但减去普选和它的害处。还有另一种方式可以给予行政首脑对议会的很大独立性而不致和自由政府的各要素相矛盾。假如他像英国首相实际上享有的那样，具有解散议会和诉诸人民的权力，他就决不致不恰当地依赖于议会的表决。要不被敌对的表决赶下台，他就只能辞职或解散议会。解散议会的权力在我看来是他应该具有的权力，即使对他在确定期间内的任期有保障的制度下也是如此。不应当有在总统和议会之间爆发一场争吵后发生政治僵局的任何可能性，在长达数年的时期内任何一方都没有去掉对方的法律手段。

要走过这样一段时期而任何一方或者双方都不策划政变，就要求有很少国家曾表明能够做到的那种对自由的热爱和自我克制的习惯。即使撇开这种极端情况不说，要期望这两个权力机关不使彼此的行动陷于瘫痪，就等于假定这个国家的政治生活将始终渗透着相互忍耐和妥协的精神，保持镇定不为最尖锐的党派斗争的激情所动。这样的精神也许是存在的，但甚至在存在这种精神的地方，对它的考验也失之轻率。

还有其他的理由使我们希望国家中的某个权力（它只能是行政）应当具有在任何时候任意决定召集新议会的自由。当争执的双方究竟哪一方拥有更多的支持者真正有疑问时，重要的是应该有一种宪政手段立即加以检验并使纷争止息。在这一点未确定以前，就没有可能对其他的政治问题加以适当的注意。在这段时间内就立法或行政方面的改革来说多半就是一种空白，因为任何一方对自己的力量都缺乏足够的信心去做那些可能招致对目前斗争有直接间接影响的人们反对的事情。

我还没有考虑这样一种情况，那就是：大权集中在行政首脑手中，而人民群众对自由制度又不够热爱，这样他就有可能在破坏宪法和篡夺最高权力的尝试中获得成功。在存在这种危险时，就不容许有议会不能通过一次表决将他贬为平民的行政首脑了。在给这种最为大胆放肆的对委托的破坏提供任何鼓励的事态下，甚至这一切宪法上的依赖关系也只不过是一种软弱无力的保障罢了。

在所有政府官员中，最不应该由人民选举产生的是司法官员。尽管对一切官员的特殊的和专业的条件群众都一样适于作出评价，但是却没有任何官员在绝对公正和不同政客或各派政客发生联系方面像司法官这样重要的。有些思想家，其中包括边沁先生的意见是，尽管法官最好不由人民选举产生，但是他们所属地区的人民，在具有足够经验后，应当有权将他们免职。不能否认，对受有重托的官员不能免职，这事本身就是有害的。人们极不希望看到，一个坏法官或无能力的法官，除了由于他自己应对刑事法院负责的行为不端外，就无法将他免职，以及一个关系重大的官员应该感到除了受舆论和他自己的良心的约束外就不负任何责任。然而问题是，从法官的特殊地位看来，假定采取了一切实际可行的办法保证对他的公正任命，那么仅使他对自己和公众的良心负责，是否整个说来比对政府或公民投票负责更可能保持他的行为端正呢？关于对行政部门负责这一点，经验早已作了肯定的回答；就对选民投票负责来说，情况亦复相同。在选民的良好品质当中，并未把特别要求于法官的那些品质即冷静和公正计算在内。幸而，在作为自由所不可缺少的民众选举中，这些也不是必须具备的品质。甚至公正的品质，尽管对一切人，从而也对一切选民是必要的，但不是决定民众选举的因素。选举一个议会议员正如人们之间的任何交易一样，不需要公正不偏。选民不须对任何候选人有权得到的东西作出裁决，也不须对竞选人的一般优点作出判断，所要做的只是宣布谁最得到他个人的信任，或者谁最能代表他的政治信念。法官有义务完全像对待其他的人一样来对待他的政友或他所最了解的人；但是如果一个选民这样做，那就会是没有尽到责任和愚蠢可笑了。舆论对法官的道义裁判所产生的有益的影响，和其他一切官员的情形一样，不能作为任何论点的根据，因为甚至在这方面，真正对法官（当他胜任司法职务时）的审判程序实行有效控制的，不是（除有时在政治案件的情形外）社会一般的舆论，而仅仅是能对他的行为和资格作适当评价的那部分公众——他自己法庭上的有关人们。我的意思不是说一般公众参加司法是不重要的；那是极重要的，但是以什么方式呢？应该是以陪审员身份实际履行一部分司法职务。这是政治上少有的情况之一，即人民直接地和亲自行动比假手于他们的代表更好；这几乎是行使权力的人可能犯的错误比使他对错误负责所产生的后果更可忍受的唯一的一种情况。如果法官可以由民众投票免职，则凡是希望取而代之的人将为此目的利用法官所作的一切判决；只要他认为可行，就将不按规定程序把所有的判决摆在完全无能力的公众面前，因为公众没有审理过案件，或者由于缺乏审案所必要的警惕或公正；他将利用民众可能有的感情和偏见，或者尽一切力量煽起这种感情和偏见。在这方面，如果案情引起人们的兴趣，而他又不辞劳苦，他确实会取得成功，除非这个法官或他的朋友起而应战，从另一方对民众作出同等有力的呼吁。法官们到头来将感到他们在能引起普遍兴趣的案件上所作的每一个判决都将使他们冒丢失职位的危险，并且感到对他们说来最要紧的不是考虑什么样的判决是公正的，而是考虑什么样的判决最能得到公众的赞许，或者最没有作恶意曲解的余地。美国某些新的或修正的州宪法所采取的定期由人民重新选举司法官员的做法，我担心将是民主政治所犯的最危险的错误之一。如果不是美国人民从未完全抛弃的实际良知据说正产生一种反作用可能不久会导致消除这种错误，就可能有理由认为它是现代民主制的衰败中的大倒退的第一步了。[①]

至于构成公共服务常备力量的那一大部分重要人员，那些不随政治的变动而变动的人员，则留下来用他们的经验和传统来协助每一任部长，向他提供他们的业务知识，并在他的一般监督下从事具体业务。要而言之，构成职业公务员这一阶层的人，和别人一样在年轻时就开始就业，希望随着年龄的增长逐步升到较高的等级。除非证明他们确有重大的行为不端，显然不应允许把这些人轻易地免职，并剥夺他们以前服务的整个好处。当然，这不限于这种应依法处理的失职行为，也包括故意玩忽职守，或者就其所受委托的目的来说是不堪信任的行为。因此，既然除非出于个人罪责就无法去掉他们（除作为领取年金者交给社会外），那么在最初任命他们时应慎重行事就是十分重要的了。用什么样的方式加以任命才能最好地达到这一目的则仍然必须加以考虑。

在作最初的任命时，要担心的不是选任者缺少特殊的技能和知识，而是他们的偏心，以及个人或政治上的利害。既然通常是在成年开始时就接受任命，不是作为已熟悉该职业的人，而是为了他们可以学习该职业，因而可据以判别最好的志愿者唯一的一件事就是是否精通文科教育的学业；而这一点是不难确定的，只要委派

① 然而，我听说在民选法官的各州中，并非真正由人民进行选择，而是由各政党领袖进行选择；选民从未想到要选政党候选人以外的什么人；其结果是，被选的人实际上通常就是总统或州长所要任命的人。这样，一个坏的做法限制和纠正着另一个坏的做法；对一个政党旗帜下的人整个地投票的习惯，虽在选举职能正当地属于人民的一切场合下害处很多，却有助于减轻在所选官员不应当由人民选择而应当为人民而选择的场合下的更大的害处。

去进行考核的人不辞劳苦和具有必要的公正。然而在道理上这些都不能要求于一个部长。他必须完全依靠推荐，不管他的个人愿望是怎样无私，也决不能证明他能抵制那些对他的选举有影响力，或其政治上的归属对他所属的内阁关系重大的人们的请求。所有这些考虑导致采取对最初任命的志愿者举行公开考试的做法，由不从事于政治并具有和主持大学优等生考试的人同样级别和能力的人来进行。这大概是在任何制度下的最好办法；而在我们的议会政府下，它是且不说是诚实的任命，但甚至为制止显然极端恶劣的违法乱纪的任命提供机会的唯一办法。

此外绝对必要的是，考试应该是竞争性的，任命的应该是考试成绩最好的人。单纯的考试及格，毕竟只能排除绝对低能的人。当主考人心中问题是介于毁掉一个人的前途和忽视对公众的一项责任(这在特定情况下似乎很少具有头等重要性)两者之间时，当他做前者肯定要受到严厉的谴责而做后者则一般说来将无人知道或介意时，除非他是个具有不寻常性格的人，就将倾向于做个老好人。对一个人放松，就会招致其他人提出这样的要求，每重复一次就使得更难以抗拒这种要求；接连发生的每一件事都将变成更多类似事情的先例，直到精通学业的标准逐渐下降到几乎遭到轻视的地步。两个主要大学的学位考试一般说来在他们的要求方面一直是很严的，正如优等生的考试是严厉认真的一样。如果不存在超过某种最低限度的诱因，那么最低限度就会变成最高限度；因为不指望达到更高标准就会成为一般习惯，正如在一切事情上都有一些人达不到他们指望达到的标准，所以不管标准定得怎样低，总会有若干人达不到这标准的。相反地，当任命的是为数众多的志愿者中最杰出的人，并且把成功的竞争者按优点的顺序分别等级时，则不仅鼓励每个人尽力而为，而且在全国实行文科教育的地方都会感受到这种影响。提供在这种竞争中名列前茅的学生就成了每个教师的雄心勃勃的目标和成功之道；并且几乎没有任何其他方法国家能这样大大提高全国教育机关的质量的了。尽管在任用公职人员方面的这种竞争考试的原则在我国是新近才采用的，而且实行得还很不完善，至今只有在印度服务的文官是实行这项原则比较完善的几乎唯一的例子，但已经开始对中等教育机关产生明显的效果。尽管由于这个国家的低得可耻的教育状态，该项原则遇到种种困难，这些考试本身已将这些困难充分暴露出来了。在得到部长的提名因而有权成为志愿者的青年人当中，学识标准被如此轻视，以致这些志愿者之间的竞争所产生的结果几乎比单纯的考试及格更差；因为没有人会想到把考试及格的条件定得那样低，实际上使一个青年人能胜过其他志愿者就行。因此，据说连续几年的情况表明整个说来学识是下降的，不如以前努力了，因为以前考试的结果证明不需要作过去那样的努力就足够达到目的了。部分地由于降低了努力，部分地因为——甚至在不要求事先提名的考试——自己意识到的无知把竞争者减少到极小的数目，结果尽管总有少数几个学识精通的人，但录取的志愿者大部分就仅仅代表着中等程度的学识水平。考试委员们曾说过，几乎所有不及格的人，其失败不是由于对较高学科的无知，而是由于对最起码的基础知识——拼写法和算术的无知。

某些舆论机关继续反对这种考试的叫嚷，我很遗憾地说，不仅就攻击者的良知来说而且就他的诚实信用来说往往都是不值得称道的。他们的做法部分地靠歪曲事实上导致考试失败的无知的性质。他们着重举出显然是曾经问过的最难解的问题[①]，并把它们说成好像对所有这些问题的圆满答案被作为成功的必须条件。但是业经再三重复说过的是，提出这些问题并不期待每个人都回答得出来，而是为了使能够回答的人有办法证明并利用他的那部分知识。它不是刷掉志愿者的理由，而给予这种机会是作为成功的补充手段。于是有人会问我们，假定在这个或别的问题上应有的知识，在志愿者达到目的以后究竟指望对他有什么用。关于什么知识有用这一点，人们意见有很大分歧。天下竟有这样一些人，而已故的一位外交大臣就是其中之一，认为英语拼写法对外交随员或对政府机关的书记员是一种毫无用处的技能。反对者们在这一点上看来是一致的，即认为对这些职业说来，不管别的什么也许有用，一般的智力修养是没有用的。然而（我敢冒昧地说），如果这种智力修养是有用的，或者说如果任何教育毕竟有点用处，那就必须由最有可能表明志愿者具有这种教养的检验方法来加以检验。为了确定他是受过很好的教育，就必须问他一些如果他受过很好教育就可能知道的事情，即使并不直接和他要被任命去做的工作有关。在通常教的只是古典文学和数学这样一个国家里，反对对他提这方面问题的那些人可否告诉我们究竟他们要问他哪方面的问题呢？然而看来是，他们既反对在这些方面对他进行考试，同样也反对在除这些以外的任何方面对他进行考试。如果考试委员——

① 然而并不总是最难解的；因为最近在下院中的一个攻击竞争考试的人天真地提出了一套在代数、历史和地理方面的几乎是基础的问题，作为主考人毫无道理地要求达到的高级科学造诣的过分要求的证明。

由于迫切希望接纳未读完常规中学，或者以在其他方面的较多的知识来弥补在那里被教授的些少知识的人——允许精通于其他任何有实际效用的科目的人得分的话，他们也会因此受到责备。除了让完全无知的人自由入选以外将无法满足反对者。

他们洋洋得意地对我们说，无论是克莱夫[1]或是韦林顿[2]都无法通过为陆军学校工程兵的志愿者所规定的测验。因为克莱夫和韦林顿不曾做并未要求他们做的事情，假如要求他们做好像他们就做不了似的。如果他们的意思只是要告诉我们，没有这些知识也可能成为一个伟大的将军，同样没有其他许多对伟大的将军说来很有用的知识，也可能成为伟大的将军。亚历山大大帝(Alexander the Great)从未听说过沃班[3]的法则，朱利叶斯·凯撒(Julius Cæsar)也不会说法语。其次他们又告诉我们说，书呆子——这似乎被认为是适用于哪怕有一丁点儿相信书本知识色彩的人的一个名词——可能做不好操练，或者可能没有绅士习惯。这是有地位的笨伯们极通常的评语；但是不管笨伯们怎样想，并不是只有他们才有绅士习惯或身体活动。在需要具备这些条件的地方，不妨加以考察并另作规定，但不是排除智力条件，而是附加于智力条件。同时，我由可靠方面获悉，在伍力奇市(Woolwich)陆军军官学校中，经过竞争考试的学员在这些方面和在所有其他方面一样也优于按照老的提名办法招收的学员；甚至在操练方面也

① 罗伯特·克莱夫(Robert Clive，1725—1774)，英国将军和政治家。——译者

② 阿瑟·韦尔斯利·韦林顿(Arthur Wellesley Wellington，1769—1852)，英国将军。——译者

③ 沃班(Vauban，1633—1707)，法国军事工程学家和元帅。——译者

学得更快。的确可以指望是这样，因为聪明的人学什么都比愚蠢的人要快。此外还了解到，在一般操行上，他们比以前的学员更好，以致学校当局急于盼望这一天的到来，那时老办法的最后残余将完全消失。如果真是这样，而要弄清楚是否这样并不困难，我们希望不久将不再听到人们说无知对军队来说是比知识更好的条件，更何况对任何其他职业来说了；或者说任何一个好的品质，不管表面上和文科教育的联系怎样少，都完全可能在没有文科教育的情况下养成了。

尽管最初的政府录用由竞争考试决定，以后的提升则在多数情况下不可能也这样决定，因为这种提升，像目前通常所做的那样，按资历和选拔的混合制度进行看来是适当的。担任日常职务的人应根据年资提升到该项职务能使他达到的最高点；而承担特殊任务并要求有特殊能力的人，则由机关首脑从工作人员中选拔。如果最初的任用系依据公开竞争，则机关首脑一般说来将会恰当地作出这种选拔，因为在这种制度下他的工作人员一般地将由除工作关系外是他所陌生的人组成。如果他或他的政友和支持者对他们当中的某个人有兴趣，那不过是偶尔的，而且这时除这种工作关系外还至少具有经过最初的考试检验的同等的真正优点。此外，除存在有对这种任用的极强烈的营私舞弊动机的时候以外，始终存在着一种任用最适当的人的强烈动机；这个人就是给他的首长以最有用的帮助，省去他很多的麻烦，以及最有助于确立他在公务管理上的好声誉的人，这种声誉必然地也是正当地将归于部长，尽管直接造成这种声誉的品质很多是他部属的品质。

第十五章　地方代表机关

中央政府能做好，或者有把握计划去做的只不过是国家事务的一小部分；甚至在我们这个在欧洲来说最少中央集权的政府里，至少作为统治集团的立法部门是过多地忙于地方事务，运用国家的最高权力快刀斩乱麻似地去解决那些本应有其他更好手段加以解决的小难题。大量的私人事务占去了议会的时间，议会各个议员的思想从国家的伟大会议的本来工作岔开，对此所有的思想家和观察家都感到是一种严重的弊病，并且更坏的是，是一种日益增大的弊病。

要详细讨论政府行动的恰当界限这个并非代议制政府所特有的大问题，就本文的有限计划来说是不适当的。我在别处[①]已经说过我认为有关应据以决定政府行动范围的那些原则的最根本的东西。但是从多数欧洲政府执行的职务中抽掉那些根本不应当由政府当局去做的事情以后，仍然还留下大量的各种职务，如果仅仅按照分工原则，就必须把它们分属于中央和地方当局。不仅要有另外的行政官员负责纯属地方的事务（这种划分在一切政府都是存在的），而且对这些官员的人民监督只有通过另外的机关才能有

① 《论自由》，结尾一章；更详细一点的是在《政治经济学原理》的最后一章。

利地进行。对他们的最初的任用,对他们进行监察和制约的职能,为他们的工作提供必要经费的责任,或扣留这种经费的自由决定权,都不应属于全国的议会或中央行政,而应属于当地的人民。在美国的某些新英格兰州,这些职能仍然直接由集会在一起的人民行使;据说其结果比预期还要好;而那些有高度教养的社会阶层对这种原始的地方政府管理方法感到如此满意,以致不想把它改换成他们所熟悉的唯一的代议制度,按照该制度一切少数派都被剥夺了选举权。然而,正是这种特殊情况要求把这一安排搞得实际上可以容忍,这样就必须依靠制订那种管理地方事务的下一级代表制议会的方案。这种议会在英国是存在的,但很不完全,带有很大的不规则性和缺乏制度。在其他一些更少平民统治的国家,它们的宪法却合理得多。在英国始终有较多的自由但较坏的组织,而在其他国家却有较好的组织但较少的自由。因此,必须在全国代表制之外有市和省的代表制。仍然有待解决的两个问题是,地方代表机关应如何组成,以及它们的职权范围如何。

在考虑这些问题时,有两点要求我们予以同等程度的注意:一是如何能把地方事务本身做得最好;二是地方事务的处理如何能对培养公共精神和发展才智起最大作用。在本书前面一个部分中我曾以强有力的语言——几乎没有什么语言足够强有力来表达我的信念的强度——论述了可以称之为公民的公共教育的自由制度的那部分作用的重要性。原来,地方行政制度就是实现这一作用的主要手段。除了可能作为司法方面的陪审员所起的作用外,居民大众很少有机会亲自参加一般社会事务的管理。阅读报纸,或许还给报刊写信，公共集会，以及对行政当局提出各种要求，是普通公民在两届议会选举之间的间隔期间参加一般政治的范围。尽管作为自由的保证和一般教养手段的这种种自由的重要性怎么强调也不过分，但这些自由所提供的实践更多地是在思想方面而不是在行动方面，并且是在没有行动责任的思想方面；这就大多数人来说比消极地接受某个别人的思想好不了多少。但在地方团体情况则不同，许多公民除选举职能外，还有依次被选的机会，还有许多人，或者通过选拔，或者通过轮流办法，担任许多地方行政职务中的这个或那个职务。他们在这些职位上必须为公共利益而行动，更不用说思考和说话了，而且这种思考不能全由代表去做。还可以补充说，这些地方职位既然一般说来不为地位较高的人所觊觎，它们就作为一种媒介把重要的政治教育带给社会中地位低得多的阶层了。因此，智力训练既是地方事务中比在一般国家事务中更重要的特色，同时在地方事务中行政能力的大小又关系不大，因而就可能给予智力训练以更多的考虑，而对行政能力的考虑，在这里比在一般立法和帝国事务管理等事项上往往可以被放在次于智力训练的地位。

关于地方代表机关的适当组成并不存在多大困难。它所适用的原则和适用于全国代表制的原则并无任何不同。和在更重要职能的情形下一样，这种机关应由选举产生；并且也有同样的但更为有力的理由给这种机关以广泛的民主基础，即危险较少，就普通教育和教养来说在某些方面好处甚至更大。由于地方代表机关的主要职责在于地方税的征收和支出，选举权应给予所有对地方捐税做出贡献的人，而不给予未做出贡献的人。我假定不存在任何间接税，不存在入市税，或者如果有，它们也只是附加的；负担这类税的人仍须被课以直接的地方税。和在全国性议会的情形一样，应规定少数的代表权，并且存在实行复数投票的同样强有力的理由。只是在低级的代表机关，不像在高级代表机关那样决然反对复数投票以单纯的金钱条件为依据（像在我国的某些地方选举的情形那样）。因为诚实而节俭地管理财政构成地方代议制团体比起全国性团体来要大得多的一部分业务，因此允许那些具有较大的金钱利益关系的人们有较大比例的影响，是更符合策略也是更公道的。

在新近设立的地方代表机关贫民救济委员会中，地区的治安法官当然和选出的成员坐在一起，但在人数上则依法不超过总数的三分之一。在英国社会的特殊组成中，我不怀疑这一规定有其有益的作用。它保证在这些机构中有比用其他实际可行的方法所能吸引到的更为有教养的阶级；同时这些当然成员在人数上所受的限制，又使他们不能因单纯的人数而取得优势。他们作为另一阶级的事实上的代表，有时具有不同于其余人的利益，对构成被选救济委员的大多数的小农场主或小店主的阶级利益是一种制约。我们现有的唯一的地方委员会，即仅由治安法官组成的每季开审的地方法庭，则不具有这样的优点。这些法庭除司法职务外，还有某些极重要的国家行政事务须由它们来完成。这些机构的组成方式是极不正规的，它们既不是通过选举产生，也不是通过在任何本来意义上的提名，而是和他们所继承的封建贵族那样，事实上是根据他们对土地的权利而保有重要职位的。对他们的任命权属于英国国王（或者实际上是属于他们自己当中的一个，即地方的民政长官),这种任命被用来仅仅作为排除被认为会玷辱该机构的人,或者有时在政治上站在错误方面的人的一种手段。这项机构是英国现在遗留下来的原则上最贵族式的机构;远甚于英国上议院,因为它不是会同人民议会,而是单独地决定拨款和处置重要的公共利益。这种制度由贵族阶级相当固执地坚持着,但它显然和作为代议制政府的基础的一切原则相矛盾。在郡委员会,也没有和在贫民救济委员会同样的理由实行哪怕是当然成员和被选成员的混合。因为一个郡的事务在相当大的程度上是地方绅士所关心和被吸引的对象,他们要被选入郡委员会不会比作为郡的议员被选入议会更困难。

关于选举地方代表机关的选民的适当范围,那个对议会代表制说来不适于当作唯一的和不妥协的规则加以适用的原则,即地方利益相通的原则,在此处则是唯一公正和可适用的原则。地方代表权的目的本身就是为了使那些具有和一般同胞的利益不同的共同利益的人们可以自行安排共同的利益,如果地方代表权的分配不按照共同利益的组合而按照任何其他的规则,就和这目的背道而驰了。每个市,不论大小,都有其特殊的利益,为其全部居民所共有。因此,每个市,不分大小,都应当有市议会。同样明显,每个市应当只有一个市议会。同一个市的各个区很少或根本没有地方利益上的重大分歧;它们都要求做同样的事情,负担同样的费用;并且,除有关它们的教会最好是让教区去管理以外,它们要求作同样的安排来为所有的人服务。铺路、照明、供水、排水、港口和市场规则,同一个市的各区不能各搞一套,否则就会引起极大的浪费和不便。伦敦市分为六七个独立的区,对地方事务都有各自的安排(其中有几个区甚至在其本区内也缺乏行政的统一),致使不可能对共同目的进行连续的或井井有条的合作,也排除了履行地方职责方面的任何划一的原则,使通常的政府不得不承担起假如有一个权力达到全市的地方政府就最好由地方政府去做的那些事情,并且除了保持那个作为现代的营私舞弊和旧时的浮华习气的结合的奇异装饰——伦敦市自治体以外达不到任何目的。

另一个同等重要的原则是,在每一地方界区内,应只有一个被选出的机关来处理一切地方事务,而不是由不同的机关处理该地区不同部分的事务。劳动分工并不意味着把每件事情分成细小的部分;它意味着把适于由同一个人做的事情合起来由同一个人去做,而把能由不同的人做得更好的事情分开来由不同的人去做。地方的行政职务的确要求分属于不同的部门,其理由和国家的行政职务相同;因为它们属于多种多样的性质,每种职务要求特殊的知识,并且为了使职务得到适当的执行就需要由特别有资格的官员专心去执行职务。但是适用于行政职务的详细划分的理由并不适用于监督职务。选举产生的机关其职务不是做工作,而是设法使工作做好,不留下应做而未做的事情。对所有的部门这项监督职务能够由同一个监督机关执行;并且依据集体的和广泛的见解比依据细小的和微观的见解要好得多。在公共事务中,和在私人事务中一样,每个工人都由一个监工加以监督是可笑的。英王政府由许多部门组成,并且有许多大臣去领导,但那些大臣并不是各有一个议会监督他们执行职务的。地方议会,和全国的议会一样,它的本来职务是把地方利益作为一个整体加以考虑,这个整体由各个部分组成,所有的部分必须彼此配合,并按照它们的重要性的次序和比例加以组合。把对一个地方的全部事务的监督归于一个机关,还存在另一重要理由。平民的地方机关的最大缺陷,以及它们经常遭到失败的主要原因,就是负责这些机关的几乎总是缺少才干的人。他们应该是多方面的人,这一点的确是该机关的有用之处;正是主要由于这种情况才使它成为政治能力和一般智力的学校。但是一个学校就应假定既有学生又有老师;教育的效用大大有赖于它使文化低的人和文化高的人发生接触,这样的接触在通常的生活过程中是完全不常有的,而缺乏这种接触就比别的任何事情更易把大多数人保持在心安理得的无知的水平上。此外,如果由于缺乏适当的监督,缺少在它本身内的较高级人物的存在,这个学校就是毫无价值的,而且是一个邪恶而不是善良的学校,其行动就可能也往往会堕落到追求其成员的私利那种既无耻又愚蠢的地步。再说,要劝使无论是在社会地位上或是在智力上属于上等阶层的人参加地方行政,在一个角落里做些零碎工作,像铺路委员会或排水委员会委员那样,则是完全无指望的。市的整个地方事务才是一项足够目标来劝使志在全国事务或其所具的知识使之有资格担当全国事务的人们成为单纯地方机关的成员,并为之献出时间和学问,以便使他们的存在不仅仅是在他们的责任掩盖下营私舞弊任用低劣人员的烟幕。单纯一个市政工程局,尽管它包括全伦敦市,肯定要由组成伦敦教区的教区会那样的人员组成;不要这种人构成多数是不实际的,或者甚至是不值得想望的。但是重要的是,对地方机关旨在服务的每项目的来说,不论它是对这些机关的特殊职务的开明而诚实的执行也好,或者它是民族的政治智能的培养也好,每个机关都应包含有一部分该地区最好的人。

这些人就这样和较低级的人们发生极为有益的经常的接触，从后者接受他们所能给予的有关地方和职业的知识，并反过来用自己的更开阔的思想和更高、更开明的目的来启发他们。

单纯的村不能要求市的代表权。我说的村是指这样一个地方，它的居民同附近农村居民并无在职业或社会关系方面的显著区别，而对周围地区所作的安排就足以满足当地需要了。这样的小地方很少会有足够的公众来组成一个像样的市议会。如果这种地方有什么可承担公共事务的才能或知识，就往往集中于某一个人，因而这个人就成为这个地方的统治者。这种地方以并入较大地区较好。农村地区的地方代表权将自然地由地理情况决定，适当地注意有助于人类协同行动的共同感情，这种感情部分沿着历史的疆界，如郡或省的疆界而形成，部分地产生于共同的利益和职业，如在农业、海运、工业或矿业地区。不同种类的地方事务可能要求不同范围的代表权。教区协会被确定为监督救济贫穷的代表机构的最适当的基础；另一方面，对公路、监狱或公安的适当管理，就需要有像一个普通的郡那样大的范围。因此，在这些大地区，任何地方组成的依选举产生的机构应有管理该地方共通的一切地方事务的权力这一原则，需要由另一原则以及对取得最高资格的人来履行地方职责的重要性的考虑，来加以修正。举例来说，如果对济贫法的适当管理说来征税范围有必要（我认为是如此）不超过多数现有教区协会的范围的话，这一原则就要求给每个协会设一个贫民救济委员会——但是，由于郡委员会可能得到比组成一般贫民救济委员会的成员资格高得多的人，根据这种理由，为郡委员会保留某些较高一类的地方事务也许是适宜的，这些事务否则就可能由各个协会方便地加以处理。

在负责监督的议会,或地方下级议会以外,地方事务有其行政部门。关于这个部门,产生和关于国家行政部门同样的问题;对于这些问题,大部分可作同样的回答。适用于一切国民委托的原则实质上是一样的。首先,每个行政官员应该是单一的,并单独地对委托给他的整个职务负责。其次,行政官员应通过提名而不是通过选举任用。每个检验员,或卫生官员,或甚至收税员都由普选任命是极可笑的。民众的选择通常以能对少数地方领袖产生影响为转移,这些地方领袖,由于他们并未作这种任命,对这种任命是不负责的;或者以对同情的呼吁为转移,这种呼吁所根据的是有十二个子女,以及在这教区当了三十年的纳税人。如果在这种情况下民众的选举是一种滑稽剧的话,地方代表机关作出任命也同样是该反对的。这样的机关永远存在着变成推行其各种成员私人营利事业的合股公司的倾向。任命应由该机关的主席个人负责作出,把他叫做市长,地方法庭庭长,或无论什么别的名称都行。他在当地所占的地位类似首相在国家中的地位,在组织得很好的制度下,地方官员的任命和监督是他的最重要的一部分职责。他本人由郡议会从其成员中任命,每年改选一次,或者经郡议会议决免职。

我现在从地方机关的组成转到它们的正当职权这个同等重要并且是更为困难的问题。这个问题分为两个部分:什么是它们的职责,以及它们是否应在那些职责的范围内享有充分的权力,或者应否受到中央政府的任何干涉和什么样的干涉。

首先,很明显,一切纯属地方的事务——一切仅涉及一个地区的事务——应归地方当局负责。铺路、照明和一个市的街道清洁工作，以及在通常情况下房屋的排水，除其居民外对任何人均无甚影响。一般国家对这些事感兴趣不过是出于它对一切公民的个人福利的关心。但是，在属于地方的业务，或由地方官员执行的业务中，有许多业务可以同样恰当地被称为国家的业务，它们是公共行政某些部门属于地方的那部分，其效率如何是全体国民所同样关心的。例如监狱，我国大多数的监狱由郡管理；地方警察；地方司法，特别是在自治城市，很多是由地方选出的官员执行，从地方专款中支付薪金。这些无一可说是只具有地方重要性的事项，而不是具有全国重要性的事项。如果由于某地方的治安搞得不好，这地方成了盗贼的巢穴或道德败坏的中心，对国家的其余的人来说就不是一件与个人无关的事情。或者，如果由于监狱的不良管理，法院对监禁在其中的罪犯（他们可能来自其他地区或在其他地区犯罪）判的刑，加重一倍或减轻到实际不受惩罚的地步，情形亦复相同。而且，构成这些事项的良好管理的要点到处都是一样的。没有理由在王国的这一部分和另一部分，在公安、监狱或司法的管理上应该有所不同。同时，危险的是，在如此重要的事情上，适于由国家最有教养的人来做的事情，却只能指靠能力较低的人来为地方服务，就可能犯下成为国家一般行政上的严重污点的重大错误。人身和财产的安全，以及个人之间的公平审判，是社会的头等需要，也是政府的首要目的。因此，如果这些事情能交给不是最高的负责机关，那么除战争和条约外，就没有什么事情需要一个全国性的政府了。凡是保证这些首要目的的最好的安排都应该全是强制性的，并且，为了保证它们的贯彻施行，都应该置于中央监督之下。由于各地区缺少代表全国性政府的官员，把中央当局所规定的职务的执行委托给该地区为地方的目的任命的官员，往往是有助益的，就我国制度来说甚至是必要的。但是经验正在天天迫使公众相信必须至少有全国性政府任命的监察官来设法使地方官员尽到他们的职守。如果监狱由地方管理，中央政府任命监狱的监察官要注意遵守议会所制定的规则，如监狱的状况表明有必要可建议其他的规则，就像工厂督察和学校督学，监视着议会有关工厂的法令的遵守，和国家对学校给予资助的条件的履行。

但是，如果司法，包括公安和监狱，既是如此普遍关心的事情，又是独立于地方特点的一般科学问题，那么可以也应当在全国范围内作划一规定，并由比纯属地方当局的人更有训练和更熟练的人贯彻施行有关规定；另一方面也有一些事务，如济贫法、卫生规则等等的管理，尽管它们真正是全国所关心的，但不能在符合地方行政的目的的情况下，用地方管理以外的方法管理。关于这样一些任务产生这样的问题：地方当局应当被授予自由决定权，不受国家监督或控制到什么程度。

要决定这个问题，有必要考虑中央当局和地方当局在有关做这工作的能力以及防止玩忽职守或滥用职权方面所处的相对的地位。首先，地方代表机关及其官员几乎肯定在才能和知识程度上比不上议会和中央行政部门。其次，除了他们自己条件较差外，监督他们的，以及他们应对之负责的舆论也较差。监督他们行动和对他们提出批评的公众，同环绕并告诫着首都的最高当局的公众比起来，范围较小而且一般说来要不开明得多。同时所涉及的比较狭小的利益甚至使那较低级的公众把思想针对问题不那么认真也不那么热切。报刊和公开讨论所进行的干预就更少得多了，而所进行的干预在地方当局的行动中比在中央当局的行动中可能遭到更加泰然的忽视。以上所说,似乎好处完全在由中央政府管理这方面。但是,当我们更加仔细地看一看的时候,就发觉这些选择的动机被其他一些完全同样重要的动机抵消了。如果说地方当局和地方的公众在行政管理原则方面的知识不如中央的当局和公众,他们却有对结果的直接得多的利害关系这一可补偿的好处。一个人的邻居或他的房主人也许比他本人聪明得多,并对他的走运也不是没有间接的利益,但尽管如此,他的利益在他自己的管理下比在他们的管理下将照料得更好。此外还须记住,即使假定中央政府通过它自己的官员进行管理,它的官员并不在中央行动,而是在地方上行动,不管地方的公众比中央的公众怎样差,有机会监督这些官员的只是地方的公众,只有地方的舆论或者活动直接影响他们的行为,或者引起政府注意作必要的纠正。只是在极端的情况下,国家的一般舆论才会针对地方行政的细节,至于这种舆论有办法以对事情的公正判断来决定这种细节就更加少见了。再说,地方舆论必然更有力地影响纯属地方的行政官员。按照事情的自然状态,这些官员是永久的居民,不指望在他们不再行使权力时从这地方引退;并且他们的权力本身,按照假定,是以当地公众的意志为转移的。我不必详细论述中央当局缺乏对地方上的人和事的具体了解,以及它的时间和思想过多地被其他事情所占据,以致甚至为对申诉作出决定和强使为数众多的地方代理人负起责任所必要的一定数量和质量的地方知识也无法得到。因此,在管理的细节方面地方机关一般说来是有优越性的;但是在对甚至纯属地方管理的原则的理解方面,中央政府,如组织得好,优越性应当是很大的：不仅由于组成中央政府的人具有或许很大的个人优越性，以及经常从事于促使他们注意有益意见的许多思想家和著述家，而且由于任何地方当局的知识和经验不过是地方的知识和经验，局限于他们自己的那部分地区和它的管理方式，而中央政府则有办法获知应该从整个王国的联合经验中学习到的一切东西，加上容易接近外国的经验。

从这些前提不难引出实际的结论。最熟悉原则的当局在原则问题上应该是最高的，而在具体问题上最有能力的当局应该负责处理具体问题。中央当局的主要职务应该是发指示，地方当局的主要职务应该是把指示应用到具体问题。权力可以地方化，但最有用的知识必须集中；必须在某个地方有集中一切散乱光线的焦点，以便在别处的不完整和有色的光线可以在那里找到使它们变得完整和净化所必要的东西。对影响到一般利益的每个地方行政部门，应该有一个相应的中央机构，一个部长或在他下面的经特别任命的某个官员；即使这个官员所做的不过是从各地收集情报，并把从一地区取得的经验交给需要这经验的另一地区也好。但是除这以外中央当局还有一些事要做。它应当保持经常和地方自由交流情况：收集各地的经验并把自己的经验通知各地；当被询问时立即提供意见，当看到有这种要求时就主动提供意见；要求将诉讼程序公开并作成记录，强制服从立法机关就地方管理问题制定的每一项普遍通行的法律。很少人会否认应当规定一些这样的法律。各地对其本身的利益处理失当是可以允许的，但不允许损害别的地区的利益，也不允许违反国家有义务严格遵守的那些人与人之间的公平原则。如果地区的多数派企图压迫少数派，或者一个阶级压迫另一个阶级，国家就非干预不可。例如，一切地方税都应当专由地方代表机关表决；但是这个机关，尽管完全由纳税人选出，可能用这样一些税来增加收入，或用这样的方法来征税，使得穷人、富人，或某个特定阶级负担不公平的份额。因此，尽管让地方机关自由决定地方税的单纯数量，立法机关有义务强制规定只允许地方使用的征税方式和估定税额的规则。又，在公共慈善事业的管理方面，整个劳动居民的勤勉和道德品质在极大程度上视坚持给予救济的某些确定的原则的情况而定。尽管按照那些原则决定谁有资格得到救济实际上是地方官员的事，但全国议会是规定那些原则的恰当的权威；如果它在这一全国严重关心的事情上不规定强制性规则，并作出不应背离这些规则的有效规定，它就疏忽了最重要的一部分职责。至于为了法律的适当实施它有必要保留什么样的实际干涉地方行政官员的权力，则是一个毋庸论及的细节问题。法律本身不用说将规定惩罚，并确定其施行方法。为应付极端的情况，中央当局有权解散地方议会，或将地方行政长官免职，可能是必要的，但无权作出新的任命，或停止地方机关的工作。在议会未进行干涉的地方，任何行政部门也不应当有权干涉，而是作为一个顾问和批评者，一个法律执行者，以及向议会或地方选民揭发它所认为应该谴责的行为，行政的这些职能具有极大的价值。

有些人可能认为，不管中央当局在管理原则的了解上怎样胜过地方当局，人们经常坚持的一项伟大目的，即公民的社会政治教育，要求让他们按照他们自己的见解管理这些事情，不管他们的见解是怎样不完全。对这一点可以回答说，公民的教育并不是应该考虑的唯一的事情；政府和行政并不是仅仅为它而存在的，尽管它是很重要的。但是这种反对意见表明对平民机关作为政治教育的手段的这种职能缺乏完全的理解。将无知者和无知者放在一起，如果他们想要知识，就让他们在毫无帮助的情况下摸索前进，如果他们不想要知识，就只好让他们没有知识，这不过是一种贫乏的教育。所需要的是如何使无知者自己意识到无知，并能从知识得到好处；使只知道例行公事的人习惯于按照原则行动，并感觉到原则的价值；教他们比较不同的行动方式，并学会运用他们的理性区别出什么是最好的。当我们希望有一个好学校时，我们不排除教师。老话说，“有什么样的老师，就有什么样的学校”，对青年的学校教育是如此，对成年人的公共事务教育也是如此。企图作一切事情的政府被查尔斯·德·瑞穆沙(Charles de Rémusat)先生恰当地比之为替学生做全部作业的老师；他在他们那里可能很得人心，但他教给他们的东西却很少。另一方面，凡是可能由别人做的事它都不做，也不教给别人应该怎样做的政府，就像一所没有老师的学校，有的只是从未有人教过的学生老师。

第十六章　和代议制政府有关的民族问题

如果人类的一部分由共同感情联结在一起，这种感情不是他们和任何别人之间共同存在的，这部分人类就可以说构成一个民族——这种共同感情使他们比之和其他人民更愿意彼此合作，希望处在同一个政府之下，并希望这个政府完全由他们或他们中的一部分人治理。这种民族的感情可能产生于种种原因。有时它是同一种族和血统的结果。共同的语言和共同的宗教大大有助于民族感情的形成。地理界限是其原因之一。但最重要的原因是共同的政治经历；具有民族的历史，以及从而产生的共同的回忆；和过去发生的事件联系着的集体的骄傲和耻辱，快乐和悔恨。然而所有这些情况单独地都既不是必不可少的，也不是一定足够的。瑞士有强烈的民族感情，尽管它的各州属于不同种族，不同语言和不同宗教。西西里（Sicily）在整个历史上感到本身和那不勒斯（Naples）属不同民族，尽管有共同宗教，差不多共同的语言，以及相当多的共同历史经历。比利时的弗勒米希省（Flemish）和沃隆省（Walloon），尽管种族和语言不同，却较之前者同荷兰，或后者同法国，有大得多的共同民族感情。但是一般说来民族感情因不具备有助于其形成的原因之一而相对地削弱。共同的语言、文学，以及在某种程度上共同的种族和回忆，在日耳曼族的各个部分中相当强烈地保持着民族感情，尽管它们从来没有真正联合在同一政府下面；不过这种感情从未达到使各个州愿意放弃它们的自治的程度。在意大利人中，远非完全的共同语言和文学，连同以明显的界线把他们同其他国家分隔开来的地理位置，以及，或许最重要的是，分享同一名称的人所共有的称号[①]——它给他们造成在艺术、武力、政治、教皇权力、科学和文学等昔日的业绩中的一切荣誉——在人民中引起了虽然仍不完全却足够产生我们现在看到的那些伟大事件的民族感情，尽管有种族上的大混杂，尽管他们不论是在古代或近代历史上从来没有处在同一个政府之下，除了当那个政府[②]曾经扩张到或进行扩张到当时已知世界的大部分地区的时候。

凡是民族感情有效存在的地方，似乎就证明有把该民族的所有成员联合在同一政府，并且是他们自己的个别政府之下的根据。这不外是说政府的问题应当由被统治者来决定。人们几乎无法知道任何一部分人应自由地做些什么，如果不先确定在各种的人类集体组织中他们愿意参加哪一种集体组织的话。但是，当一个国家的人民实行自由制度的时机成熟的时候，则还有更为重要的考虑。在一个由不同的民族构成的国家，自由制度简直是不可能的。在一个缺乏共同感情，特别是语言不同的人民中，不可能存在实行代议制政府所必要的统一的舆论。构成舆论和决定政治行为的势

① 按指罗马人这个称号。——译者

② 指古代罗马帝国政府。——译者

力在这个国家的各个地区是不相同的。得到国家这一地区的信任的领导班子和得到另一地区的信任的领导班子截然不同。同样的书籍、报纸、小册子、讲话到不了这些地区。这一地区不知道另一地区正在流行着什么样的意见,或什么样的宣传鼓动。同一事件,同一行为,同一政府制度,对它们的影响是不同的。每个民族害怕其他民族加给它以损害更甚于害怕共同的主宰者,即国家所加的损害。它们之间的相互交恶一般说来比对政府的猜忌要强烈得多。任何一个民族对共同统治者的政策感到不满就足以决定另一民族支持该项政策。即使全都感到不满,也没有人会感到他们能信赖别人会忠实地采取共同抵抗的行动,每个民族的力量都不足以单独地进行抵抗,每个民族可能不无道理地认为最有利于自己的办法就是争取政府的好感来反对其他民族。最重要的是,作为防止专制政府的最后手段的主要和唯一有效的保证在那种情况下是不存在的,那就是军队对人民的同情。在每一个社会中,按照事情的性质来说,军队是具有在同胞和外国人之间最深刻、最明显区别的那部分人。对其余的人民来说,外国人只不过是陌生人;对士兵来说,外国人是他可能经一周的事先通知被召集来对之进行生死搏斗的人。对他来说,这种差别是朋友和敌人之间的差别——我们几乎可以说是同胞和另一种动物之间的差别。因为关于敌人,唯一的法律就是暴力,并且唯一的缓和就是和对其他动物的情形一样——单纯的人道。士兵如果感到同一政府下的一半或四分之三的人民是外国人,他们将会像对公然的敌人要做的那样,毫不迟疑地把他们摧毁,并且不想问为什么。由各种民族组成的军队除忠于所属的司令旗以外没有任何爱国心。这样的军队在整个近代历史中一直是绞杀自由的刽子手。把他们维系在一起的唯一纽带是他们的军官和他们所效力的政府；他们对公共义务的唯一看法，如果他们有任何看法的话，就是服从命令。得到这种军队支持的政府，依靠保持它的匈牙利军团于意大利和保持它的意大利军团于匈牙利，就能用外国征服者的铁鞭长期继续统治这两个地方。

如果有人说，对待同胞和对待单纯的人类之间的如此明显的差别是野蛮人的做法而不是文明人的做法，应当全力加以反对的话，没有人比我更强烈地主张这种意见了。但是这个目标——这是人类最有价值的努力方向之一——在现今的文明状态下，决不能靠保持在同一政府下各民族力量相等的办法来达到。在未开化的社会状态下，情况有时是不同的。那时政府可能关心于缓和种族之间的交恶，以便和平得以保持，国家更易于统治。但是当存在自由制度或对自由制度的愿望时，在任何人为地结合在一起的人民中，政府的利害恰恰在相反的方面。这时政府的利害在于保持并恶化他们之间的交恶，以便能防止他们联合，并能利用其中的某些人作为奴役其余的人的工具。奥地利朝廷现在在整整一代中把这些策略作为它统治的主要手段；在维也纳叛乱和匈牙利争斗中这些策略取得何等重要的成功是全世界都十分清楚的。幸运的是，现在有迹象表明，进步已经发展到不允许这一政策再取得成功的地步。

由于上述理由，一般说来，自由制度的一个必要条件是，政府的范围应大致和民族的范围一致。但是在实践上某些考虑容易同这个一般原则相冲突。首先，这一原则的适用常常受到地理障碍的限制。甚至在欧洲也有一些地区由于不同的民族杂居在一起，要把它们置于个别政府之下实际上是办不到的。匈牙利的居民由马扎尔人(Magyars)、斯洛伐克人(Slovacks)、克罗地亚人(Croats)、塞尔维亚人(Serbs)、罗马尼亚人(Roumans)以及某些地区的日耳曼人组成，混杂得无法从地区上分开；除了把不得不如此当成一种好事，并在平等权利和法律下面安心地生活在一起以外别无其他办法。自从1849年匈牙利丧失独立时起才形成的他们所受奴役方面的共同性，似乎正在成熟到使他们倾向于这种平等的联合。日耳曼人聚居地东普鲁士被古波兰的一部分地区从德国隔开，并且由于太弱而不能维持单独的独立性，如果要保持地理上的连接的话，就必须或者是被置于非日耳曼政府之下，或者是夹在当中的波兰领土必须被置于日耳曼政府之下。另一块相当大的地区，其中日耳曼人是居民主要成分，即库尔兰(Courland)、爱沙尼亚(Esthonia)和里佛尼亚(Livonia)诸省，由于当地的局势而被判定为斯拉夫国家的一部分。在东部德国本身，存在着为数众多的斯拉夫人：波希米亚(Bohemia)主要是斯拉夫人，西利西亚(Silesia)和其他地区部分地是斯拉夫人。欧洲最统一的国家法国远远不是清一色的：姑且不说在其极边远地区居住着零星的外族，如语言和历史所表明的，它由两部分构成，一部分几乎是高卢罗马人(Gallo-Roman)，而在另一部分则是法兰克人(Frankish)、勃艮第人(Burgundian)，以及其他条顿族人(Teutonic)构成相当大的成分。

当对地理上的情况作了适当考虑以后，就出现另一种更纯粹是道德的和社会的考虑。经验证明，一个民族合并和被吸收到另一民族是可能的,并且当它原来是一个低等的和较落后种族的时候,这种吸收对它就大大有利。没有人能认为,对一个布列塔尼人(Breton),或者法属那瓦的巴斯克人(Basque)说来,被带进一个高度文明和有教养民族的思想感情的洪流——成为法国民族的一个成员,在平等条件下取得法国公民的一切特权,分享法国保护的好处以及法国国力的尊严和威望——比之愁对自己的困难处境,过去时代的半野蛮的遗迹,在自己狭小的精神生活轨道里活动,既不参加也不关心世界的一般活动,不是更为有益。同样意见也适用于威尔士人(Welshman)或苏格兰高地的人(Scottish Highlander)成为英国民族成员的情形。

凡倾向于民族的混合,以及在共同联合中调和它们的属性和特性的,都有裨益于人类。不是靠消灭不同的类型——这种例子在混合的情况下肯定仍然是不少的——而是靠缓和它们的极端的形式,并缩小它们之间的差距。联合的人民,像异种繁殖的动物(不过是在更大程度上,因为起作用的影响既是肉体的也是道德的),继承其一切祖先的特质和优点,混合的结果这些特质和优点不致趋于极端而变成缺点。但是要使这种的混合成为可能,就必须有特殊的条件。发生并影响到结果的各种情况的结合是各种各样的。

同一政府下的各民族,在人数和力量上可以是大致相等的,也可以是很不相等的。如果不相等,两个民族中人数最少的在文化上可以是较高的,也可以是较低的。假定它是较高的,它由于文化上的优越也许能占上风,或者被暴力所压服并降到从属地位。后一情况对人类说来是纯粹的灾难,文明人类应一致起来用武力加以防止。希腊被马其顿(Macedonia)吞并是世界上曾经发生过的最大的不幸，任何欧洲的主要国家被俄国吞并也将是同样的不幸。

如果更先进的较小民族能够征服较大的民族，像马其顿人在希腊人支援下征服了亚洲，和英国人征服印度那样，常常有利于增进文明，但征服者和被征服者在这种情况下不能在同一自由制度下生活在一起。征服者被吸收到较不发达的人民中将会是一种祸害，因为这些人民必须作为臣民被统治着，而这种事态是有益还是不幸，须视被征服者是否已达到不实行自由政府就有害的状态，以及征服者是否利用他们的优越性来使被征服者适于更高的发展阶段而定。这一问题将在下一章中特别加以讨论。

当战胜其他民族的民族既在人数上最多而又最先进的时候，特别是如果被征服民族是个小民族，无希望恢复其独立的话，那时，如果统治还比较公正，而强大民族的成员未因被赋予独有的特权而变得可恨的话，较小的民族就会逐渐顺应它所处的地位，和较大的民族混合在一起。任何巴斯—布列塔尼人，甚至任何阿尔萨斯人(Alsatian)，今天都没有丝毫意愿要从法国分离出去。如果说爱尔兰人在对待英国的态度方面尚未达到这同样的意向，那部分地是因为他们有足够多的人数能够自行构成一个可尊敬的民族，但主要地则是因为，直到近年，他们受到极残暴的统治，以致他们所有的良好感情都和恶劣感情结合起来煽起对撒克逊统治的强烈憎恨。对英国说来的这种丢脸，以及对整个帝国说来的这种祸患，可以实实在在说在最近大约一世代中完全消失了。现在每个爱尔兰人和盎格鲁—撒克逊人一样自由，他所享有的每一种利益的份额，无论对他的国家或对他的个人财产来说，都和他假使是出生在英国版图的任何其他部分时一样。爱尔兰人唯一遗留下来的真正不满,即对国教会的不满,是较大岛屿[①]的一半或近乎一半人民和他们所共有的。现在除了对过去的记忆,以及占统治的宗教有所不同以外,几乎没有什么把两个民族分开,也许是世界上互相配搭得最好的两个民族了。自觉到终于在待遇上不仅受到同等公平而且受到同等考虑的这种意识,在爱尔兰民族中正在迅速地消除一切不利的感情,使他们能觉察到,人数较少、较不富裕的民族,从作为不仅是他们的近邻,而且是最富有的,并且是地球上最自由的,以及最文明和最强大的民族之一的民族的同胞,而不是外国人,所必然带来的好处。

在民族的混合上存在最大实际障碍的情况就是当这些结合在一起的民族在人数以及其他力量因素方面差不多相等的时候。在这种情况下,每个民族信赖它自己的力量,感到它自己能够保持和任何别的民族同样的努力,不愿意被融合到别的民族中去。因此,每个民族以党派的固执性培养它自己的独特的特性;陈旧的习惯,以及甚至淘汰中的语言,都被恢复起来以加深这种分离;每个民族对别族官员在它内部行使权力都认为是对它的压迫;给予相冲突的民族之一以任何东西都被认为是取之于所有其余的民族。当这种彼此分离的民族同处在一个专制政府之下,这个专制政府对它们全是陌生的,或者尽管出自其中的一个民族,但对它本身的权力比对民族感情感到有更大兴趣,不给任何一民族以特权,并且不加分别地从所有这些民族中挑选它的傀儡时,经过几个世代,由于地

① 指大不列颠岛。——译者

位相同常常产生感情上的和谐，各个民族逐渐感到彼此是同胞，特别是如果他们散居在同一地区的话。但是如果渴望自由政府的时代在这种融合完成以前到来的话，完成这种融合的机会就一去不复返了。从那时起，如果不调和一致的各民族在地理上是分开的，特别是如果它们在当地的地位不是自然地适合或便于处在同一政府之下的话（如一个意大利的省在法国或德国支配下的情形），那么完全打破这种联系，就不仅是显然恰当的，而且，如果想要有自由或和谐的话，是必要的了。可能有这样的情况：各省在分开之后，用联邦的纽带仍然联合在一起可能是有益的。但是通常的情况是，如果它们愿意放弃完全的独立，成为联邦的成员的话，它们中每一个都有其他相邻地区愿意与之联合在一起，具有更多的共同感情，如果不是也具有更大的共同利益的话。

第十七章　联邦的代议制政府

不适于或不愿意在同一国内政府下生活的几部分人，在对外关系上组成联邦往往是有好处的，既防止他们自己之间的战争，也为了更有效地防卫强国的侵略。

联盟要成为可取，须具备几个条件。第一个条件是，在居民之中应有足够多的相互同情。联盟使他们受到拘束要永远站在同一方面战斗；如果他们彼此间抱有的感情，或对待其邻人方面抱有的不同感情，是一般地宁愿站在相反方面战斗，那么联盟的纽带既不会维持长久，在其存续期间也不会很好遵守。在这意义上的同情就是基于种族、语言、宗教，特别是政治制度方面的同情，它最有助于政治利益的共同感。当几个自由国家，各自均不足以自卫，四面八方被军事的或封建的君主所包围，而这些君主又憎恨和蔑视甚至邻国的自由时，这些国家除结成联盟外不可能保持自由及其幸福。从这种原因产生的共同利益，几个世纪以来在瑞士被认为适于有效地保持联盟，尽管不仅存在着宗教上的不同，宗教当时是整个欧洲不可调和的政治冲突的主要根源，而且联盟本身的构成上也存在着重大的弱点。在美国，那里在最大程度上存在着维持联盟的一切条件，唯一的缺点是在单独一个但却最为重要的奴隶条款方面的制度上的分歧，这一分歧在离间联盟的两个部分彼此之间的感情上走得这么远，以致对双方都有极大价值的纽带是继续保持还是决裂要由一场顽强的内战来决定。

联邦政府稳定性的第二个条件是，个别的国家不是强大到能依靠它们单独的力量防御外来侵略。否则它们就很容易认为它们从同别的国家联合之所得不能抵偿它们在牺牲行动自由方面之所失；从而，每当联邦在其有权管辖的事情上的政策不同于任何一个成员各自推行的政策时，内部的和地区的不和，由于缺乏对保持联邦的充分渴望，就有发展到解散联邦的危险。

其重要性不亚于前两个条件的第三个条件是，在缔约各国中没有特别突出的力量上的不平等。当然，它们在资源上不可能绝对平等，在一切联邦中各邦之间的力量总是不一样的；有些邦人口较多，较富，也较文明。纽约州和罗得岛州（Rhode Island）之间在财富和人口方面是悬殊的；伯尔尼州（Bern）和楚格州（Zug）或格拉利斯州（Glaris）[①]之间的情况亦同。最主要的是，不应有任何一个邦比其余各邦强大到能有力量对抗许多个邦联合在一起的力量。假如有这样一个邦，而且是唯一的一个，它坚持要控制共同的讨论；假如有两个这样的邦，在它们意见一致时那将是无法抵抗的；而一旦它们意见不一致，一切将决定于它们之间的权力斗争。仅仅这一原因就足够把德意志联邦降到几乎等于零，且不说它的糟透了的内部构成。它丝毫未实现联邦的真正目的。它从未给德意志以划一的关税制度，也未定下统一的币制；仅仅有助于授予奥

① 此三州均瑞士州名。——译者

地利和普鲁士以合法权力把它们的军队派去帮助各地方的君主强迫其臣民服从专制制度。另一方面，在对外关系上，联邦将把全德意志变成普鲁士(假如没有奥地利的话)和奥地利(假如没有普鲁士的话)的属国。这时候，每个小君主除了附和这国或那国，或和外国政府勾结起来反对两者以外，很少有其他的选择。

联邦的组成有两种不同的方式。联邦当局只代表各个政府，它的行为只对作为政府的各邦政府有拘束力；或者它有权制定和发布直接对各个公民有拘束力的法律和命令。前者是德意志所谓联邦的方案，以及 1847 年以前瑞士宪法的方案。在美国紧接独立战争后的几年也试行过这种方案。另一原则是美国现行宪法的原则，并且在最近十二年中被瑞士联邦采用。美国联邦的联邦国会是每一个州政府的实体部分。在它的职权范围内，它制定每个公民自应遵守的法律，由它自己的官员执行，并由它自己的法院强制施行该项法律。这是人们业经发现或确曾有可能产生有效的联邦政府的唯一原则。仅仅政府之间的联合不过是一种联盟，而且容易受到使联盟变得不稳定的一切意外事件的影响。如果美国总统和国会的法令只对纽约、弗吉尼亚(Virginia)或宾夕法尼亚(Pennsylvania)各州的政府有约束力，并只能通过那些政府给各自所任命的官员发布的命令加以施行，只对它们各自的法院负责，那么联邦政府的任何命令如果得不到多数州的同意就无法执行了。向州政府发出的征发物品的命令除战争以外也就没有其他制裁或强制手段了。这样一来，联邦军队将不得不经常准备着对冥顽不驯的州强制施行联邦的法令。还有这种可能：其他的州，同情于抗拒不服的州，也许在争议的某一点上对它有同感，不派出它们的军队，如果不是派出军队去和不服从的州的军队一起作战的话。这样的联邦更像是诱发内战的原因，而不是预防内战的办法。如果说这不是瑞士联邦直到1847年前几年发生的事件以前的情况，那不过是因为联邦政府感到本身很弱，以致几乎不曾试图行使任何真正权力的结果。在美国，按照这原则的联邦的试验，在其存在的最初几年里就失败了；幸而当时具有丰富知识和既得权势的人们——共和国的独立是他们奠定的——仍然活着来引导共和国度过困难的过渡期。《联邦主义者》这本由三个主要联邦主义者所写文章的汇集，是在新的联邦宪法尚待全民加以认可的时候为了对该宪法作说明和辩护而写的，至今仍为我们关于联邦政府所具有的最富教育意义的论文。[①] 在德意志，这个更为不完善的联邦，如大家所知道的，甚至未符合维持同盟的目的。它在任何一次欧洲战争中都未防止联邦的单个成员和外国联合起来反对其他成员。尽管这样，它似乎是君主国家间唯一可能的联盟。一个根据继承而不是根据委托握有权力的国王，在既不能剥夺他的权力，又不能使他就权力的行使对任何人负责的情况下，是不可能放弃掌握独立的军队，或者容忍任何国家不通过他而直接对他的臣民行使主权的。要使两个以上的君主政府的国家联合在一个有效的联盟之内，看来是必须在同一国王统治之下。英格兰和苏格兰在国王的联合和议会的联合之间的约一世纪期间内就是这样一种联盟。甚至这种联盟之有效，也不是由于联邦制度，因为根本不存在这种制

① 弗里曼(Freeman)先生的《联邦政府史》一书已经是对这方面文献的添加，就其进步的原则和对历史细节的掌握说是同样有价值的，此书现仅出了第一卷。

度，而是由于在两国宪法中的王权在大部分那段时间内都差不多是绝对的，致使两国的对外政策能按照一个意志形成。

在更完善的联邦形式下，每个特定邦的公民须服从两个政府，他自己的邦政府和联邦的政府，不仅每个政府的宪法上的权限须作明确规定，而且在发生争议时决定权不应属于任何一个政府，也不应属于各该政府的任何官员，而应属于独立于两者之外的仲裁者。应该有一个最高法院和在各邦内的下属法院系统，有关争议问题将送交这些法院，它们对争议作出的终审判决将是最后的。联邦的每个邦，以及联邦政府本身，和联邦及各邦政府的每个官员一样，在超越它们的权限，或者未履行其联邦义务时，都应受到在这些法院中的控诉，并一般说来不得不利用这些法院作为贯彻它们的联邦权利的工具。这牵涉到实际上出现在美国的那种惊人的后果，即作为联邦最高法庭的法院位于各州及联邦政府之上；有权宣布它们所制定的法律或其所为超出联邦宪法赋予它们的权限，因而无法律效力。在经过考验以前，对于这样的规定会起怎样的作用，法庭是否会有勇气行使其宪法权力，如果有的话，它是否会明智地行使这种权力，以及各政府是否会同意和平地服从它的判决，人们自然会感到强烈的怀疑。在美国宪法最后通过以前关于这一规定的讨论证明人们强烈地感到这种种自然会有的担心；但是现在完全放心了，因为从那以后所经过的六十多年里，没有发生足以证实这种种担心的事情，尽管有时有过关于联邦和州政府权限的相当激烈的争论，并且这种争论成了政党的标志。这样一项单个的规定所以具有突出的有益的作用，照德·托克维尔先生的意见，在很大程度上可归之于法院作为一个法院所固有的特性——即它不以其名义和抽象地宣布法律，而是等到人和人之间涉及争议问题的案件在司法上系属于法院之后：从这里产生的可喜结果是，它的宣布不是争议一开始就作出，在其以前通常先有很多群众性的讨论，法院在听取双方有声望的律师就争议问题充分辩论之后作出判决，每一次仅就案件所要求的问题作判决，而且它的判决不是为了政治上的目的自愿作出的，而是出于它应对原被告双方实行公平审判这一不能拒绝履行的义务。甚至这些信任的理由也不足以产生所有政府当局对最高法院关于宪法解释所作决定的那种恭敬的服从，如果不是因为它们不仅对组成这个高贵法庭的法官们的杰出才能，而且对他们完全优于个人的或地区的偏见有完全的信赖的话。这种信赖证明大体上是正当的；但是美国人民感到最有重大关系的莫过于小心谨慎地防止一切哪怕是稍微倾向于在这一伟大的国家制度的性质上产生蜕化变质的事情了。作为联邦制度稳定性的基础的信任第一次受到损害是由于这样一个判决，它宣称奴隶制属于公民权利，因而在尚未成为州的地区内是合法的，即使是违反该地区多数居民的意志。这一著名判决或许比任何别的事情更使地方性的分裂达到产生内战结果的危机。美国宪法的主要支柱的确没有强大到足够承受得住更多这样的打击。

作为联邦政府和州政府之间的仲裁者的法庭，自然也对两个州之间，或这一州的公民和另一州的政府之间的一切争议进行判决。国家之间的通常救济手段，即战争和外交，既被联邦的结合所排除，就有必要代之以司法救济。联邦的最高法院执行着国际法，从而是现今作为文明社会最突出的需要之一的一个真正的国际法庭的第一个伟大范例。

联邦政府的权力自然不仅扩及到战争与和平，以及这个国家和外国政府之间产生的一切问题，而且扩及到按照各州的意见为享有联合的充分好处必须作出的任何其他的安排。例如，它们之间的贸易自由，不受过境税和海关的阻碍，对它们是一大便利。但是如果每一个州有权确定该州和外国之间商品交换的税率，这种国内的自由是不可能存在的，因为由一个州放进来的每种外国产品都将进入所有其他的州。因此，在美国一切关税和贸易规则均专由联邦政府制定或废除。此外，仅有一种币制，一种度量衡制度，对各州也是一大便利。而这只有当这些事项被托付给联邦政府时才能得到保证。如果一封信须通过很多套隶属于不同的最高当局的公共机关的话，邮政通讯的准确和迅速就会受到妨碍，其费用也会增加，因此所有的邮局被置于联邦政府管理之下是很方便的。但是在这种问题上不同的社会容易有不同的感受。美国一个州，在自从《联邦主义者》的作家们以来在美国政治上出现过的最富于理论的政治家[①]的指导下，主张每个州对联邦国会的税法有否决权，并且这位政治家在一本由南卡罗莱纳州(South Carolina)议会出版和广泛发行的具有伟大才华的遗著中，根据限制多数的虐政和允许少数实际上参加政权来保护少数这个一般原则，论证了这一要求。在本世纪初年美国政治中一个最有争议的论题是，联邦政府的权力是否应当扩及到，以及根据美国宪法是否已经扩及到，由联邦负担费用修筑公路和运河。只是在同外国打交道方

① 卡尔霍恩先生。(按指 John C. Calhoun 1782—1850，美国政治家。——译者)

面联邦政府的权力才必定是完全的。在其他所有问题上，则须视人民一般说来希望把联邦的纽带拉得多紧而定；须视为更充分地享有作为一个国家的好处他们愿意放弃他们地方的行动自由到何种程度而定。

关于一个联邦政府在其本身以内的适当构成不必须作很多论述。不用说，它由一个立法部门和一个行政部门组成，而每一部门的构成又依照和一般代议制政府原则相同的原则。至于将这些原则适用于联邦政府的方式，美国宪法的规定似乎是非常有卓见的：国会由两院组成，尽管其中一院按人口组成，每个州有权按照其居民的人数比例选出代表，另一院则不代表公民，而是代表州政府，并且每个州，不论大小，应在其中有同样数目的代表。这一规定排除了较强大的州对其余各州行使任何不适当的权力，并防止——在代表方式所能防止的范围内——任何议案在国会通过，除非它不仅得到公民多数的同意而且得到多数的州的同意，以保证各州政府所保留的权利。我在前面曾说到还有提高两院之一的资格水平的额外的附带好处。既然由各个州议会提名选出，它们的选择，像已经指出的那样，比任何普通选举更可能选择著名人物——它们不仅有选择这种人物的权力，而且有强烈的动机这样做，因为各州在全体会议讨论中所发挥的影响无疑和州代表的个人的分量和能力很有关系；这样选出的美国参议院经常包括全国几乎所有的具有公认的高度声望的政治人物。而另一方面，国会的众议院，根据有资格的观察家的意见，则和参议院相反，一般说来其特点是缺乏突出的个人美德。

当形成有效而持久的联邦的条件存在时，这种联邦数目的增加对世界说来总是有利的。它具有和任何其他扩大合作的做法一样的有益效果，通过这种合作，弱者依靠联合就能和强者立于平等地位。依靠减少那些不能自卫的小国的数目，它就削弱了对侵略政策的诱惑，不管这种政策是直接靠武力实行还是通过强大力量的威势。不用说，它终止了组成联邦的各国之间的战争和外交争吵，并且通常也结束了它们之间的贸易限制；而在有关邻国方面，因联盟而增加的军事力量，其性质几乎完全是用于防御的目的的，而绝少用于侵略的目的。联邦政府不具有有效地进行任何战争的足够集中的权力，除非是一场自卫战争，在这种战争中它能够依靠每一个公民的自愿的合作。而通过一场胜利的战争所取得的不是归顺的臣民，甚至也不是同辈的公民，而只是新的、也许是麻烦的、独立的联邦成员，这对民族的虚荣或抱负来讲也没有什么值得很高兴的。美国人在墨西哥的好战的做法纯粹是例外，主要是由促使各个美国人占据无主土地的那种移住倾向影响下的志愿兵进行的；如果说这场战争有任何公开的动机的话，那也不是民族扩张的动机，而是受到纯粹地区性的扩大奴隶制的目的的鼓励。很少迹象表明，在美国人的做法中，不论就全国来说还是就个人来说，为他们的国家本身取得领土的愿望对他们有什么大的力量。他们对古巴的垂涎同样仅仅是地区性的，而反对奴隶制的北方各州从来未加以支持。

可能出现这样一个问题（如在目前意大利的暴乱中那样）：决定联合起来的国家究竟应该组成一个完全的联邦还是组成一个仅仅的联邦。这问题有时势必由联合的整体的单纯领土大小来决定。能够从一个中心加以有利的统治，或甚至对其政府便于进行监督的国家的范围，存在一种限度。有一些幅员辽阔的国家是这样治理的；但是它们，或者至少它们的边远省份，一般说来是管理得极坏的，而且只有当它们的居民几乎是野蛮人的情况下，他们才不能各自把自己的事情安排得更好一些。在意大利并不存在这种障碍，它并没有过去和现在若干治理得很好的单一国家那么大。因此问题是，这个国家的各个部分是否要求按照根本不同的方式来治理，以致同一议会和同一政府或行政部门不可能满足它们全体的需要。除非情况是这样，而这是个事实问题，它们最好完全联合起来。完全不同的法律制度，以及极不相同的行政制度都可以存在于国家的两个部分而不致妨碍立法的统一，这一点已由英格兰和苏格兰的情况得到证明。然而，在一个统一的、为国家的两个部分制定不同法律以适应以前分歧的议会下存在着的两种法律制度的这种不受干扰的共存，或许在其立法者更醉心于划一的国家里（如在欧洲大陆上容易有的情形），可能不会保持得那么好，或者对保持共存缺乏同样的信任。对任何反常情况（只要有利害关系的人们不感到受压迫）都能容忍（这是我国的特点）的我国人民，为试行这一困难的实验提供了一个特别有利的场所。在多数国家中，如果目的在于保留不同的法律制度，就很可能有必要保留个别的议会作为这些制度的保护者；这和一个既有全国议会又有国王，或一个没有国王的全国议会，在所有成员的对外关系上高于一切，是完全不矛盾的。

每当人们认为不必要在不同的省份永久保持不同的法律制度以及基于不同原则的根本制度时，使次要的分歧同维持政府的统一不相矛盾总是可以办得到的。唯一需要的是给地方当局以足够大的行动范围。在同一个中央政府下面可以有各省省长和为地方目的服务的省议会。可能发生这样的情况，比如说，各省的人民可能愿意选择不同的征税方法。如果不能指靠全国议会在每个省的议员指导下来修改总的税收制度以适合各该省，宪法不妨规定：凡可变为地方开支的政府开支都应按各省议会规定的地方税率付税，而必须是全国性的开支，如维持陆军和海军的费用，应在当年的预算中按照各省资源的总的估计分派给各省，分派给每省的数额由地方议会按当地最能接受的原则征收，一总交给国库。就国家的各个省来说，甚至旧时法国君主国存在过和这相接近的做法；其中每一个省一旦同意或者被要求提供一定的金额，就被允许通过它自己的官员向居民进行征税，从而避免皇室监督官及其代表的苛敛；而这一特权经常被说成是主要有助于使它们成为——有些省也确曾成为——法国最繁荣省份的好处之一。

保有同一个中央政府和保有不同程度的集权，包括在行政方面和甚至立法方面的集权，是并不矛盾的。一国人民可能希望并有能力保有一个比单纯联合更密切的联邦，但另一方面他们的地方特殊性和经历又使得在政府管理的细节上保持相当大的差异成为值得想望的。但是，如果各方都有使这种实验成功的真正愿望，则不仅在保持这种差异方面，而且在给这种差异以宪法规定的保证，以防止任何同化的企图（除非有关的人们自愿这样做）方面，就不一定有任何困难了。

第十八章　自由国家对附属国的统治

自由国家，和所有其他国家一样，可以保有因征服或殖民而取得的属地属国；我们自己的属国就是近代史上这类事例中最主要的事例。应当怎样统治这种属国是一个最重要的问题。

没有必要去讨论像直布罗陀（Gibraltar）、亚丁（Aden）或赫尔戈兰（Heligoland）仅仅当作陆军或海军基地的小块地方的情况。在这情况下陆军或海军的军事目的是最高的，因此居民不能被允许统治该地方；虽则他们应被允许享有和这项限制相符合情况下的一切自由和特权，包括自由管理市区的事务；而且作为一种对当地为统治国的便利所作牺牲的补偿，应被允许在帝国的所有其他地区享有和当地臣民同等的权利。

远离本国、地域较大、人口较多的领土被作为属国，它们或多或少须服从有主权的国家的主权行为而在其议会中却并无同等的代表权（如果有代表权的话），这种领土可以分为两类。有些是由具有和统治国家同样的文明的人民组成的，能够并具备条件实行代议制政府，如英国在美洲和澳洲的领地。另一类，像印度那样，则和那种状态仍相距甚远。

就前一类属国说，我国终于罕见地完全实现了政府的真正原则。英国始终感到有某种程度的责任给予这种属于它自己的血统和语言的远离的人民，以及某些不属同一血统和语言的人民，以仿照它自己的制度而形成的代议制度。但是直到这一代为止，就它允许他们通过它所给与的代议制度实行的自治的程度来说，它一直处于和其他国家同样的低水平。它甚至要求作他们的纯粹内部事务的最高主宰，不是按照他们的意见，而是按照它自己的意见决定这些事务应该如何管理。这种做法是从殖民主义政策的错误理论产生的必然结果。这种理论一度普遍行于欧洲，至今还没有一个国家完全加以抛弃。这种理论认为殖民地的价值在于为我们的商品提供市场，那些市场可以专为我们所用。我们高度珍视这项特权，以致认为值得允许殖民地产品在我们市场上享有我们的商品在它们市场上所享有的同样的垄断权来换取这项特权。这种通过使每一方向另一方支付巨大金额，并把一大部分丢失在半道上，来使它们和我们自己富裕的有名方案已经放弃了一些时候了。但是在我们放弃了靠它牟利的想法时，插手殖民地内部管理的坏习惯却没有立即停止。我们继续折磨着它们，不是为了我们自己的什么利益，而是为了殖民者中一部分人或一派人的利益，而这种坚持对殖民地专权的做法，在我们有了放弃它的可喜想法以前，让我们付出了加拿大叛乱这一代价。英国像一个缺乏教养的兄长，他仅仅为了习惯坚持虐待弟弟们，直到其中的一个用勇敢的反抗，尽管力量悬殊，以警告他停止那样做。我们还算聪明不需要第二次警告。德拉姆勋爵（Lord Durham）的报告开始了各国殖民政策的新时代；这是那个贵族的勇气、爱国心和开明的宽宏大度，以及该报告的共同作者——韦克菲尔德（Wakefield）先生和已故的查尔斯·布勒(Charles Buller)先生——的才智和实际工作上的机敏的不可磨灭的纪念碑。[①]

大不列颠目前在理论上公然宣布并在实践上忠实遵守的政策的一项确定的原则是,它的属于欧洲种族的殖民地和母国同等地享有最充分的内部自治。这些殖民地被允许对我们所给予它们的已经是很得人心的宪法作任何它们认为适当的修改,借以制定它们自己的自由的代议制宪法。每个殖民地由按照高度民主原则组成的它们自己的立法机关和行政机关进行统治。英国国王和议会的否决权,尽管名义上保留,实际上仅仅对关系到帝国而不唯独关系到该殖民地的问题才行使(而且很少行使)。对帝国问题和殖民地问题的区别所作的宽大的解释可以由这一事实看出:在我们的美洲和澳洲殖民地后方的整个地带的未经占用的土地都任凭各该殖民地作自由处置;尽管这些土地若保持在帝国政府手中,为帝国各地区的未来移民的最大利益加以管理,也并无不公正之处。每个殖民地因此对它本身的事务具有甚至作为最松散的联邦成员所能具有的充分权力;并且比在美国宪法下享有的权力充分得多,它们甚至可以自由地对从母国进口的商品随意抽税。它们同大不列颠的结合是最松散的一种联邦;但不是一种严格地平等的联邦,母国保留着联邦政府的权力,尽管这些权力实际上减少到极有限的程度。当然,这种不平等,就目前情形来说,对附属国是不利的,后者在对外政策方面无发言权,却受母国所作决定的约束。它们不

① 我在这里说的是这一改进了的政策的采用,当然不是它的最初的建议。作为这项政策的最早的拥护者的荣誉毫无问题属于罗巴克(Roebuck)先生。

得不在对参战事未同他们进行任何事先磋商的情况下参加英国作战。

那些认为社会须保持公正，正如个人须保持公正那样，以及认为凡不应为自己利益而施之于人的事也不应为自己国家的利益而施之于别的国家的人们（幸而这种人现在并非少数）感到，甚至在殖民地方面的这种有限的宪法上的从属关系也是违反原则的，并常常致力于寻求可以避免这种从属的方法。有鉴于此，有些人建议殖民地应选出代表参加英国议会；另外一些人则建议，我们自己的权力应和殖民地的议会一样，限于对内政策，应该有另一个负责对外事务和帝国事务的代议机关，在这个代议机关里附属国应和大不列颠本身一样，按照同样方式，具有同样充分的代表权。按照这种制度，在母国和它的殖民地之间就将存在一种完全平等的联合，那时也就不再是附属国了。

这些建议所从而产生的公平心和公共道德观念是值得赞美的，但是这些建议本身和合理的政治原则是如此不相符合，以致是否会有任何通情达理的思想家当真认为它们是可能做到的事情，是可怀疑的。相隔着半个地球的国家，不具备受一个政府统治或甚至作为一个联邦的成员的自然条件。如果说它们有足够的相同的利益，它们没有也决不能有在一起进行充分协商的习惯。这些国家的人民不属于同一人民；他们不是在同一活动舞台上，而是个别地讨论和考虑问题，对彼此心中所想的事情只有极不充分的了解。他们既不知道彼此的目的，对彼此的行为原则也缺乏信任。任何一个英国人可以试问他自己是否愿意让他的命运由这样一个议会来决定：其中三分之一是英属美洲人，另外三分之一是南非人和澳大利亚人。但是假如存在任何像公平的或平等的代表权之类的话，结果就必然是这样。每个人难道会不感到加拿大和澳大利亚的代表们甚至在属于帝国性质的问题上对英国人、爱尔兰人和苏格兰人的利益、意见或愿望无法理解或不够关心吗？即使严格就联邦来说，也不具备我们所说过的联邦所必不可少的条件。英国没有殖民地也足以保卫它自己；并且，如果同殖民地分开，就会比降低为美洲、非洲和澳大利亚联邦的一个单纯成员处于既更为尊严也强大得多的地位。英国在分开后同样会有的贸易方面，从属地得到的好处，除了在威信方面以外，是不多的。它所得到的一点点好处远远抵不过它为它们花的费用，而且一旦发生战争或有战争真实危险的情况下英国的陆海军力量不得不为它们作的布防就达到仅为保卫本土所需要的两倍或三倍。

但是尽管大不列颠没有它的殖民地也完全能行，尽管按照任何道义和公正原则它应当同意它们的分离，但一旦等到经过最好的联盟形式的充分试验之后它们审慎地表示希望分离的时候，却又有强有力的理由，在不引起任何一方的反感的情况下，来保持现时这种在联系上的轻微约束。就目前情形说，它是走向国家间普遍和平和全面友好合作的一步。它使得战争在一大批否则就是独立的社会之间成为不可能；而且它还防止其中任何一个被一个外国吸收，成为某个更专制或者更邻近的敌对国家额外的侵略力量的源泉，这个国家可能不总是像大不列颠那样没有野心或爱好和平。它至少使这些国家的市场保持对彼此开放，并防止彼此树立敌对的关税壁垒，这种关税，除英国外，还没有一个伟大的人类共同体完全摆脱掉。就英国的领地说，它有一种好处（在目前特别有价值)即增加这个强国在世界会议中的道义上的影响和分量。这个国家在所有的国家中是最理解自由的,并且不管它过去有过什么错误,在对待外国人方面,所达到的良心和道德原则超出任何其他大国认为可能或承认是值得想望的程度。因此,既然当这个联邦实际上继续存在的时候,它只有在一种不平等的联邦的基础上才能继续存在,那么考虑一下用什么方法可以使这些少的不平等不致使处在较低地位的社会感到麻烦或屈辱,则是十分重要的。

在这种情况下必然会有的唯一不平等就是,在和平与战争问题上母国为它的殖民地和它自己作出决定。作为回报,殖民地得到的是母国击退直接针对它们的侵略的义务。但是,除非处于次等地位的社会弱到必需强国给以保护,作为交换的义务和不给予在审议问题上的发言权并不完全相等。因此,在一切战争中,除了那些像加夫里(Caffre)或新西兰战争那样为了特定的殖民地而引起的战争外,不得要求殖民地人民(在他们未自动要求的情况下)对战争费用作出任何贡献,除为了防御他们自己的海港、海岸和疆界不受侵略这种特殊的当地需要以外。此外,由于母国主张有权自行决定采取或奉行可能使殖民地受到攻击的措施或政策,因此它应该甚至在和平时期负担殖民地军事防御费用的相当大的部分,若是常备军的费用则负担其全部,是完全正当的。

但是有一种比这些方法更为有效的方法,依靠这种方法,一般说来只有依靠这种方法,较小的社会才能得到和把它作为国家间实体力量的个性融化到一个广泛而强大的帝国的较大个性中去完全相对等的东西。这是一个必不可少的同时也是十分方便的方法,它既满足公正的要求也符合日益增长的政策上的需要。这就是将政府所有一切部门的服务，并且是在帝国的每一部分，都在完全平等的条件下向殖民地居民开放。何以人们从未听到在英吉利海峡中的岛屿有丝毫不忠诚的声音呢？论种族、宗教和地理位置它们更应归属法国而不是英国。但是，一方面它们像加拿大和新南威尔士[①]那样享有对内政和税收的完全控制，另一方面英王授予的每一职位或荣誉都自由地向革恩西或泽西[②]的居民开放。联合王国的将军、海军将官、上院贵族有的出自这些无足轻重的岛屿，并且也无任何事情妨碍首相出自这些岛屿。一般地有关殖民地的这一制度开始于死得过早的开明的殖民大臣威廉·莫尔斯沃思爵士(Sir William Molesworth)，当时他任命了一位主要的加拿大政治家欣克斯(Hinckes)先生到一个西印度政府。因为实际受益的人不很多就认为这种事情不重要，是对社会中政治行动的活力的一种极为肤浅的看法。那有限的人数会恰恰是由那些对其余的人具有最大的道德力量的人们组成，而且人们不会如此缺乏集体的自卑感以致不感到由于他们共有的一种情况，而不给予哪怕是其中一个人以好处，是对他们全体的侮辱。如果我们不让一个社会的领导人物出现于世界舞台作为该社会的领袖和在人类全体会议中的代表，我们就对他们的合法的功名心，以及对该社会的正当的自尊心负有义务给予回报，让他们在一个具有更大力量和重要性的国家中占有同样显贵位置的同等机会。

① 新南威尔士(New South Wales)，现为澳大利亚东南部的州，其首府为悉尼。——译者

② 革恩西(Guernsey)、泽西(Jersey)，均为英吉利海峡中的岛屿。——译者

以上讲的是其人民达到适于代议制政府的属地的情形。但有另外一些并未达到那种状态的属地，如果要加以掌握的话，就必须由支配国家去统治，或由该国为此目的委派的人统治。这种统治方式同任何其他方式一样是合法的，如果它是在该附属人民的现有文明状态下最便于他们向进步的更高阶段过渡的统治方式的话。如前所述，在有些社会状况下，强有力的专制政治本身就是在为使人民适于较高文明所特别欠缺的方面对他们加以训练的最好的统治方式。也有一些社会，单纯专制政治的确不具有任何有益的效果，专制政治所起的教育作用早已发挥过了，但其人民本身却不存在自发的进步动力，这时进步的几乎唯一的希望依赖于有一个好的专制君主。在本地的专制政治下，好的专制君主是一件罕见的和稍纵即逝的偶然事件，但当该地人民受到一个更文明的国家统治时，则该国应当能够继续不断地提供这种好的专制君主。统治国家应当能为其臣民做接连不断的专制君主所能做的一切事情，这样提供的专制君主由于具有不可抗拒的力量就能避免野蛮的专制政治所带来的不稳定性，由于他们的才能就能期望他们具有先进国家的一切经验。这就是自由的人民对野蛮的或半野蛮的人民的理想的统治。我们不必指望这种理想一定实现；但是除非做到在某种程度上接近于这种理想，统治者就犯有对一个国家所能负有的最崇高的道德委托失职的罪行。如果统治者甚至不以这种理想为目标，他们就是自私的篡夺者，就是和世世代代以来其野心和贪婪以人类大众的命运为儿戏的人们犯同等的罪。

落后的人民直接隶属于较先进的人民或者处于后者的完全的政治支配之下已经是通常的情况，并将迅速成为普遍的情况，因此在现时很少有什么问题比如何组织这种统治更为重要，俾使这种统治成为对从属人民的好的统治而不是坏的统治，提供给他们以可能达到的最好的政府和最有利于未来持久发展的条件。但是使政府适合于这一目的的方式，决不像能够自治的人民的好政府所需具备的条件那样为人们所充分了解。我们甚至可以说根本不了解。

在肤浅的观察家看来，事情好像是毫无难处的。如果印度（比方说）不适于治理自己，在他们看来所要做的不外是要有一个大臣去统治它，这个大臣和所有其他英国大臣一样须对英国议会负责。不幸的是，尽管这是试图统治一个属国的最简单的方式，却几乎是最坏的方式。这种想法恰恰表明其拥护者完全缺乏对好政府的条件的理解。对一个国家人民负责的情况下统治那个国家和对另一国人民负责的情况下统治一个国家，是极不相同的两件事情。对前一种情况来说特点是自由胜于专制，但在后一种情况则特点是实行专制。唯一的选择是不同的专制政治的选择。两千万人的专制是否一定优于少数人或一个人的专制，是不肯定的；但可以肯定的是，对其臣民不闻、不见、一无所知的人们所实行的专制很可能比对其臣民有所了解的人们所实行的专制更坏。人们通常并不认为，权威的直接代理人由于是以一个并不在场的主子，并且是以一个有着无数更为迫切的利益要照顾的主子的名义进行统治，就统治得更好。主子可以责成这些代理人负严格的责任，临之以重刑，但处罚是否往往恰当则是很可怀疑的。

一个国家由外国人统治总是有很大困难的，也是很不完善的，即使在统治者和被统治者之间不存在习惯和思想方面的极端不一致。外国人不会和人民有同感。他们不能按照一件事情浮现在他们自己心中的情况，或按照这件事情影响他们感情的情况，来判断这件事情将怎样影响从属人民的感情或将怎样浮现在这些人民的心中。这个国家的具有一般实际能力的本地人仿佛本能地知道的事情，他们就必须通过学习和经验慢慢地，并且终究是不完全地学会。他们必须对之进行立法的法律、习惯、社会关系，对他们来说不是从幼年时期起就熟悉的东西，而全是陌生的。有关这些详尽的知识他们必须依靠本地人的介绍，困难的是不知去信赖谁。当地人民害怕他们，猜疑他们，也可能憎恶他们，除为了本身的利害很少来找他们，于是他们很容易认为那些卑躬屈节的人是可以信赖的。他们的危险在于看不起本地人；本地人的危险则在于不相信外国人所做的任何事情能够是为了他们的利益。这些不过是真心想统治好一个国家的外国统治者必须克服的困难的一部分。要在任何程度上克服这些困难，将始终是一项须付出大量劳动的工作，要求主要行政官员有极高度的能力以及其部属有较高的水平。要把这样的政府组织好，就必须保证该项劳动，发展该项能力，并把这种能力的最高典范放在最大信任的位置上。对丝毫未从事这种劳动，丝毫未具有这种能力，甚至多半不知道这种劳动或能力在任何特殊程度上是必要的这样一个权威负责，不能认为是达到这些目的的很有效的方法。

一国人民单独地进行治理，是有意义和真实性的事情；但是一国人民由另一国人民进行治理，则是并不存在也不能存在的事情。一国人民可能把另一国人民当作自用的养兔场或鱼塘，一个可以赚钱的地方，一个为它自己居民的利益而经营的人畜农场。但是如果被统治者的利益是一个政府的本来业务，那么由一国人民直接去照料就是绝对不可能的。他们所能做的至多是委派某些最优秀的人去加以照料；对这些人来说，他们本国的意见既不能是他们履行其职责的指导，也不能是对履行该项职责的方式的合格的裁判者。不妨想一想，如果英国人对他们自己的事务像他们对印度人的事务那样无所知和漠不关心的话他们自己将怎样进行治理。甚至这种比较也不赋予这一事态以恰当的概念，因为一国人民完全不关心政治也许只是默从和对政府听之任之，而在印度的情形，像英国人这样在政治上积极的人民在习惯的默从之中却时时进行几乎总是不适当的干涉。决定印度人是繁荣还是不幸，是进步还是退步的真正原因远远超出他们的视界以外。他们缺少怀疑这些原因存在所必要的知识，至于判断这些原因所起的作用他们的知识就更少了。这个国家的最根本的利益可以在未经他们同意的情况下管理得很好，或者不管管理得怎样不好也不致引起他们的注意。主要诱使他们去干涉和控制他们代表的行动的目的有两种。一种是强迫当地人接受英国人的观念，比方说，通过改宗措施或有意无意地触犯当地人民宗教感情的行为。统治国家中的舆论的这种错误指导，在目前普遍存在于英国的、在公立学校中根据学生或其父母的意愿讲授圣经的要求中看到有启发性的例子（特别是因为除正义和公平，以及能期待于真正确信的人们的那种公正无私以外没有别的意思）。从欧洲的观点看来，没有什么事情比这更显得公平或更不致因为宗教自由而遭到反对的了。但从亚洲的观点来看则完全是另一回事。任何亚洲民族从不相信一个政府会不为达到某个目的而调动其领薪金的官员和开动官方机构；当为达到一项目的的时候，任何亚洲人也不相信除软弱的和不足齿的政府外任何政府会不达目的半途而废。如果公立学校和教师教授基督教，则不论提出什么保证说只对自愿学习的人进行教授，也无法说服学生的父母相信不会使用不适当的手段使他们的儿童变为基督徒或至少是被印度教所排斥的人。如果到头来他们相信了不是这样，那也只能是由于这样办的学校完全失败，未产生任何改宗者。如果教授圣经在促进其目的方面有了一些效果，它就不仅会损害政府教育的效用以至其存在，而且或许会危及政府本身的安全。一个英国新教徒不会轻易地受那些否认诱使改宗的人们劝诱而将他的子女放进罗马天主教学校，爱尔兰天主教徒不会把他们的子女送进可能把他们变成新教徒的学校，而我们竟期望，认为印度教的特权可以因仅仅一项外界行为而被废弃的印度人会让他们的子女去冒被变成基督教徒的危险！

这就是统治国家的舆论可能有害于而不是有利于作为其所委托的总督的行动的方式之一。在其他方面，统治国家可能在为了英国殖民者的某种利益而提出的坚决要求下常常进行干涉。英国殖民者在国内有朋友，有舆论机关，可以接近公众。他们和他们的同胞有着共同的语言和思想，英国人的任何申诉都可以博得更大同情，即使不存在有意的偏爱。如果说有一件经过所有的经验证明的事实的话，那就是：当一个国家使另一国家从属于自己的时候，统治国家的那些去到该从属国家寻求发财致富的人们就是最需要加以有效限制的人。他们始终是该地政府的主要困难之一。他们依靠着征服国家的威望，充满着无礼的傲慢，抱着绝对权力所激起的感情，却毫无责任感。像在印度这样的人民中，公共当局所作的最大努力不足以为弱者抵御强者提供有效的保护；在一切强者中欧洲殖民者是最强的。凡是这种令人沮丧的局面没有在最显著的程度上被个人本身的品质加以纠正的地方，这些殖民者就认为殖民地人民不过是他们脚下的泥土。因此在他们看来，当地人民的任何权利要是妨碍他们的哪怕是一点点要求的话也是荒谬可笑的。凡是违反他们认为有利于他们的商业目的的权力行动而采取的保护当地居民的最简单的行为，他们都斥之为，并真心认为是，损害他们的利益的行为。在像他们的这种情况下，这种感情状态是很自然的，以致虽经统治当局的阻止，这种情绪或多或少不可能不经常爆发出来。政府本身虽然没有这种情绪，但即使对它自己的年轻不懂事的文职和军事官员也从不能制止这种情绪，而对这些人较之对独立的侨民，政府的控制是要大得多的。和英国人在印度一样，根据可靠证据，法国人在阿尔及尔的情形也是如此；美国人在从墨西哥夺取来的地方也是如此；在中国的欧洲人看来也是如此，甚至在日本也已经是这样。没有必要回忆西班牙人过去在南美洲是怎样的情况。在所有这些场合，这些私人冒险家所属的政府都比他们要好，它们尽其所能保护土著居民不受他们的侵害。甚至西班牙政府也诚恳地和热心地这样做了，尽管无甚效果，这是每一个读过赫尔普斯(Helps)先生所写的有教育意义的历史的人都知道的。假如西班牙政府曾直接对西班牙的舆论负责，它会不会作这种努力就是可怀疑的，因为毫无疑问，西班牙人会袒护他们的基督教亲友而不袒护异教徒。本国公众听取的是殖民者的意见而不是土著居民的意见；他们的陈述很可能被看做是真实的，因为只有他们才既有手段也有动机不屈不挠地迫使漫不经心和漠不关心的公众舆论接受他们的陈述。英国人比任何其他国家人民更习惯于用来审查其国家对外国人行为的不信任的批评，通常被用来对待当局的行动。在所有政府和个人之间的问题上，每个英国人的心中总是假定错误在政府方面。当英国居民将英国人政治行动的火力对准为保护土著以防他们侵犯而设置的防御工事时，行政部门虽有把事情办得更好一些的真正的但是模糊的意愿，但一般说来总是觉得放弃争议立场比捍卫这种立场对其议会利益更为保险，至少是更少麻烦。

更加糟糕的是，当舆论以公正和博爱的名义为了从属社会或民族的利益发动起来的时候（因为英国精神是以容易被发动而著称的），同样可能认错目标。原因是，在从属社会中也存在着压迫者和被压迫者，存在着强有力的个人或阶级和匍匐在他们面前的奴隶，正是前者而不是后者握有接近英国公众的手段。由于滥用权力而被剥夺了权力的荒淫无道的压制者不是受到惩罚，而是得到和他曾经享有的同样巨大财富和显赫名声的支持。这是一群有特权的地主们，他们不是要求国家把对他们土地上的地租所保留的权利让给他们，就是对国家为保护群众不受他们横征暴敛的任何努力深恶痛绝斥之为错误。他们不难得到英国议会和报刊中有利害关系的或慷慨激昂的支持。无数沉默的人则得不到任何支持。

以上所论可以作为例子来说明这样一个原则——这可以说是一项显而易见的原则，假如不是几乎没有人注意到它的话——即：尽管对被统治者负责是好政府的最大保证，但是对别的某个人负责就不仅没有这种趋势，而且既可能有利也可能有害。英国的印度统治者对英国负责主要地是有益的，因为当政府的任何行为遭到非难的时候，它保证公开讨论。它的效用并不要求一般公众都理解争论中的问题，只要公众中有一些人理解就行。因为这不过是一种道义上的责任，不是对集体的人民的责任，而是对他们中作成判断的每个单独的人的责任，各种意见既按数量计算，也按分量计算，一个人赞成或不赞成的意见如果把问题表达得出色就可能胜过数以千计的对问题毫无所知的人的意见。它无疑是对直接统治者的一种有用的限制，可以把他放在被告席上，陪审团中的一两个人将就他的行为提出有价值的意见，尽管其余人的意见在不同程度上比没有更坏。情况就是这样，这也就是从英国议会和人民对印度政府行使的控制得来的对印度的那部分好处。

英国人民履行他们对印度的责任，靠的不是直接统治那个国家，而是靠给它以好的统治者。他们给它的不会次于一个英国内阁大臣，他想的是英国的政治而不是印度的政治。他的任期很少长到能使他养成对如此复杂问题的明智的关心。在议会中起来对付他的是由两三个善于言辞的人构成的人为的舆论，好像是真正的舆论那样有力量；另一方面他却不会受到那种使他能够形成他自己的正直意见的训练和职位的影响。一个自由国家试图通过它自己行政部门的一个分支统治一个遥远的、居住着不同人民的属国，几乎不可避免地要失败的。唯一可能取得相当成功的方式就是通过一个经授权的比较有永久性的机关进行统治，只给可能变更的国家行政部门以视察权和否决权。这样的机关确曾在印度存在过；我担心无论是印度还是英国都将为废除了这一中间的统治手段的眼光短浅的政策而受到严重的惩罚。

不需要说，这种代表机关不能具有好政府的一切条件；首先，它就不能具有和被统治者在利益上的完全和永远起作用的一致性。这种利益的一致甚至在被统治人民在某种程度上有能力照料他们自己的事务的地方也是难以得到的。真正的好政府是不适合这里所说的事情的各种情况的。只能在不完全中作选择。问题是，统治机关应这样组成，俾使它能在所处的困难情况下尽可能多对好政府感兴趣和尽可能少对坏政府感兴趣。一个中间机关最具备这些条件。经授权的行政机关总是比一个直接的行政机关具有这种好处，无论如何它除对被统治者履行责任外没有其他责任。它除考虑他们的利益外，不考虑其他的利益。它从施行恶政中捞取利益的权力可以被减到——在东印度公司的最近的组织法中这项权力已经被减到——极小数量，而且它能完全摆脱任何别人的个人利益或阶级利益所产生的偏见。当本国的政府和议会在行使作为最后手段保留给它们的权力中受到不公正的势力影响时，中间机关在帝国法庭前是该属国的确定无疑的拥护者和辩护人。此外，随着事物的自然进程，中间机关主要由具有对他们国家所关心的这部分事情的专门知识的人们组成，他们是在当地为此目的训练成的，并把当地的行政管理作为他们终身的主要职业。在具备了这些条件，并不致因国内政治的偶然事件而失去职位的情况下，他们就把自己的声望和考虑同他们的特殊责任一致起来，他们对其行政管理的成功，以及对其所管理的国家的繁荣，所具有的关心要比代议制政体下的内阁成员对除他所服务的国家以外任何国家的好政府所可能具有的关心持久得多。只要选择在当地进行管理的人员的工作归这个机关负责，对这些人员的任用就不致卷入政党和议会营私舞弊的旋涡，也不致受到为了酬谢追随者而滥用任命权或者为了收买反对者的动机等的影响。这种动机对只有一般诚实的政治家来说，总是比任用最适当的人这种出自良心的责任感更强有力的。把这一类任命尽可能放在安全的地方，较之可能发生在国家中所有其他职位的最坏情况，要更为重要。因为在任何其他部门，如果官员不合格，社会舆论在某种程度上会指导他去做，但处在附属国行政官员的地位，那里的人民不适于把控制权掌握在自己的手中，政府的声望就完全以各个官员的道德和智力条件为转移。

须要再三重复说的是，在像印度这样的国家，一切都有赖于政府代理人的个人品质和能力。这一真理是印度行政的主要原则。当人们认为从方便出发任命负责岗位的人员的做法（在英国已经是一种犯罪）可以泰然地实行于印度的那一天，就将是我们在那里的帝国衰落的开始。即使有选择适当志愿者的真诚意图，依靠偶然机会提供适当人员是不行的。制度必须适于培养这种人员。迄今一直是这样做的；并且正因为这样做了，我们在印度的统治一直持久不衰，并且是在繁荣和好政府方面不断地，如果不是很快地，取得进步的统治。现在这项制度遭到激烈反对，人们热衷于要推翻它，好像教育和训练政府官员以适应他们的工作是一件完全不合理和不可原谅的事情，是对无知者和无经验者的不正当的干涉。在那些想为国内的亲友猎取印度高级职位的人和那些已经在印度要求从靛青工厂或律师事务所得到晋升的人之间存在着一种默契共谋来执行法律或确定千百万人民应向政府缴纳的款额。遭到如此猛烈攻击的文官的“垄断”，和律师业垄断司法职位是一样的；而要废除这种制度就等于将英国国会议事厅中的法官席位给予第一个进来并经其友人证明曾时常翻阅布莱克斯通[①]的书的人。假如采取从这个国家送人出去，或鼓励他们出去的方针，让他们不经过较低的职位学会业务就占据高级职位，就是把最重要的职位扔给了远亲和冒险家们，他们和那个国家或工作毫无职业上的感情联系，也缺乏事先的了解，只是热衷于赶紧捞一把然后回家。那个国家的安全在于：治理它的人在年轻时被送出去，只是作为候选人，从阶梯的底端开始，经过一段适当时间，按照他们的能力逐步晋升。东印度公司制度上的缺点是，尽管仔细寻求最优秀的人担任最重要的职务，但是如果一个官员继续任职，尽管可能会迟延一些，到头来最没有能力的人会和最有能力的人一样通过这种或那种形式得到晋升。须知在这样一个官员集团中，即使是条件差的人也是为他们的职务培养起来的，并在上级的监督下至少是工作了许多年并未丢脸。但是尽管这种情况减轻了弊病，但弊病仍然是相当大的。只适于担任助手职务的人就应该一生中仍然担任助手，比他级别低的人应被提升到他上面去。除了这一例外情形，我不知道在印度旧的任用制度中有任何真正的缺点。它已经得到它所能有的最大一项改进，即通过竞争考试选择最初的志愿者。这种考试除可以招收较高程度的勤勉和有能力的人这一优点外，还有一项长处，即在这制度下，除非出于偶然，在职位的志愿者和有权授予职位的人之间不存在任何个人的联系。

规定经这样挑选和训练出来的公务人员是唯一适于担任特别

① 布莱克斯通(Sir William Blackstone，1723—1780)是英国法学家。——译者

需要具备有关印度的知识和经验的职务，决无不公正之处。如果通向高级职位的门，在不经过较低级的门的情况下，即使是为偶尔的用途开放，那么就会有有势力的人们不断地叩门以致不可能把门关上。唯一的例外应该是最高级的人的任命。英印总督应该是从所有英国人中根据他的超乎寻常的一般统治能力选出来的人。如果他有这种能力，他将能在其他的人中鉴别出他本人不曾有机会取得的对地方事务的特殊知识和判断力，并转为他自己所用。总督（除例外情况）所以不应是从事一般公务的人员，是有充分理由的。任何业务都或多或少有它的职业上的偏见，而最高统治者应当不带有这种偏见。长期生活在亚洲的人，不管有怎样的能力和经验，也不大可能具有一般治国之才所具有的最先进的欧洲思想。主要统治者应该贯彻这种思想，并和印度经验的成果交融在一起。而且由于他属于不同的阶级，特别是如果选任他的是不同的权力机关的话，他将很少有任何个人偏爱来影响他对官员的任命。这种对进行诚实任命的巨大保证在英王和东印度公司的混合政府下达到罕见的完美状态。职位的最高分配者，即总督和地方长官，事实上尽管不是形式上是由英王任命的，就是说，是由全国政府任命的，不是由中间机关任命的。一位英王的大官员大概不会在地方官员中有任何个人或政治联系，而代表机关的多数人本人就在那个国家服务，就有和很可能有这种联系。如果政府的文职官员，即使是在年轻时作为单纯的志愿者被送出去的，结果在很大比例上由提供总督和地方长官的那个社会阶级提供，则对公正无私的这一保证就会受到很大损害。甚至起初的竞争考试也会是不充分的保证。这项考试排除的只是无知和无能力；它将迫使高门第的年轻人以和其他人民同等程度的教育和能力进行竞赛；最愚蠢的子弟不能像他们能进入圣职那样担任印度官职；但是无法防止在此以后的不适当的偏爱。已经不再是所有的人对他们的命运的主宰者来说都同样是不知道和未听说过了，一部分官员会和他有密切的个人联系，还有更大一部分则和他有政治上的密切联系。某些家族的成员和一般地属于上等阶级和有势力的亲戚的成员，会比他们的竞争者提升得更快，往往被放在他们不适于担任的职位上，或放在别人更为适合的职位上。这些势力也会在影响军队中的晋升中起作用。只有那些相信（如果竟有如此不可思议的天真的话）这些晋升是公正的人，才会期望在印度的晋升中有公正。我担心这种弊病是在现行制度下所能采取的任何一般措施所无法纠正的。没有什么办法可提供能与曾一度自发地出现于所谓双重政府的保证相比的那种程度的保证。

英国政府制度在国内的情况下被认为是如此巨大的一个长处在印度却成为这项制度的不幸。英国政府制度是自然地发展起来的，不是根据事先想好的设计，而是通过接连不断的权宜手段，通过改造原先为不同的目的创设的机构而发展起来的。由于须保持该项制度的印度不是该制度根据其需要发展起来的那个国家，因此它就感觉不到该制度的实际好处，就需要有理论上的介绍以便它能接受。不幸的是，缺少的恰恰是这种理论上的介绍。毫无疑问，关于政府的一般理论并没有提供所需要的东西，因为这些理论是为那些具有在一切最重要特征上和当前事例不同情况的国家设想出来的。但是在政府，和在人类机构的其他部门一样，几乎一切有持久性的原则都是根据对某个特定事例的观察首先被提出来的，在这事例中一般自然法则在某种新的或以前未注意到的情况的结合中起作用。英国的制度，以及美国的制度，都以提出了很多政府理论而著称，这些理论，经历了好运和厄运，在几代之后，现正在唤醒着欧洲各国中的政治生活。东印度公司政府的命运是，提出由一个文明国家统治一个半野蛮的属国的真正理论，并在做了这件事之后结束自己的生命。[①] 这将是一笔了不起的财富，即使经过两三代之后，这一理论成果是我们在印度的统治所剩下的唯一果实；即使后人会说我们，在偶然发现了比我们的智慧所曾设想的更好的办法之后，我们的觉醒了的理性又第一次被用来破坏这种办法，并由于我们对美好事物所赖以建立的那些原则完全无知，而让美好事物在实现过程中遭到失败和失去。如何改进：如果对英国以及对文明如此丢脸的命运是可以避免的话，那就必须是通过形成比单纯英国或欧洲的实践所能提供的更广泛得多的政治概念，和通过对印度的经验以及对印度政府的情况，进行比英国政治家或给英国公众提供意见的人们迄今所愿进行的更深刻得多的研究。

① 东印度公司于1857年被解散，印度被置于英王直接统治（由总督代表）之下。——译者

附录　译名对照表

（本表汉译名均按汉语拼音字母顺序排列）

A

阿尔萨斯人　Alsatian
阿尔西巴德　Alcibiades
阿兰达　Aranda
阿里斯蒂德斯　Aristides
阿里斯托芬尼　Aristophanes
爱德华　Edward
埃克塞特市　Exeter
爱沙尼亚　Esthonia
安德里　Andræ
安德鲁·马维尔　Andrew Marvel
奥古斯都　Augustus

B

巴本　Bourbons
巴登大公　Grand Duke of Baden
巴斯克人　Basque
本尼迪克特第十四　Benedict XIV
毕达哥拉斯学派　Pythagoreans
毕达古斯　Pittacus
彼得大帝　Peter the Great
彼得·利奥波德　Peter Leopold
边沁　Bentham
宾夕法尼亚　Pensylvania
伯尔尼州　Bern
勃艮第人　Burgundian
柏拉图　Plato
伯利克里　Pericles
波希米亚　Bohemia
布莱克斯通　William Blackstone
布雷肯里奇　John C. Breckenridge
布列塔尼人　Breton

C

查尔斯·德·瑞穆沙　Charles de Rémusat
查尔斯·布勒　Charles Buller
查理第五　Emperor Charles V
查理曼大帝　Charlemagne
查塔姆　Chathams
楚格州　Zug

D

德拉姆勋爵　Lord Durham
德莫西尼　Demosthenes
狄拉米尼斯　Theramenes
迪斯雷利　Disraeli

F

法兰克人　Frankish
费加罗　Figaro
芬斯伯里　Finsbury
弗吉尼亚　Virginia
佛兰德　Flanders
富兰克林　Franklin
弗勒米希省　Flemish
弗雷德里克大帝　Frederic the Great
弗里曼　Freeman

G

甘加内里　Ganganelli
高卢罗马人　Gallo-Roman
革恩西　Guernsey
格拉利斯州　Glaris
公民会议　Ecclesia
古斯塔夫斯·阿道弗斯　Gustavus Adolphus
国教废除促进会　Ballot or Liberation Society

H

海帕波拉斯　Hyperbolus
赫尔戈兰　Heligoland
赫尔普斯　Helps
亨利　Henry
亨利·福西特　Henry Fawcett
亨利·夸特　Henri Quatre
华盛顿　Washington
霍布森　Hobsen

J

加夫里　Caffre
杰斐逊　Jefferson

K

卡尔霍恩　John C. Calhoun
卡晏　Cayenne
凯里　Carey
凯瑟琳第二　Catherine Ⅱ
科贝尔　Jean Baptiste Colbert
科尔里奇　Coleridge
克莱夫　Robert Clive
克勒昂　Cleon
克里米亚战争　Crimean war
克罗地亚人　Croats
库尔兰　Courland

L

兰贝沙　Lambessa
兰贝斯　Lambeth
理查德　Richard
理查德·科布登　Richard Cobden
立法团　Nomothetæ
里佛尼亚　Livonia
黎塞留　Richelieu

利物浦市　Liverpool
路易十四　Louis XIV
罗巴克　Roebuck
罗伯特·李顿　Robert Lytton
罗伯特·皮尔　Robert Peel
罗得岛州　Rhode Island
罗兰·希尔　Rowland Hill
洛里默　Lorimer
洛伦佐·德·梅迪奇　Lorenzo de' Medici

M

马里立本　Marylebone
马其顿　Macedonia
马扎尔人　Magyars
米德尔塞克斯郡　Middlesex
缅因法同盟　Maine Law League
穆罕默德　Mahomet

N

南卡罗莱纳　South Carolina
尼西阿斯　Nicias

P

庞巴尔　Pambal

S

萨尔瓦多　M. Salvador
萨利　Sully
塞尔维亚人　Serbs
塞缪尔·贝利　Samuel Bailey
圣·西蒙式社会主义　St. Simonian form of socialism
斯洛伐克人　Slovacks
斯蒂芬森　Stephenson
苏格兰高地的人　Scottish High-lander
梭伦　Solon

T

特拉华　Delaware
特米斯托克里　Themistocles
提比略　Tiberius
条顿族人　Teutonic
托克维尔　Tocqueville
托马斯·黑尔　Thomas Hare

W

瓦特　Watt
威顿伯格　Wittenberg
威尔士　Welshman
韦克菲尔德调查　Wakefield Inquiry
威廉·莫尔斯沃思　William Molesworth
威廉·皮特　William Pitt
威廉一世，威廉三世　William I，William III
韦林顿　Arthur Wellesley Wellington
沃班　Vauban
沃尔姆斯会议　the Diet of Worms
沃隆省　Walloon
伍力奇市　Woolwich

X

西赖定　West Riding

西利西亚　Silesia
西西里　Sicily
欣克斯　Hinckes
新南威尔士　New South Wales
休·卡佩特　Hugh Capet

Y

亚丁　Aden
亚历山大大帝　Alexander the Great
伊丽莎白　Elizabeth
英卡斯　Incas
约克郡　Yorkshire
约翰·布赖特　John Bright
约翰·拉塞尔勋爵　Lord John Russell
约翰·帕金顿　John Pakington
约瑟夫第二　Joseph Ⅱ

Z

泽西　Jersey
詹姆斯·马歇尔　J. G. Marshall
直布罗陀　Gibraltar
朱利叶斯·凯撒　Julius Cæsar

图书在版编目(CIP)数据

代议制政府/(英)J. S. 密尔著;汪瑄译. —北京:商务印书馆,2017
(汉译世界学术名著丛书:120年纪念版:珍藏本)
ISBN 978-7-100-14502-2

Ⅰ. ①代… Ⅱ. ①J… ②汪… Ⅲ. ①议会制—研究 Ⅳ. ①D034.3

中国版本图书馆CIP数据核字(2017)第153959号

汉译世界学术名著丛书
(120年纪念版·珍藏本)
代议制政府
〔英〕J. S. 密尔 著
汪瑄 译

商务印书馆出版
(北京王府井大街36号 邮政编码100710)
商务印书馆发行
北京新华印刷有限公司印刷
ISBN 978-7-100-14502-2

2017年12月第1版　　开本710×1000 1/16
2017年12月北京第1次印刷　　印张17
定价:86.00元